Urkundsvorlagepflichten im Zivilprozess und im arbeitsgerichtlichen Verfahren nach der ZPO-Reform unter besonderer Berücksichtigung der Neufassung des § 142 ZPO

Schriften zum Verfahrensrecht

Herausgegeben von
Peter Gottwald und Ulrich Haas

Band 17

PETER LANG
Frankfurt am Main · Berlin · Bern · Bruxelles · New York · Oxford · Wien

Cornelia Drenckhahn

Urkundsvorlagepflichten im Zivilprozess und im arbeitsgerichtlichen Verfahren nach der ZPO-Reform unter besonderer Berücksichtigung der Neufassung des § 142 ZPO

PETER LANG
Europäischer Verlag der Wissenschaften

Bibliografische Information der Deutschen Nationalbibliothek
Die Deutsche Nationalbibliothek verzeichnet diese Publikation in der Deutschen Nationalbibliografie; detaillierte bibliografische Daten sind im Internet über <http://www.d-nb.de> abrufbar.

Zugl.: Konstanz, Univ., Diss., 2006

Dissertation der Universität Konstanz
Tag der mündlichen Prüfung: 7. Juni 2006
Referentin: Prof. Dr. Astrid Stadler
Referent: Prof. Dr. Rainer Hausmann

D 352
ISSN 1619-344X
ISBN-10: 3-631-55930-5
ISBN-13: 978-3-631-55930-7

www.peterlang.de

Vorwort

Diese Untersuchung lag der rechtswissenschaftlichen Fakultät der Universität Konstanz im Wintersemester 2005/2006 als Dissertation vor. Literatur und Rechtsprechung befinden sich auf dem Stand August 2006.

Für die Anregung des Themas der Dissertation und die förderlichen Ratschläge gilt mein aufrichtiger Dank Prof. Dr. Astrid Stadler. Dank zu sagen habe ich auch Prof. Dr. Rainer Hausmann für die zügige Erstellung des Zweitgutachtens und Prof. Dr. Peter Gottwald für die freundliche Aufnahme in die vorliegende Schriftenreihe.

Bedanken möchte ich mich abschließend auch bei meinem Ehemann Oliver für die Geduld und ständige Motivation während der Entstehung der Arbeit.

Hamburg, im August 2006

Inhaltsverzeichnis

Teil I: Einleitung

A. Die Rolle der Urkunde bei der Sachverhaltsermittlung im Zivilprozess

Zentrales Element des streitig durchgeführten Zivilprozesses ist die Findung der materiellen Wahrheit[1] durch Klärung des von den Parteien vorgetragenen und der Entscheidung zu Grunde zu legenden Sachverhalts. Dabei spielen gerade Urkunden als unverfälschte und glaubwürdige schriftliche Dokumentation von Vergangenem eine maßgebliche Rolle. Verträge, Aufzeichnungen und Protokolle, die häufig auch nur erstellt werden, um später als Beweis zu dienen, lassen in der Regel einen eindeutigen Schluss auf das Geschehene und auch auf die bestehende Rechtslage zu. Kann bei einer Zahlungsklage der Beklagte z. B. die vom Kläger unterschriebene Quittung über die bereits geleistete Zahlung des streitigen Betrags vorlegen, wird der Rechtsstreit ein schnelles Ende finden. Es ist daher ohne weiteres nachvollziehbar, dass den Parteien des Prozesses, und auch dem Gericht, zur Klärung uneindeutigen oder streitigen Vortrages und zur Beschleunigung des Verfahrens daran gelegen ist, dass vorhandene Urkunden, die möglicherweise entscheidungserhebliche Vorgänge betreffen, in den Prozess eingebracht werden.

B. ZPO-Reform und Stärkung der Sachverhaltsermittlung durch Erweiterung der Urkundsvorlagepflichten

Die Vorlage oder Nichtvorlage einer Urkunde kann damit beschleunigend wirken, aber auch prozessentscheidend sein. Diesen Umstand hat auch der Gesetzgeber gesehen und ihm im Rahmen der zum 01.01.2002 in Kraft getretenen ZPO-Reform Rechnung getragen. Bei der Reform, mit der die „Schwachstellen und

---

1 Rosenberg/Schwab/*Gottwald*, Zivilprozessrecht[16], § 77 I 5; *Bernhardt*, in: FS für Rosenberg, S. 9, 11; *Gaul*, AcP 168 (1968), 27, 49 ff.; *Döhring*, Die Erforschung des Sachverhalts im Prozeß, 1964, S. 6 ff.; *Schmidt, E.*, Der Zweck des Zivilprozesses und seine Ökonomie, 1973, S. 24 ff.; *Jauernig*, Materielles Recht und Prozeßrecht, JuS 1971, 329, 330; *Lorenz*, ZZP 111 (1998), 35, 36; *Schöpflin*, S. 38; *Stürner*, Aufklärungspflicht der Parteien, S. 50; aA. *Grunsky*, Grundlagen des Verfahrensrechts, S. 4.

Strukturmängel"[2] des Zivilprozesses beseitigt werden sollten, die sich aus der Ausdehnung der Sachverhaltsermittlung über zwei Tatsacheninstanzen ergaben, und die bereits seit Jahrzehnten kritisiert wurden[3], hat der Reformgesetzgeber die Verantwortung für die abschließende Feststellung des entscheidungserheblichen Sachverhalts, und damit den Schwerpunkt des Verfahrens, in die erste Instanz verlagert[4].

Um sicherzustellen, dass der Wegfall der zweiten Tatsacheninstanz nicht zu Lasten der Parteien geht, und der Sachverhalt in der ersten Instanz umfassend und bestmöglich aufgeklärt wird, hat der Reformgesetzgeber zugleich durch Anpassungen im formellen Urkundsbeweisverfahren sowie bei der Befugnis des Gerichts zu vorbereitenden Anordnungen und im Bereich der Urkundsvorlage nach § 142 ZPO, die Aufklärungs- und Vorlagepflichten der Parteien erweitert, erstmals Vorlagepflichten unbeteiligter Dritter eingeführt und dem Gericht erweiterte Befugnisse zur Sachverhaltsklärung eingeräumt. Dadurch und durch weitere im Rahmen der Reform eingeführte Maßnahmen zur Stärkung der ersten Instanz soll der Zivilprozess „bürgernäher, effizienter und überschaubarer"[5] werden. Den Prozessparteien soll durch ihre „Einbeziehung" in den Prozess der Sachverhaltsermittlung und in das Verfahren[6] schnell, möglichst in erster Instanz, zu ihrem Recht verholfen und eine Entscheidung geliefert werden, die sie, da sie auf der bestmöglichen Sachverhaltsklärung beruht, „verstehen und akzeptieren"[7] können.

C. Problemstellung und Ziel der Untersuchung

Die substantiellen Ausweitungen der Befugnisse des Gerichts im Rahmen des § 142 ZPO und die Ausweitung der Aufklärungs- und Vorlagepflichten der Parteien im Rahmen der Urkundsvorlage sowie die Erweiterung der Vorlagepflichten auf unbeteiligte Dritte, haben in der juristischen Literatur zu ausgedehnten Diskussionen geführt: Wiederholt wurde die Frage aufgeworfen, ob der Gesetzgeber mit der Neuregelung von dem angeblich aus dem Beibringungsgrundsatz

2 *Däubler-Gmelin,* ZRP 2000, 33.

3 Siehe z. B. bereits Bericht der Kommission 1961, S. 74 ff., 117 ff.; *Gilles,* Rechtsmittel im Zivilprozeß, 1972; *Prütting*, Die Zulassung der Revision, 1977; *Gilles*, Ziviljustiz und Rechtsmittelproblematik, 1992; Deutscher Juristentag 1996: *Gottwald,* Gutachten A zum 61. DJT.

4 BT-Dr. 14/4722, S. 62.

5 BT-Dr. aaO., S. 58.

6 BT-Dr. 14/4722, S. 61.

7 BT-Dr. 14/4722, aaO.; so auch *Däubler-Gmelin,* ZRP 2000, 33, 35 f.

folgenden Ausforschungsverbot als Grundsatz des deutschen Zivilprozesses[8] abgekehrt[9] sei und eine Vorlagepflicht eingeführt habe, die dem angloamerikanischen „Pre-Trial Discovery of Documents"-Verfahren nahe komme[10]; auch wird einen Verstoß gegen ein vermeintliches Grundaxiom des Zivilprozesses proklamiert, wonach „keine Partei gehalten sei, dem Gegner für seinen Prozesssieg das Material zu verschaffen, über das er nicht bereits von sich aus verfügt"[11]. Andere befürchten wiederum, der Gesetzgeber habe mit der Neuregelung das Inter-Partes-Prinzip, d.h. den nach allgemeiner Ansicht geltenden Beibringungsgrundsatz[12], insgesamt verlassen und sei in die Amtsermittlungsmaxime eingestiegen[13]. Dabei sehen sie sich durch erste Entscheidungen, die auf Grundlage des neuen Gesetzeswortlautes des § 142 ZPO ergangen sind, in ihren Befürchtungen bestätigt, so z. B. durch folgenden Beschluss des LG Ingolstadt[14]:

In einem vor dem LG Ingolstadt geführten Verfahren klagte der Insolvenzverwalter G der K gegen die Rechtsnachfolgerin einer in Insolvenz gefallenen GmbH X auf Mietzahlungen. Der ursprünglich zwischen der X und dem K geschlossene Mietvertrag sah vor, dass von der X erbrachte werterhöhende Leistungen mit der zukünftig zu zahlenden Miete bis zum 30.06.2001 verrechnet würden. Dieser Mietvertrag war im Wege der Einzelrechtsnachfolge vor dem 30.06.2001 auf die Beklagte übergegangen, die daraufhin die Mietzahlung verweigerte. K bestritt, dass die X überhaupt werterhöhende Leistungen erbracht hatte. Zum Beweis für die erbrachten Leistungen berief sich nun die Beklagte darauf, dass „entsprechende Unterlagen" in einem Leitzordner der X mit der Rückenaufschrift „Bürogebäude" enthalten seien. Dieser befand sich seit Eröffnung des Insolvenzverfahrens über das Vermögen der X bei G. Das Gericht ordnete daher gegenüber G an, den bei Sicherstellung der Insolvenzmasse in Verwahrung genommenen Leitzordner mit der Rückenaufschrift „Bürogebäude" zu den Akten des Verfahrens zu geben, da sich nach

---

8 Z. B. *Zekoll/Bolt,* NJW 2002, 3129, 3130 unter Hinweis auf BGH NJW 1990, 3151 = LM H. 7/1991 § 138 ZPO Nr. 28; zust. Anm. *Schreiber,* JR 1991, 415; abl. Anm. *Stürner,* ZZP 104 (1991), 208 ff. Kritisch auch *Wagner,* ZEuP 2001, 441, 467 sowie *Schlosser,* JZ 1991, 599, 603 ff.

9 So auch schon die FDP in BT-Dr. 14/6061.

10 *Dombeck,* BRAK-Mitt. 2001, 122, 124; *Steuer,* WM 2000, 1889; *Uhlenbruck,* NZI 2002, 589, 590; s. dazu auch *Zekoll/Bolt,* aaO.; *Oberheim,* JA 2002, 408, 412.

11 Die Formulierung geht zurück auf BGH NJW 1958, 1491, 1492; zum Inhalt und zur Fraglichkeit der Geltung im heutigen Zivilprozess ausführlich *Schlosser,* JZ 1991, 599, 603 ff. Im Zusammenhang mit § 142 ZPO *Zekoll/Bolt,* NJW 2002, 3129.

12 BVerfGE 67, 39, 42; Rosenberg/Schwab/*Gottwald,* Zivilprozessrecht[16], § 77 II; *Jauernig,* Zivilprozessrecht[28], § 25 IV; *Blohmeyer,* Zivilprozeßrecht, § 14 II; *Grunsky,* Zivilprozessrecht, § 4 B I; *Stürner,* Richterliche Aufklärung, S. 1 f., 14 ff.; *Prütting,* NJW 1980, 361, 362.

13 *Steuer,* WM 2000, 1889.

14 LG Ingolstadt Beschluss vom 22.03.2002, NZI 2002, 390; bestätigt durch Zwischenurteil vom 17.09.2002, nicht veröffentlicht. Fraglich auch OLG Saarbrücken MDR 2003, 1250 zur Vorlage von Krankenunterlagen.

dem Vortrag der beklagten Partei in diesem Unterlagen befänden, „deren Inhalt für die Entscheidungsfindung und die rechtliche Beurteilung des (...) Verfahrens (...) von Bedeutung“ seien. Gleichzeitig wurde angeordnet, dass der Ordner bis zum Abschluss der ersten Instanz auf der Geschäftsstelle des Gerichts zu verbleiben habe.

Die Möglichkeit des Gerichts, den Gegner der beweisbelasteten Partei und insbesondere Dritte zur Mitwirkung bei der Sachverhaltsklärung auf Grundlage eines derart unbestimmten Vortrages und Beweisantrages zu verpflichten, würde eine sehr weitgehende Ausdehnung der Mitwirkungspflichten der Betroffenen in der deutschen ZPO darstellen, die, verglichen mit anderen Rechtsordnungen, bislang stets zurückhaltend bei der Heranziehung von Partei und Dritten zur Sachverhaltsaufklärung war[15] und dies im Bereich des parteibetriebenen formellen Urkundsbeweisverfahrens nur eingeschränkt zuließ.

Bei der Gesamtdiskussion und auch bei der Beurteilung der vorliegenden Entscheidung werden damit zwei verschiedene Problemkreise angesprochen, die es zu unterscheiden gilt:

Zum einen geht es um die Reichweite der richterlichen Befugnisse im Rahmen von § 142 ZPO n. F. und darum, ob diese mit dem Beibringungsgrundsatz noch vereinbar sind, oder ob die Neufassung von § 142 ZPO eine Verschiebung in Richtung einer Sachverhaltsklärung von Amts wegen bedeutet.

Zum anderen geht es um die Frage, inwieweit die nicht beweisbelastete Partei oder auch Dritte zu Gunsten der Ermittlung der materiellen Wahrheit nunmehr, auf Anordnung des Gerichts oder auch im Rahmen des parteibetriebenen Urkundsbeweises, verpflichtet sind, bei der Sachverhaltsaufklärung aktiv mitzuwirken und Urkunden, die sie in Besitz haben, vorzulegen; dabei wäre auch zu klären, ob insofern eine Ausforschung der nicht darlegungs- und beweisbelasteten Partei ermöglicht und damit eine dem angloamerikanischen „Pre-Trial Discovery of Documents“ – Verfahren nahe kommende Möglichkeit zur Sachverhaltsermittlung durch Verpflichtung zur Urkundsvorlage in die ZPO eingeführt wurde.

Diese beiden Fragenkomplexe sollen Gegenstand dieser Arbeit sein. Dabei sollen jedoch auch die sonstigen, sich bei der Auslegung der Neufassung von § 142 ZPO und der Anpassungen im formellen Urkundsbeweisrecht ergebenden Probleme in die Erörterung eingebunden und entsprechende Lösungsvorschläge erarbeitet sowie auch die Entscheidung des LG Ingolstadt auf ihre Vereinbarkeit mit den gefundenen Lösungen untersucht werden.

---

15 Ausführlich *Stürner*, Aufklärungspflicht der Parteien, S. 1, 9, 17 ff.; *Schlosser*, JZ 1991, 599 ff.; *Prütting*, in: Festschrift für Németh, Budapest 2003, S. 702, 703.

D. Gang der Untersuchung

In Teil II sollen dazu zunächst die bis zur ZPO-Reform anwendbaren Regelungsmechanismen zur Urkundsvorlage im Zivilprozess dargestellt werden. Im Zentrum der Untersuchung stehen dabei die Regelungen des § 142 ZPO und der §§ 420 ff. ZPO. Nach einem kurzen Überblick über die bisherige Verteilung der Verantwortung für die Sachverhaltsklärung, sollen die bisherigen Regelungen kurz dargestellt werden, zum einen, um die Änderungen durch das ZPO-RG nachvollziehbar zu machen, zum anderen, um eventuelle Anhaltspunkte für die Auslegung der Neuregelungen zu erlangen. Dabei soll auch dargestellt werden, inwieweit § 142 ZPO a. F., sofern er dem Gericht besondere Befugnisse einräumte, mit dem Beibringungsgrundsatz vereinbar war und inwieweit Parteien und Dritte zur Mitwirkung bei der Sachverhaltsermittlung herangezogen werden konnten.

Im Anschluss sollen in Teil III die Neuregelungen zur Urkundsvorlage im Einzelnen unter Hervorhebung der Änderungen gegenüber der vorherigen Rechtslage vorgestellt und auf die unter C. herausgearbeiteten Fragen untersucht werden.

Schließlich soll, nach einer Zusammenfassung der Ergebnisse in Teil IV und einem kurzen rechtsvergleichenden Ausblick zu verbleibenden Problembereichen und möglichen Lösungsansätzen in Teil V, untersucht werden, inwieweit die angestellten Überlegungen auch im arbeitsgerichtlichen Verfahren gelten, das zum Teil selbständige Regelungen zur Urkundsvorlage enthält, zum Teil jedoch auf die ZPO verweist und dessen Regelungen insoweit unverändert geblieben sind.

Teil II: Urkundsvorlagepflichten im Zivilprozess vor der ZPO-Reform

A. Die Anordnung zur Vorlage von Urkunden von Amts wegen nach § 142 ZPO a. F.

I. § 142 ZPO im Gefüge der Aufgabenverteilung zwischen Partei und Gericht bei der Sachverhaltsaufklärung

1. Beibringung des Sachverhalts durch die Parteien

Die Aufgabenverteilung zwischen Gericht und Parteien bei der Sachverhaltsaufklärung wird im geltenden deutschen Zivilprozessrecht allgemein durch den Satz „da mihi facta, dabo tibi ius“ beschrieben[16]: Die Parteien haben das Recht – tragen aber auch die Last–, die entscheidungserheblichen Tatsachen selbst in das Verfahren einzubringen (Parteivortrag) und zu beweisen (Beweisverfahren). Das Gericht fällt sodann auf der Grundlage des von den Parteien vorgetragenen und nach der Beweisaufnahme unstreitigen Sachverhalts seine Entscheidung. Eine Sachverhaltsermittlung von Amts wegen ist, außer in wenigen Ausnahmefällen[17], nicht vorgesehen. Was die Sammlung des Prozessstoffes angeht, trifft die ZPO in ihrer liberalen, der Parteiautonomie verhafteten Grundauffassung eine eindeutige Regelung[18]. Nach allgemeiner Ansicht ist daher von der Geltung des Beibringungsgrundsatzes auszugehen[19], auch wenn dies seitens der Vertreter eines sozia-

---

16 *Würthwein*, S. 5.

17 Siehe §§ 616, 617, 640 Abs. 1, 653 ZPO, hier gilt der Untersuchungsgrundsatz, da in Ehe-, Kindschafts- und Entmündigungssachen das öffentliche Interesse überwiegt.

18 *Stürner/Stadler*, Aktive Rolle des Richters, in: Anwaltsberuf und Richterberuf in der heutigen Gesellschaft, S. 186.

19 BVerfGE 67, 39, 42; Rosenberg/Schwab/*Gottwald*, Zivilprozessrecht[16], § 77 II; *Jauernig*, Zivilprozessrecht[28], § 25 IV; siehe auch Fn. 12 mwN; die §§ 130 Nr. 3, 282 Abs.1, 331 Abs. 1, 592 bzw. 253 Abs. 2 Nr. 2, 282, 371, 373, 403, 420, 445, 447 ZPO a. F. brachten dies deutlich zum Ausdruck. Dabei geht die Unterscheidung zwischen Untersuchungs- und Beibringungsgrundsatz zurück auf *Gönner*, Handbuch des deutschen gemeinen Prozesses, 1801, Kapitel XI; zur Entwicklung *Damrau*, Die Entwicklung der einzelnen Prozessmaximen seit der Reichszivilprozeßordnung von 1877. Dies widerspricht auch nicht dem Ziel der Ermittlung der materiellen Wahrheit. Zwar wird der Beibringungsgrundsatz häufig als Prinzip der „formellen“ Wahrheit bezeichnet, weil Umfang und Beweisbedürftigkeit des Streitstoffes vom Verhal-

len Zivilprozesses unter Berufung auf die vermeintlichen Durchbrechungen immer wieder bestritten wurde[20]. Nach dem Beibringungsgrundsatz führen allein die Parteien den Streitstoff in den Prozess ein, bestimmen über seine Beweiserheblichkeit und darüber, mit welchen Beweismitteln streitige erhebliche Tatsachen bewiesen werden sollen.

2. Unterstützung durch das Gericht

a) Aufklärungs- und Hinweispflicht

Für die rechtsunkundige Partei kann es jedoch schwierig sein, zu beurteilen, welche Tatsachen entscheidungserheblich sind und was sie einzubringen und zu beweisen hat, um ihre Rechte durchzusetzen. Bereits die Urfassung der ZPO sah daher wesentliche Grundvorschriften richterlicher Aktivität vor[21], um sicherzustellen, dass die Sache eine erschöpfende Erörterung fand[22]. Aus der Begründung des Entwurfs zu § 130 CPO (heute § 139 ZPO) ergibt sich, dass der Richter bei der Gestaltung des Rechtsstreits innerhalb der Grenzen der Beibringungsmaxime *mit* tätig sein[23], die Parteien mithin bei der Erfüllung ihrer prozessualen Rolle unterstützen soll.

b) Unterstützung bei der Sachverhaltsermittlung

Damit das Gericht dieser Aufgabe gerecht werden konnte, hat der Gesetzgeber mit den Regelungen der §§ 133 bis 135 CPO (den heutigen § 142 bis 144 ZPO), zentrale Elemente zur Sachverhaltsklärung ergänzend zu § 139 ZPO[24] zur Verfü-

---

ten der Parteien abhängen (§ 138 Abs. 3 ZPO). Auch das Verfahren mit Beibringungsgrundsatz erstrebt aber die Feststellung der materiellen Wahrheit. Der Beibringungsgrundsatz ist gerade deshalb eingeführt worden, weil zwar jede Partei nur das zu ihrem eigenen Vorteil Günstige vorbringt, die Darstellung beider Parteien zusammen in der Regel aber ein zutreffendes Bild vom streitigen Sachverhalt ergibt, Rosenberg/Schwab/*Gottwald*, Zivilprozessrecht[16], § 77 I 2, 5.

20 *Bomsdorf*, Prozeßmaximen und Rechtswirklichkeit, 1971, S. 278 ff.; *Hahn*, Kooperationsmaxime im Zivilprozeß?, 1983; *Wassermann*, Der soziale Zivilprozeß, 1978, S. 97 f.

21 Ausführlich *Bettermann*, ZZP 91 (1978), 365, 389 f.

22 *Hahn, Carl*, Materialien, 1. Abt., S. 214 f.

23 § 130 CPO von 1877 (zuvor § 126 im Entwurf) bestimmte: „Der Vorsitzende hat durch Fragen darauf hinzuwirken, dass unklare Anträge erläutert, ungenügende Angaben der *geltend gemachten Tatsachen ergänzt* und die Beweismittel bezeichnet, überhaupt alle für die Feststellung des Sachverhältnisses erheblichen Erklärungen abgegeben werden“; *Hahn, Carl*, Materialien, 1. Abt., S. 19.

24 Baumbach/Lauterbach/Albers/*Hartmann*, ZPO[59], § 273 Rn. 1.

gung gestellt. In der Begründung zum Entwurf der CPO von 1877 heißt es zu den §§ 127 bis 129[25] CPO: "Es sind daher dem Gericht in den §§ 127 –129 weitere Befugnisse beigelegt, welche in gleicher Weise wie das Fragerecht darauf abzielen, dem Gericht die für seine Entscheidung notwendige Grundlage zu verschaffen"[26]. Das Gericht konnte auf dieser Grundlage von Amts wegen in der mündlichen Verhandlung Anordnungen zur Urkundsvorlage treffen. Mit der Novelle von 1924 schuf der Gesetzgeber zudem in § 272 b ZPO[27], dem Vorgänger des heutigen § 273 ZPO, eine Ermächtigung zur Anordnung von Amts wegen im vorbereitenden Verfahren, die eine Beschleunigung des Prozesses ermöglichen sollte. Der bis zur Reform geltende § 142 ZPO bildete damit die Grundlage einer jeden Anordnung der Urkundsvorlage von Amts wegen als ergänzendes Instrument der materiellen Prozessleitung im Rahmen von § 139 ZPO und wurde im vorbereitenden Verfahren durch § 273 Abs. 2 Nr. 1 ergänzt.

II. Die Vorlageanordnung nach § 142 Abs. 1 ZPO a. F.

1. Zielsetzung der Anordnung

Im Zusammenspiel mit der Aufklärungs- und Hinweispflicht des Gerichts hatte § 142 Abs. 1 ZPO a. F. dabei von vornherein zwei unterschiedliche Zielsetzungen[28]:

a) Klärung unklaren Sachverhaltsvortrages

Das Gericht konnte die Vorlage anordnen, um durch Einsichtnahme in die Urkunde den Prozessstoff besser verstehen zu können[29], bzw. um präzisere Anga-

---

25 Diese wurden als §§ 133 bis 135 CPO umgesetzt.

26 Begründung des Entwurfs 1874, S. 134 = *Hahn, Carl*, Materialien, 1. Abt., S. 215 f.

27 Die Regelung des § 272 b war durch die Novelle von 1909 zunächst in § 501 der CPO von 1877 nur für das amtsgerichtliche Verfahren eingeführt worden. Die damals als Befugnis des Gerichts ausgestattete Norm wurde 1924 für das landgerichtliche Verfahren übernommen und im Rahmen der Novelle von 1926 als § 272 b als Pflicht des Gerichts im Gesetz verankert. Soweit es um vorbereitende Anordnungen geht, deckte sich § 272 b mit dem durch die Vereinfachungsnovelle von 1976 in § 273 ZPO getroffenen Regelungen.

28 MünchKommZPO/*Peters*[2], §§ 142-144 Rn. 1; ausführlich *Peters*, Richterliche Hinweispflichten, S. 15 f., 37 ff., 51, 145.

29 BAGE 31, 26, 39 f.; Musielak/*Stadler*, ZPO[2], § 142 Rn. 1; so konnte sich das Gericht z. B. den gesamten Text einer Urkunde vorlegen lassen, um aus dem Kontext

ben zum Sachvortrag zu erlangen[30], und sich einen Überblick über den Prozessstoff zu verschaffen. Insbesondere im Zusammenwirken mit § 273 Abs. 2 Nr. 1 ZPO a. F. konnte das Gericht damit das Verfahren beschleunigen, indem frühzeitig Klarheit über den vorgetragenen Sachverhalt hergestellt wurde.

b) Vorbereitung der Beweisaufnahme

Hauptanwendungsfall war jedoch die Vorbereitung einer parteibetriebenen Beweisaufnahme oder auch einer Beweisaufnahme von Amts wegen. Im Interesse der vollständigen Sachverhaltsaufklärung und der Prozessbeschleunigung konnte das Gericht bereits frühzeitig die Vorlage von Urkunden anordnen und diese als Beweismittel bereithalten, wenn sich aufgrund des Tatsachenvortrages der Parteien abzeichnete, dass eine Beweiserhebung eventuell nötig sein würde, um Widersprüche im gegenseitigen Parteivortrag zu klären[31]. Aber auch wenn die Partei nachfolgend keinen Beweisantrag stellte, konnte das Gericht die Urkunden nach Vorlage einsehen und bestrittene Behauptungen von Amts wegen feststellen[32].

c) Mögliche Kollision mit dem Beibringungsgrundsatz

Sofern das Gericht ausschließlich dazu tätig wurde, von den Parteien selbst eingebrachten, widersprüchlichen, aber unstreitigen Vortrag zu klären, war eine Kollision mit dem Parteibetrieb nicht festzustellen. Vielmehr dürfte es im Interesse beider Parteien gelegen haben, wenn das Gericht auf Unstimmigkeiten hinwies und selbst einen Blick auf die Urkunde warf, aus der beide Seiten für das Verfahren entscheidungsrelevante Tatsachen herleiten wollten.

Sollte das Gericht jedoch die Möglichkeit gehabt haben, eine Anordnung auch zur Klärung lückenhaften Vorbringens zu treffen[33], und insbesondere bei

---

Anhaltspunkte für die Auslegung einer bereits in das Verfahren eingeführten Textpassage zu ermitteln.

30 MünchKommZPO/*Peters*², §§ 142-144 Rn. 1; Musielak/*Stadler*, ZPO², § 142 Rn. 1.

31 Insoweit war der Zweck von § 142 Abs. 1 ZPO unstreitig: BAG DB 1976, 1020 = AP Nr. 24 zu § 1 TVG Tarifverträge Bau; Baumbach/Lauterbach/Albers/*Hartmann*, ZPO⁵⁹, § 142 Rn. 2; Musielak/*Stadler*, ZPO², aaO.

32 Allgem. Ansicht: Stein/Jonas/*Leipold*, ZPO²¹, § 142 Rn. 1; MünchKommZPO/*Peters*², §§ 142-144 Rn. 1; Zöller/*Greger*, ZPO²², § 142 Rn. 1; *Peters*, Richterliche Hinweispflichten, S. 145; *Schöpflin*, S. 2; aA. *Brüggemann*, S. 362 f., wonach auf das Erfordernis eines Beweisantrittes nicht verzichtet werden dürfe, da die Bezugnahme der Partei möglicherweise ungewollt gewesen sei und die Vorlage der Urkunde nicht in ihrem Interesse läge. Dieses Argument kann jedoch nur greifen, wenn eine Bezugnahme der Partei überhaupt notwendig ist.

33 So z. B. MünchKommZPO/*Peters*², aaO.

der Möglichkeit zur Beweisaufnahme von Amts wegen ohne Antrag der Partei, stellt sich jedoch die Frage, wie dies mit der durch den Beibringungsgrundsatz vorgegebenen Arbeitsteilung zu vereinbaren war, wonach allein die Parteien entscheiden, was sie einbringen und wie streitige Tatsachen bewiesen werden sollen. Insbesondere diese Fälle sollen daher nachfolgend näher untersucht werden.

2. Besondere Voraussetzungen der Vorlageanordnung

Das Gericht konnte, um den Prozessstoff besser verstehen zu können oder zur Vorbereitung einer Beweisaufnahme nach dem Wortlaut von § 142 Abs. 1 ZPO a. F. anordnen, „daß eine Partei die in ihren Händen (vgl. b)) befindlichen Urkunden (nachfolgend unter a)), auf die sie sich bezogen hat (vgl. c)), sowie Stammbäume, Pläne, Risse und sonstige Zeichnungen (siehe ebenfalls a)) vorlege".

a) Vorzulegender Gegenstand

aa) Urkunde

Als Urkunde im Sinn der ZPO war und ist dabei jede durch Schriftzeichen verkörperte menschliche Gedankenerklärung[34], ohne Rücksicht auf das verwendete Material oder die Art des Schriftzeichens[35], anzusehen, sofern sie unmittelbar lesbar ist[36]. Ist hingegen zunächst eine Umsetzung in Schriftzeichen durch technische Hilfsmittel erforderlich (elektronische Dokumente), wurde bislang davon ausgegangen, dass keine Urkunde, sondern vielmehr ein Augenscheinsobjekt vorlag[37], da eine unmittelbare Erfassung des Inhaltes nicht möglich war. Sollte durch

34 BGHZ 65, 300, 301 = LM § 580 Ziff. 7 b Nr. 23 = NJW 1976, 294; Stein/Jonas/*Leipold*, ZPO[21], Vor § 415 Rn. 1; MünchKommZPO/*Schreiber*[2], § 415 Rn. 4; Zöller/*Geimer*, ZPO[22], Vorbemerkung zu § 415 Rn. 2; Baumbach/Lauterbach/Albers/*Hartmann*, ZPO[59], Übers. § 415 Rn. 3; *Schreiber*, S. 42. Als Urkunde zählt nur das Original. Eine Vervielfältigung kann aber dann eine Urkunde darstellen, wenn sie kraft Gesetzes oder kraft Bestimmung des Urhebers das Original vertreten darf, MünchKommZPO/*Schreiber*[2], § 415 Rn. 7; *Jauernig*, Zivilprozeßrecht[26], § 55 I; *Schreiber*, S. 28 ff.

35 Baumbach/Lauterbach/Albers/*Hartmann*, aaO.

36 Stein/Jonas/*Leipold*, aaO.; MünchKommZPO/*Schreiber*[2], § 415 Rn. 5.

37 Stein/Jonas/*Leipold*, aaO., Vor § 371 Rn. 4; MünchKommZPO/*Schreiber*[2], § 415 Rn. 6; *Redeker*, NJW 1984, 2390, 2394; so auch Baumbach/Lauterbach/Albers/*Hartmann*, ZPO[59], § 142 Rn. 10, der jedoch auch Bild-, Daten- und Tonträger im Rahmen von § 142 Abs. 1 ZPO vorlegen lassen will. Die Aufzählung sei nämlich nur scheinbar abschließend gemeint. Tatsächlich seien alle Unterlagen in Händen der

Vorlage der Urkunde Beweis geführt werden, musste sich die streitige zu beweisende Tatsache, anders als beim Augenscheinbeweis, zudem unmittelbar aus dem Inhalt der Urkunde ergeben[38].

bb) Handelsbücher/Maklertagebuch

Auch Handelsbücher[39] und Maklertagebücher stellten Urkunden i.S.v. § 142 Abs. 1 ZPO a. F. dar. Ihre Vorlegung im Rechtsstreit ist, neben der ZPO, in den §§ 102 (Tagebuch des Maklers) und 258 bis 261[40] (Handelsbücher) HGB gesondert geregelt. Diese Regelungen finden allerdings nur Anwendung, sofern der Rechtsstreit *auch* Handelssachen umfasst[41]. Die Sonderregelungen des HGB galten anders als die ZPO-Regelungen auch für auf Datenträgern geführte bzw. aufbewahrte Handelsbücher[42] (§ 239 Abs. 4, § 257 Abs. 3 HGB).

Die ZPO-Vorlagepflichten bleiben von diesen Sonderregelungen unberührt.

cc) Sonstige Unterlagen

Darüber hinaus konnte nach § 142 Abs. 1 ZPO a. F. die Vorlage von Stammbäumen, Plänen, Rissen oder sonstigen Zeichnungen angeordnet werden, und zwar nach überwiegender Ansicht sogar dann, wenn sie dazu erst angefertigt

---

Partei gemeint. Allein diese erweiterte Auslegung entspreche dem weiten Aufklärungszweck von § 142 Abs. 1 ZPO. Inwieweit diesem Aufklärungszweck nicht durch die Vorlage als Augenscheinsobjekt Genüge getan werden kann, wird dabei nicht erklärt. Elektronische Dokumente sind daher entweder auszudrucken und als Urkunden vorzulegen, oder als Augenscheinsobjekte zu behandeln. In diesem Fall kann nach § 144 ZPO die Inaugenscheinnahme durch das Gericht von Amts wegen angeordnet werden.

38 Stein/Jonas/*Leipold,* ZPO[21], Vor § 415 Rn. 5; Baumbach/Lauterbach/Albers/*Hartmann,* ZPO[59], Übers. § 415 Rn. 3; *Jauernig,* Zivilprozeßrecht[26], § 55 I.

39 Der Begriff Handelsbuch ist dabei eng zu verstehen, d.h. ohne Handelsbriefe, Inventare, Bilanzen und Jahresabschlüsse, MünchKommHGB/*Ballwieser,* §§ 258-260 Rn. 2.

40 In den §§ 258, 259 HGB geht es um die Vorlegung einzelner konkreter Inhalte von Handelsbüchern, die für den Rechtsstreit relevant sind, in § 260 HGB geht es um die Vorlage zur Kenntnisnahme des gesamten Inhaltes der Handelsbücher, MünchKommHGB/*Ballwieser,* §§ 258-260 Rn. 1.

41 MünchKommHGB/*Ballwieser,* aaO.

42 Stein/Jonas/*Leipold,* ZPO[21], Vor § 415 Rn. 14; wurde ihre Vorlage angeordnet, war mit der Vorlagepflicht die Verpflichtung verbunden, die zum Lesen der Daten erforderlichen Hilfsmittel zur Verfügung zu stellen und die nötigen Ausdrucke zu erstellen, § 261 HGB.

werden mussten[43]. In der Regel richtete sich die Vorlage von sonstigen Unterlagen nach den Regeln für die Urkundsvorlage. Sofern Abweichungen vorlagen, werden diese gesondert ausgeführt.

b) Besitz oder tatsächliche Verfügungsmacht

aa) Urkunden

Wollte das Gericht die Vorlage einer Urkunde zur Klärung widersprüchlichen Tatsachenvortrages oder zur Beweisaufnahme von Amts wegen anordnen, musste sich aus dem Vortrag der darlegungs- und beweisbelasteten Partei ergeben, dass sich die Urkunde „in Händen" dieser Partei „befand".

(1) Unmittelbarer Besitz ausreichend

Dies war unstreitig dann der Fall, wenn die Partei unmittelbarer Besitzer der Urkunde war[44].

(2) Erfordernis tatsächlicher Verfügungsmacht

Umstritten war jedoch, ob eine Urkunde, die eine Partei nur mittelbar in Besitz hatte, sich „in (deren) Händen" befand[45], oder ob der mittelbare Besitz stets mit der Möglichkeit einhergehen musste, tatsächlich auf die Urkunde Zugriff nehmen zu können[46], bzw. ob unabhängig vom Besitz grundsätzlich die tatsächliche Möglichkeit, auf die Urkunde Zugriff zu nehmen, ausreichen konnte[47].

---

43 AllgM: Stein/Jonas/*Leipold*, ZPO^{21}, § 142 Rn. 2; Musielak/*Stadler*, ZPO^{2}, § 142 Rn. 2; *Schöpflin*, S. 238; *Schreiber*, S. 134, 135; aA. *Wieczorek*, ZPO, § 142 Anm. A I; eine dahingehende Einschränkung, dass die Partei nur Urkunden, Stammbäume etc. vorlegen soll, die bereits bestehen, kann aber weder dem Wortlaut, noch dem Zweck der Norm entnommen werden.

44 Stein/Jonas/*Leipold*, ZPO^{21}, § 421 Rn. 5; Baumbach/Lauterbach/Albers/*Hartmann*, ZPO^{59}, § 142 Rn. 8; Thomas/Putzo/*Thomas*, ZPO^{23}, § 422 Rn. 2; *Stadler*, Schutz des Unternehmensgeheimnisses, S. 81.

45 So Stein/Jonas/*Leipold*, aaO.

46 So Baumbach/Lauterbach/Albers/*Hartmann*, aaO.; Musielak/*Huber*, ZPO^{2}, § 421 Rn. 1; Thomas/Putzo/*Thomas*, ZPO^{23}, §§ 420 Rn. 1, 421 Rn. 1; ausdrücklich auch *Wieczorek*, § 131 Anm. A I b.

47 Dafür: Baumbach/Lauterbach/Albers/*Hartmann*, ZPO^{59}, § 142 Rn. 8, für den allein "Gewahrsam" an der Urkunde maßgeblich war; ebenso *Schreiber*, S. 135, der auf die tatsächliche Verfügungsgewalt über die Urkunde abstellt; dagegen: Stein/Jonas/*Leipold*, ZPO^{21}, § 421 Rn. 5, der immer auch zusätzlich eine Form des Besitzes fordert.

Der Wortlaut selbst sprach zunächst tatsächlich mehr für einen Gewahrsam, als für das Erfordernis von Besitz. „In Händen“ konnte sich eine Urkunde nur dann befinden, wenn die Partei auch auf sie zugreifen konnte; dies war beim mittelbaren Besitz vermöge eines Rechtsverhältnisses nicht stets gewährleistet.

Zur weiteren Begründung, weshalb allein die tatsächliche Zugriffsmöglichkeit ausreichen sollte, wurden zum Teil historische, zum Teil systematische Erwägungen herangezogen. Aus der Entwicklung der ZPO sei ersichtlich, dass die Begriffe „Besitz“, “in Händen halten“ und „Gewahrsam“ zum Zeitpunkt der Entstehung der Norm sowohl im allgemeinen Sprachgebrauch wie auch in den Motiven zu den ZPO-Entwürfen meist ohne sachliche Unterscheidung gebraucht wurden[48]. Bei einer systematischen Auslegung der Norm müsse § 427 ZPO einbezogen werden: Kam der Gegner der Anordnung nicht nach, so konnte nach § 427 ZPO eine vom Beweisführer beigebrachte Abschrift der Urkunde als richtig angesehen werden. Diese einschneidende Konsequenz aus § 427 ZPO sei jedoch nur dort angemessen, wo die Vorlegung allein vom Willen der Partei abhänge, d.h. wenn sie die Urkunde selbst in Besitz hat oder sie ohne weiteres z.B. auf Grund eines Herausgabeanspruchs beschaffen kann. Dies sei aber nur dann der Fall, wenn die Partei auch die tatsächliche Verfügungsgewalt über die Urkunde habe[49].

So richtig diese Erwägungen auch sein mögen, können sie im Ergebnis jedoch nicht überzeugen, soweit dabei auf das Erfordernis des Besitzes vollständig verzichtet werden sollte. Das Eigentum und damit einhergehend das Verfügungsrecht des Eigentümers ist eines der im bürgerlichen Recht und auch im Strafrecht am stärksten geschützten subjektiven Rechte. Keinesfalls sollte die Vorlagepflicht im Zivilprozess daher darauf gestützt werden können, dass jemand z. B. als Besitzdiener eine Urkunde in Händen hat, und bereit ist, diese entgegen dem Willen oder den Weisungen des Besitzherren vorzulegen. Die Bedeutung des Verfügungsrechts spiegelte sich auch in § 142 ZPO selbst wieder; die Entscheidung, ob eine Urkunde vorgelegt wird, verblieb dem Vorlageverpflichteten. Wollte er nicht vorlegen, war die Vorlage nicht erzwingbar.

Für die Vorlagepflicht war daher am Erfordernis des Besitzes festzuhalten; mittelbarer Besitz konnte, insbesondere aus den dargestellten systematischen Erwägungen, zwar ausreichen, jedoch nur dann, wenn der mittelbare Besitzer in der Lage war, sich den Gewahrsam mühelos und alsbald aufgrund seines Herausgabeanspruches aus dem Besitzmittlungsverhältnisses zu verschaffen[50].

---

48 *Schreiber*, S. 123.

49 *Schreiber*, S. 133.

50 Stein/Jonas/*Leipold*, ZPO[21], § 421 Rn. 5; aA. *Stadler*, Schutz des Unternehmensgeheimnisses, S. 81.

bb) Sonstige Unterlagen

Nach dem Wortlaut von § 142 Abs. 1 ZPO a. F. konnte das Gericht die Vorlage von Stammbäumen, Plänen, Rissen und sonstigen Zeichnungen jedoch auch dann aufgeben, wenn sie sich nicht in Händen der Partei befanden[51]. Nach allgemeiner Ansicht wurde aus den dargestellten Gründen jedoch auch hier gefordert, dass die Partei die Objekte zumindest anfertigen oder sich beschaffen kann[52].

cc) Vorlage nach handelsrechtlichen Vorschriften

Weder § 258 noch § 102 HGB erfordert dem Wortlaut nach Besitz oder Verfügungsmacht der Partei. Dies ist auch nicht notwendig. Die Partei ist zur Erstellung und Verwahrung der Handelsbücher (§§ 238, 257 Abs. 1, 4 HGB)/ Tagebücher (§ 100 Abs. 1, Abs. 2 i.V.m. § 257 HGB) verpflichtet, und muss sie daher auch unabhängig vom Besitz jederzeit vorlegen können[53]. Dies kann jedoch selbstverständlich nur während der Aufbewahrungsfristen gelten. Danach darf auch hier eine Vorlageanordnung lediglich dann ergehen, wenn die Partei die Urkunden noch in Besitz hat oder zumindest auf sie Zugriff nehmen kann.[54]

c) Bezugnahmeerfordernis

aa) Urkunden

(1) Bedeutung des Bezugnahmeerfordernisses

Nach dem Wortlaut von § 142 Abs. 1 ZPO a. F. musste sich die Partei auf die sich in ihrem Besitz befindliche Urkunde darüber hinaus „bezogen" haben.

(2) Keine Anwendbarkeit in der Praxis

Das Erfordernis der Bezugnahme war nach überwiegender Ansicht wegen der ursprünglich in § 272 b Abs. 2 Nr. 1 ZPO a. F. und danach in § 273 Abs. 2 Nr. 1

51 Thomas/Putzo/*Reichold*, ZPO[23], § 142 Rn. 1.

52 Stein/Jonas/*Leipold*, ZPO[21], § 142 Rn. 2; MünchKommZPO/*Peters*[2], §§ 142-144 Rn. 9; Baumbach/Lauterbach/Albers/*Hartmann*, ZPO[59], § 142 Rn. 8, 10; *Schreiber*, S. 134.

53 Arg. ex. § 257 Abs. 3 S. 1 Nr. 2.

54 Ohne Einschränkung für ein Fortbestehen der Vorlagepflicht nach Ablauf der Aufbewahrungspflicht: MünchKommHGB/*Ballwieser*, § 258-260 Rn. 2; Ebenroth/ Boujong/Joost/*Wiedmann*, HGB, § 258 Rn. 4.

ZPO a. F. getroffenen Möglichkeit der Anordnung der Urkundsvorlage durch den Vorsitzenden im vorbereitenden Verfahren in der Praxis jedoch nicht anzuwenden[55].

Nach § 273 Abs. 2 Nr. 1 ZPO a. F. konnte der Vorsitzende der Partei die Vorlage von Urkunden nämlich entgegen den strengen Voraussetzungen des § 142 Abs. 1 ZPO a. F. auch ohne weitergehende Anforderungen aufgeben[56]. Der Vorsitzende hatte damit die Möglichkeit, sich aus den engen, durch § 142 Abs. 1 ZPO a. F. gezogenen Grenzen ohne weiteres zu befreien, wo § 273 Abs. 2 Nr. 1 ZPO a. F. als Grundlage einer Anordnung zur Verfügung stand.[57] Dies war häufig der Fall, denn vor Beginn der mündlichen Verhandlung galt § 273 Abs. 2 Nr. 1 a. F. ausschließlich[58] und zwischen den Terminen oder, sofern sich die Partei nicht auf eine von ihr mitgeführte Urkunde bezog, die erstmals im Termin zur Sprache kam, auch im Termin, konnte sich der Vorsitzende zur Vorbereitung des nächsten Termins wiederum auf § 273 Abs. 2 Nr. 1 ZPO a. F. stützen. Ein Beharren auf das Erfordernis der Bezugnahme hätte damit in der Praxis dazu geführt, dass § 142 Abs. 1 ZPO a. F. leergelaufen und prozessual irrelevant gewesen wäre[59]. Eine Lösung der Diskrepanz durch teleologische Reduktion des § 273 Abs. 2 Nr. 1 ZPO a. F. und Ausdehnung des Bezugnahmeerfordernisses auf die

---

55 AllgM: BAG DB 1976, 1020 = AP Nr. 24 zu § 1 TVG Tarifverträge Bau; Stein/Jonas/*Leipold*, ZPO[21], § 142 Rn. 2; Thomas/Putzo/*Reichold*, ZPO[23], § 142 Rn. 1.; Musielak/*Stadler*, ZPO[2], § 142 Rn. 2; *Wieczorek*, ZPO, § 142 Anm. A I; *Brüggemann*, S. 362; *Damrau*, S. 314; *Prütting*, NJW 1980, 361, 363; *Schneider, E.*, MDR 1992, 20; *Schöpflin*, S. 234, 235; *Stürner*, Aufklärungspflicht der Parteien, S. 67; im Ergebnis auch MünchKommZPO/Peters[2], §§ 142-144 Rn. 11, der dem Merkmal der Bezugnahme aber mangels Aussagekraft jegliche Bedeutung abspricht; zurückhaltend Zöller/*Greger* [22], § 142 Rn. 1; aA. OLG Köln JMBl. NRW 1966, 285; Rosenberg/Schwab/*Gottwald*, Zivilprozeßrecht[15], §§ 121 IV 1, 78 III 3; Baumbach/Lauterbach/Albers/*Hartmann*, ZPO[59], § 142 Rn. 9.

56 BAG DB 1976, 1020 = AP Nr. 24 zu § 1 TVG Tarifverträge Bau.

57 Nur durch diese Einschränkung der Vorlagevoraussetzungen ließ sich zudem auch vermeiden, dass eine ungleiche Bewertung der Vorlegungslast in zwei aufeinanderfolgenden Terminen stattfand. Hätte bei wörtlicher Anwendung mangels Bezugnahme im ersten Termin keine Vorlegungslast bestanden, hätte diese aber aufgrund einer Anordnung nach § 273 Abs. 2 Nr. 1 ZPO im zweiten Termin bestehen können, ohne dass sich irgendetwas an den rechtlichen Gegebenheiten geändert hätte, *Schreiber*, S. 78.

58 MünchKommZPO/*Peters*[2], §§ 142-144 Rn. 6; anders als z. B. § 134 ZPO enthielt § 142 Abs. 1 ZPO a. F. nämlich gerade keinen Hinweis darauf, dass auch der Zeitraum „vor der mündlichen Verhandlung" geregelt werden sollte. Wurde dieser Zeitabschnitt in anderen Regelungen aber ausdrücklich hervorgehoben, so konnte, wo die Hervorhebung fehlt – wie in § 142 Abs. 1 ZPO – nur die Zeit nach Beginn der mündlichen Verhandlung gemeint sein, *Schreiber*, S. 62, 77.

59 *Schreiber*, S. 77.

vorbereitende Anordnung kam nicht in Frage. Anders als § 273 Abs. 2 Nr. 1 ZPO a. F. enthielt der zeitgleich[60] eingeführte § 273 Abs. 2 Nr. 4 nämlich ausdrücklich ein Bezugnahmeerfordernis für die Zeugenladung. Es musste daher davon ausgegangen werden, dass der Gesetzgeber bei der Urkundsvorlage willentlich auf das Bezugnahmeerfordernis verzichtet hatte, so dass eine restriktive Auslegung ausschied. Die allgemeine Ansicht hat daher auch bei der Anordnung nach § 142 Abs. 1 ZPO a. F. auf eine Bezugnahme der Partei verzichtet.

(3) Beschränkung auf Streitgegenstand

Dennoch konnte das Gericht nicht unbeschränkt von seiner materiellen Prozessleitungsbefugnis Gebrauch machen. Das Gericht sollte im Rahmen von § 273 Abs. 2 Nr. 1 und § 142 Abs. 1 ZPO a. F. den Prozess beschleunigen können, indem es frühzeitig, *ergänzend* zu seinem Fragerecht nach § 139 ZPO a. F. auch durch Einsichtnahme in Urkunden Widersprüche im von den Parteien unstreitig vorgetragenen Sachverhalt klärte[61] oder indem es eine aufgrund des vorgetragenen Sachverhaltes absehbare Beweisaufnahme vorbereitete und gegebenenfalls von Amts wegen durchführte[62]. Das Gericht war im Rahmen von § 139 Abs. 1 ZPO a. F. aber lediglich berechtigt, dafür Sorge zu tragen, dass die Parteien „sachdienliche Anträge" stellten. Sein Einfluss auf die Tatsachengrundlage beschränkte sich darauf, zweideutigen Vortrag zu klären und nur in begrenztem Rahmen Ergänzungen anzuregen[63]. Die Grenze der richterlichen Hinweispflicht war eindeutig überschritten, wenn das Gericht das Gebot der Unparteilichkeit missachtete. Dies war nach allgemeiner Ansicht stets dann der Fall, wenn es Klagerweiterungen anregte, oder einer Partei völlig neue Anträge nahe legte, für die deren bisheriger Vortrag keinerlei Anhaltspunkte lieferte[64], somit, wenn das Gericht Maßnahmen ergriff, die auf eine Änderung des Streitgegenstandes zielten. Das Gericht durfte im Rahmen von § 139 Abs. 1 ZPO a. F. und damit auch im Rahmen der Maßnahmen, die diese Regelung ergänzen, nur *innerhalb des*

---

60 Verordnung über das Verfahren in Bürgerlichen Rechtsstreitigkeiten vom 13. Februar 1924, RGBl. 1924 I, S. 135, 137 f.

61 MünchKommZPO/*Peters*², §§ 142-144 Rn. 6; Baumbach/Lauterbach/Albers/*Hartmann*, ZPO⁵⁹, § 273 Rn. 1.

62 Allg. Ansicht: Stein/Jonas/*Leipold*, ZPO²¹, § 142 Rn. 1; MünchKomm-ZPO/*Peters*², §§ 142-144 Rn. 6; Zöller/*Greger*, ZPO²², § 142 Rn. 1; *Peters*, Richterliche Hinweispflichten, S. 146; *Schöpflin*, S. 2.

63 Etwa wenn die vorgetragenen Tatsachen dem Gericht für eine Schätzung noch nicht ausreichten, BGH NJW-RR 1987, 797; *Stürner/Stadler*, Aktive Rolle des Richters, in: Anwaltsberuf und Richterberuf in der heutigen Gesellschaft, S. 187.

64 BGHZ 24, 269, 278; BAG AP Nr. 46 zu §§ 22, 23 BAT; OLG Köln MDR 1979, 1027; OLG Frankfurt NJW 1986, 389; *Baur*, ZZP 66 (1953), 209, 213.

vorgegebenen Streitgegenstandes tätig werden, um die Parteien bei der Sammlung des Prozessstoffes und dessen prozessual richtigen Vorbringen zu unterstützen[65]. Sowohl bei § 139 ZPO, als auch bei § 142 ZPO geht es nicht um eine generelle Sachverhaltsermittlung von Amts wegen, sondern um die Aufklärung eines (bereits vorhandenen) Parteivortrages[66]. Keinesfalls sollte der Richter die Parteien in dem Sinne entlasten, dass er *statt* der Parteien Tatsachen und Beweismittel einbrachte[67] und die Parteiaktivität damit ersetzte. Die Parteien allein entscheiden, was sie vorbringen und was sie bestreiten. Lediglich der äußere Verfahrensablauf lag auch bislang bereits weitgehend in Händen des Gerichts[68]. Die Befugnis des Gerichts zur Einflussnahme auf die Tatsachengrundlage nach § 273 Abs. 2 Nr. 1 und § 142 Abs. 1 ZPO a. F. war daher eingeschränkt. Das Gericht sollte nur Anordnungen treffen können, die nicht über die Grundlage des durch die Parteien eingeführten und im Falle der Beweisaufnahme streitig gestellten Sachverhalts hinausgingen[69]. Daher konnte das Gericht keine *neuen* Tatsachen statt der Partei in das Verfahren einführen, sondern nur die Vorlage von Urkunden zu Tatsachen anordnen, die die Parteien bereits selbst zum Streitgegenstand gemacht hatten. Dies bedeutete aber auch, dass das Gericht keine Anordnung treffen konnte, um von Amts wegen lückenhaftes Vorbringen der Parteien zu *er-*

---

65 Rosenberg/Schwab/*Gottwald*, Zivilprozessrecht[16], § 77 III b; *Stürner*, Richterliche Aufklärung, S. 26, 40; weitergehend *Peters*, Richterliche Hinweispflichten, S. 111, 127 ff.

66 MünchKommZPO/*Prütting*[2], § 273 Rn. 2 zu § 273 Abs. 2 ZPO a. F., der wie dargestellt bezüglich der Urkundsvorlage die gleichen Befugnisse einräumte wie § 142 Abs. 1 ZPO a.F. Eindeutig hierzu auch bereits *v. Wilmowsky/Levy*, ZPO, Berlin 1895, Bem. 4 vor § 119: "Sie (die Befugnisse zur materiellen Aufklärung des Rechtsstreits) sollen jedoch nicht eine Inquisitionsmaxime einführen, und nicht angewendet werden, um eine absolute Wahrheit außer der Vorgetragenen zu ermitteln, sondern sie sollen nur zur Aufklärung und Feststellung des Vorgetragenen helfen".

67 *Brehm*, S. 71; *Stürner*, aaO., S. 16.

68 *Prütting*, NJW 1980, 361, 363; *Stürner*, in: Gilles, Effiziente Rechtsverfolgung, 1987, S. 1, 3.

69 Zöller/*Greger*, ZPO[22], § 142 Rn. 1; Musielak/*Stadler*, ZPO[2], § 142 Rn. 2; im Ergebnis auch MünchKommZPO/*Peters*[2], §§ 142 - 144 Rn. 11; *Baur*, ZZP 66 (1953), S. 209, 213; aA. *Wieczorek*, ZPO, § 142 Anm. A 1, § 272 b Anm. C I, wonach für die Vorlegung lediglich erforderlich sei, dass die Anordnung unter dem Gesichtspunkt der Sachverhaltsaufklärung und Prozessbeschleunigung, sowie der Unterrichtung des Gerichts, sachdienlich erscheine. Dies sei insbesondere dann der Fall, wenn zu erwarten stehe, dass eine der Prozessparteien im Wege des Urkundsbeweises die Vorlage einer entsprechenden Urkunde beantragen werde. Dies konnte jedoch nur zu erwarten sein, wenn sich dieser Beweis anhand des von den Parteien vorgebrachten Tatsachenstoffes anbot. Beides setzte damit faktisch aber wiederum voraus, dass die Partei in irgendeiner Art und Weise bereits die Urkunde und die sich daraus ergebenden Tatsachen erwähnt hatte und diese damit zum Streitgegenstand gehörte.

gänzen; es konnten lediglich Widersprüche z. B. in der rechtlichen Bewertung und Auslegung des bereits vorgebrachten Sachverhalt geklärt und der Vortrag ggf. präzisiert werden. Ansonsten konnte das Gericht lediglich nach § 139 ZPO a. F.[70] darauf hinweisen, dass der Vortrag lückenhaft war.

(4) Hinweispflicht des Gerichts

Selbst bei einer Begrenzung der richterlichen Befugnisse auf den Streitgegenstand hätte die Anordnungsmöglichkeit des Gerichts nach § 142 Abs. 1 ZPO a. F. aber zum Einfallstor richterlicher Willkür werden können[71]. Zwar war durch die Begrenzung auf den Streitgegenstand die äußere Grenze des richterlichen Handelns vorgegeben. Dennoch hätte die Partei weder die Möglichkeit gehabt, zu bestimmen, ob bestimmte Tatsachen weiter streitig sein sollen und damit der Beweisaufnahme bedürfen, noch ob Urkunden, die eventuell nur beiläufig erwähnt wurden, tatsächlich als Beweismittel dienen sollen. Neben der Begrenzung auf den Streitgegenstand ergab sich nach allgemeiner Ansicht aus dem Zweck der Regelung daher zudem die Pflicht des Gerichts, die Partei *vor* der Anordnung stets nach § 139 Abs. 1 S. 1 ZPO a. F. zum Beweisantritt aufzufordern[72], sofern

---

70 AK-ZPO/*Schmidt*, § 139 Rn. 29.

71 *Stürner*, Richterliche Aufklärung, S. 16 f.; *Schöpflin*, S. 21, 159, 168, geht aus diesem Grund statt vom Vorliegen von Ermessen allerdings von einer richterlichen Pflicht zur Beweisanordnung von Amts wegen aus. § 139 ZPO bringe zum Ausdruck, dass das Gesetz die erforderlichen Beweise nach Möglichkeit erhoben sehen wolle. Dasselbe gelte bei der Anwendung von § 142 Abs. 1 ZPO im Rahmen von § 273. Denn auch nach § 273 Abs. 1 *hat* das Gericht erforderliche vorbereitende Maßnahmen rechtzeitig zu erlassen. Nur durch eine Verpflichtung des Gerichts zur Beweiserhebung von Amts wegen könne sichergestellt werden, dass dem subjektiven Recht des Klägers durch Ermittlung der Wahrheit zu Geltung verholfen wird. Dabei wird jedoch die Bedeutung des Beibringungsgrundsatzes als Grundlage der Arbeitsteilung, aber auch als Begrenzung der richterlichen Aktivität verkannt. Das Gericht soll die Partei in ihrer Prozessführung unterstützen, ihr diese aber nicht aus der Hand nehmen. So ist auch nach der von Schöpflin angeführten Ansicht *Stürners*, eine Abkürzung des Ablaufes durch das Tätigwerden des Gerichts *statt* der Partei nur dann zulässig, wenn dadurch die auf den Hinweis zu erwartende Handlung der Partei vorweggenommen wird, nicht aber wenn dies erkennbar dem Willen der Partei widerspricht. Siehe dazu auch *Peters*, ZZP 107 (1994), 264, 266 f.; *Stürner/Stadler*, Aktive Rolle des Richters, in: Anwaltsberuf und Richterberuf in der heutigen Gesellschaft, S. 186 f., 190.

72 Stein/Jonas/*Leipold*, ZPO[21], § 142 Rn. 1; *Gottwald*, Jura 1980, 225, 226; *Stürner*, Richterliche Aufklärung, S. 16; so wohl auch *Jauernig*, Zivilprozeßrecht[26], § 50 III 1; ebenso wohl Baumbach/Lauterbach/Albers/*Hartmann*, ZPO[59], § 142 Rn. 9, der zumindest einen pflichtgemäßen Hinweis des Gerichts nach §§ 138, 139 ZPO auf einen ansonsten unvollständigen Vortrag fordert.

es eine Beweisaufnahme für notwendig erachtete. Das Gericht sollte die Parteien lediglich unterstützen, ihr aber nicht ihre prozessualen Lasten abnehmen. Unterließ die Partei auch auf richterlichen Hinweis, den entsprechenden Beweisantrag zu stellen, hatte der Richter zu prüfen, ob dies auf Nachlässigkeit beruhte oder auf wohlüberlegten Gründen; in letzterem Fall sollte – gerade wegen der reinen Ersatz- und Unterstützungsfunktion der Anordnung von Amts wegen – eine Anordnung ausscheiden[73].

bb) Sonstige Unterlagen

Die Vorlage sonstiger Unterlagen setzte vom Wortlaut her keine Bezugnahme voraus. Jedoch waren wegen der Geltung des Beibringungsgrundsatzes auch hier die Befugnisse des Gerichts wie bei der Anordnung der Vorlage von Urkunden im Zivilprozess eingeschränkt[74], so dass sich das Gericht nur innerhalb des von den Parteien festgelegten Streitgegenstandes bewegen konnte.

cc) Handelsbücher/Maklertagebücher

Dasselbe galt für die Vorlage von Handelsbüchern und Tagebüchern des Handelsmaklers in handelsrechtlichen Streitigkeiten nach den §§ 102, 258-261 HGB. Zwar setzt der Wortlaut ebenfalls keine Bezugnahme voraus[75]. Auch hier galt jedoch der Beibringungsgrundsatz. Nur wenn das Gericht aufgrund eines Antrages der am Verfahren Beteiligten oder von sich aus zu der Überzeugung kam, die Handelsbücher könnten eine Aufklärung (vorgetragenen) Streitstoffes ergeben, war eine Vorlageanordnung möglich[76].

---

73 MünchKommZPO/Peters², §§ 142-144 Rn. 4; *Habscheid*, ZZP 96 (1983), 306, 309.

74 Musielak/*Stadler*, ZPO², § 142 Rn. 2; *Schreiber*, S. 81 ff., jedoch nur sofern sich die Vorlageanordnung gegen den Gegner richten soll.

75 MünchKommZPO/*Peters*² §§ 142-144 Rn. 11; für die Vorlage von Tagebüchern ohne Bezugnahme: Ebenroth/Boujong/Joost/*Reiner*, HBG, § 102 Rn.1; für die Vorlage von Handelsbüchern ohne Bezugnahme: *Hüffer*, in Großkomm. HGB, § 258 Rn. 1; wohl auch MünchKommZPO/*Ballwieser*, § 258 Rn. 2.

76 So ausdrücklich *Hüffer*, in: Großkomm. HGB, § 258 Rn. 11; ebenso *Schlegelberger*, § 45 HGB Rn. 3; wohl auch Ebenroth/Boujong/Joost/*Wiedmann*, HGB, § 258 Rn. 5.

3. Allgemeine Voraussetzungen der Vorlageanordnung

a) Vorlageanordnung zur Information des Gerichts

aa) Anordnung gegenüber darlegungs- und beweisbelasteter Partei

Hatten die Parteien Tatsachen übereinstimmend eingebracht, entweder indem sich der Gegner der darlegungs- und beweisbelasteten Partei zu der Tatsache gar nicht erklärte oder diese zugestand und wollte das Gericht sich eine Urkunde lediglich vorlegen lassen, um den Prozessstoff besser verstehen zu können, bzw. um präzisere Angaben zu *unstreitigem*[77] Sachvortrag zu erlangen, konnte das Gericht die Vorlage gegenüber der darlegungs- und beweisbelasteten Partei ohne weiteres anordnen[78].

---

77 AA. MünchKommZPO/*Prütting*[2], § 273 Rn. 2, der für die Anordnung nach §§ 142, 273 Abs. 2 Nr.1 ZPO stets eine streitige Tatsache voraussetzt. Es gehe nämlich nicht um eine Sachverhaltsermittlung von Amts wegen, sondern um die Aufklärung eines bereits vorhandenen Parteivortrages. Dies setzt aber m.E. keineswegs einen streitigen Vortrag voraus. Vielmehr können auch beide Parteien übereinstimmend auf den Inhalt einer Urkunde Bezug nehmen. Bleibt der Inhalt dennoch unklar, weil z.B. der genaue Wortlaut für die Auslegung entscheidend ist, muss sich das Gericht durch Vorlage der entsprechenden Urkunde Klarheit verschaffen können. Dies verstößt auch nicht gegen den Beibringungsgrundsatz, da die Parteien selbst die Tatsachen in den Rechtsstreit eingebracht haben.

78 Die darlegungsverpflichtete Partei musste auch nicht im Einzelnen substantiiert vorgetragen haben. Zwar hat der Kläger bereits zur ordnungsgemäßen Klagerhebung substantiierte Angaben zum Lebenssachverhalt zu machen, aus dem sich seines Erachtens der von ihm geltend gemachte Anspruch ergibt, Rosenberg/Schwab/*Gottwald*, Zivilprozessrecht[16], § 94 II 2 b), damit das Gericht und auch der Beklagte wissen, um welche Streitsache es geht. Dabei genügt es allerdings, wenn der Anspruch, der geltend gemacht wird, durch die Angaben individualisierbar ist, BGH NJW 2000, 3492, 3493; Rosenberg/Schwab/*Gottwald*[16], aaO.; MünchKommZPO/*Lüke*[2], § 253 Rn. 76 ff. Auch im Rahmen des Vorverfahrens und der mündlichen Verhandlung genügt der Kläger grundsätzlich seiner Darlegungslast, indem er Behauptungen aufstellt, die den abstrakten Tatbestand der rechtbegründenden Norm in nur leicht konkretisierter Form wiedergibt, Rosenberg/Schwab/*Gottwald*, Zivilprozessrecht[16], § 101 II 1 a). Erst von der Einlassung des Beklagten hängt es ab, inwieweit er genauere Behauptungen aufstellen, z. B. sein Recht durch nähere Angaben zu seiner Entstehung und Fortbestehen begründen muss, BGH NJW 1992, 2427, 2428; NJW 1962, 1384, 1395 = LM § 282 ZPO Beweislast Nr. 12; BGH JZ 1985, 183 mit Anm. *Stürner*; NJW-RR 1998, 712, 713; vgl. auch *Lange*, DRiZ 1985, 247. Dasselbe gilt für den Beklagten und seinen Vortrag zu eventuellen Einreden/Einwendungen.

bb) Möglichkeit zur Anordnung gegenüber der nicht darlegungs- und beweisbelasteten Partei

Die Möglichkeit, eine Vorlageanordnung gegenüber der nicht darlegungs- und beweisbelasteten Partei zu treffen, bestand allerdings nur bei zusätzlichem Vorliegen der Voraussetzungen der §§ 422, 423 ZPO[79]. Diese Beschränkung ergab sich zwar nicht aus dem Wortlaut von § 142 Abs. 1 ZPO a. F., der bei Verzicht auf das Bezugnahmeerfordernis eine Vorlageanordnung gegenüber beiden Parteien ohne weitere besondere Voraussetzungen erlaubte, aber auch hier aus der reinen „Unterstützungsfunktion" der materiellen Prozessleitung durch das Gericht[80]. Diese Unterstützung der Parteien konnte sich sinnvollerweise aber nur im Rahmen der möglichen Parteiaktivität bewegen, wie sie durch die objektive Beweislast vorgegeben war. Die ZPO geht von einer Aufgliederung des Tatsachenstoffes in anspruchs- und einwendungs- bzw. einredebegründende Tatsachen aus, und knüpft dabei an die Beweisrisikoverteilung des materiellen Rechts an[81]. Diese Aufgliederung des Prozessstoffes kanalisiert die Parteiaktivität, verteilt aber auch das Risiko der Unaufklärbarkeit. Der Umfang der gerichtlichen Befugnisse darf daher keinesfalls weiter reichen, als die Möglichkeiten der Partei zur Beweisaufnahme[82]. Im parteibetriebenen förmlichen Beweisverfahren wurde die Möglichkeit der beweisbelasteten Partei, den Beweisgegner zur Urkundsvorlage zu verpflichten jedoch durch die §§ 422, 423 ZPO beschränkt. Nur in diesen Fällen wurde der beweisbelasteten Partei das Risiko ausnahmsweise abgenommen,

---

79 AllgM.: Stein/Jonas/*Leipold,* ZPO[21], § 142 Rn. 3; § 273 Rn. 25; MünchKommZPO/Peters[2], §§ 142-144 ZPO Rn. 10; MünchKommZPO/*Prütting*[2], § 273 Rn. 19; Baumbach/Lauterbach/Albers/*Hartmann,* ZPO[59], § 142 Rn. 6; Musielak/*Stadler,* ZPO[2], § 142 Rn. 3; *Schreiber,* S. 75 f.; anders hingegen, sofern man eine allgemeine prozessuale Mitwirkungspflicht der Parteien anerkennt, da sich an den Gegner die Aufforderung nur dann richten kann, soweit sich der Zwang zur Mitwirkung mit seiner sonstigen prozessualen Stellung verträgt. Dies wäre der Fall, wenn der Gegner allgemein zur Aufklärung verpflichtet wäre. So z. B. *Stürner,* Aufklärungspflicht der Parteien, S. 85 f., 98 ff., 134 ff., 234 ff.; *Schöpflin* S. 236 ff.; *Peters,* ZZP 82 (1969), 200, 208 ff.; MünchKommZPO/*Peters*[2], §§ 142-144 Rn. 10; aA. auch Zöller/*Greger,* ZPO[22], § 142 Rn. 2, der eine Anordnung durch das Gericht ausschließt. Für die Vorlage durch den Gegner gelten die Sonderregelungen der §§ 421 ff. ZPO.

80 *Grunsky,* Grundlagen des Verfahrensrechts, § 19 IV, S. 178; *Stürner,* Aufklärungspflicht der Parteien, S. 64 f.; *ders.,* Richterliche Aufklärung, S. 16; *Kuchinke,* JuS 1967, 295, 297 ff.

81 *Stürner,* Richterliche Aufklärung, S. 17 mwN.

82 *Baur,* ZZP 66 (1953), 209, 216; *Stürner,* Richterliche Aufklärung, S. 16 f.; Aufklärungspflicht der Parteien, S. 67 f.

ein Beweismittel nicht zur Verfügung zu haben[83]. Dieser Wertung wäre es aber zuwider gelaufen, wenn in Ausdehnung des Anwendungsbereiches des § 142 Abs. 1 ZPO a. F. das Gericht den Beweisgegner hätte verpflichten können, die Urkunde zum Beweis vorzulegen, auch wenn die beweisbelastete Partei sie mit ihren Mitteln nicht hätte erlangen können[84].

Dies galt auch, wenn das Gericht lediglich Einblick in Urkunden nehmen wollte, um widersprüchlichen Sachverhaltsvortrag zu klären. Hatte das Gericht nämlich erst Einblick genommen, und damit unsubstantiierten oder, wenn die Einsichtnahme zur Präzisierung des Vortrages notwendig war, unschlüssigen Sachverhaltsvortrag der darlegungsbelasteten Partei vermieden, wäre ein nachträgliches Bestreiten dieses Sachverhalts durch den Beweisgegner meist sinnlos gewesen; hatte die Einsichtnahme in die Urkunde zur Klärung des von der darlegungspflichtigen Partei vorgetragenen Sachverhaltes geführt, deckte sich der Inhalt der Urkunde mit diesem Vortrag. Im Rahmen einer Beweisaufnahme wäre das Gericht somit zu keinem anderen Ergebnis gekommen. Damit wären aber die Beschränkungen aus den §§ 422, 423 ZPO umgangen worden. Um dies zu vermeiden, waren diese Beschränkungen daher auch bei Anordnung der Vorlage zur Sachverhaltsklärung anzuwenden[85].

Diese Einschränkung galt zudem auch im Rahmen der vorbereitenden Anordnung[86], da diese Regelung zwar den Prozess beschleunigen, nicht aber die Stellung des Beweislastträgers erleichtern wollte[87]. Die Pflicht zur Verfahrensvorbereitung entsprach vom Umfang her vielmehr den dem Vorsitzenden bzw. dem Gericht in den §§ 139, 142 ZPO a. F. auferlegten Pflichten, nur dass sie in das Vorverfahren vorverlegt waren. Daher konnten sie jedoch auch nur in dem dort vorgegebenen Umfang gegeben sein[88]. Der Vorsitzende sollte die Möglichkeit

---

83 *Schreiber*, S. 75 f.

84 *Schreiber*, S. 76; damit hatte sich nämlich in der Regel die Notwendigkeit zur nachfolgenden Beweisaufnahme erledigt. In der Regel werden Tatsachen, die durch eine Urkunde bestätigt würden, ohnehin nicht mehr bestritten, sobald die Urkunde dem Gericht vorliegt, sofern die Echtheit der Urkunde zweifelsfrei ist. War eine nachfolgende Beweisaufnahme dennoch notwendig, hätte der Gegner jedoch auch in diesem Rahmen die Verwertung der evtl. nur zur Klärung von Tatsachen herangezogene Urkunde jedoch nicht mehr mit dem Argument verhindern können, er wäre im förmlichen Beweisverfahren auf Antrag der Partei nicht verpflichtet gewesen die Urkunde herauszugeben.

85 Dazu ausführlich *Schreiber*, S. 75.

86 Stein/Jonas/*Leipold*, ZPO[21], § 273 Rn. 25; MünchKommZPO/*Prütting*[2], § 273 Rn. 19; *Schreiber*, S. 75; *Baur*, ZZP 66 (1953), 209, 216; *Dilcher*, AcP 158 (1959/60), 469, 479.

87 *Dilcher*, aaO., (zu § 272 b ZPO); *Schreiber*, S. 75 f.; *Baur*, aaO.

88 *Baur*, aaO., 215.

haben, die Beibringung solcher Beweismittel im Voraus anzuordnen, deren Bezeichnung durch die Partei er nach § 139 ZPO a. F. anregen könnte. Auch hier konnte das Gericht die Vorlage einer Urkunde durch den Beweisgegner aber nur bei Vorliegen der Voraussetzungen der §§ 422, 423 ZPO anordnen[89].

b) Vorlageanordnung zum Beweis

Die Vorlegung und Einsichtnahme in die Urkunde durch das Gericht hatte bei *streitigen* Tatsachen allerdings Beweiswirkung[90]. Zusätzlich zu den Voraussetzungen der Vorlageanordnung zur Information des Gerichts, waren daher bei der Vorlageanordnung zum Beweis die allgemeinen Voraussetzungen für eine Beweisaufnahme zu erfüllen, bevor die Anordnung ergehen konnte.

aa) Vorliegen entscheidungserheblicher beweisbedürftiger Tatsachen

Zwar verzichtet das Gesetz bei der Beweiserhebung von Amts wegen auf einen Beweisantritt der Partei[91]. Nach der ZPO darf jedoch jeder Beweis nur nach richterlicher Schlüssigkeitsprüfung und nur über beweisbedürftige, d.h. streitige, entscheidungserhebliche Tatsachen erhoben werden[92]. Bei unschlüssiger Klage ist also eine Beweiserhebung von vornherein unzulässig. Sind Tatsachen nicht entscheidungserheblich, bedürfen sie keiner weiteren Klärung. Ziel des Zivilprozes-

89 Etwas anderes galt allerdings für die Vorlage nach handelsrechtlichen Vorschriften: Da § 258 HGB weder Besitz, noch Bezugnahme einer Partei auf die Handelsbücher verlangte, konnte die gerichtliche Vorlageanordnung in Handelssachen sowohl die darlegungs- und beweisbelastete Partei, als auch deren Gegner -und zwar ohne Begrenzung durch die §§ 422, 423 ZPO (*Hüffer,* in: Großkomm. HGB, § 258 Rn. 1, 3; Baumbach/*Hopt*, HGB, § 258 Rn. 1)- treffen, wenn sie zur Führung von Handelsbüchern verpflichtet war. Es wird allerdings angeregt, auch in handelsrechtlichen Streitigkeiten bei der Anordnung gegenüber dem Gegner der beweisbelasteten Partei auf Grundlage der §§ 258, 102 HGB auch die §§ 422, 423 ZPO zu beachten, *Schreiber*, S. 76 ff.. Die §§ 422, 423 ZPO umschreiben jedoch Ausnahmen zu dem Grundsatz, dass die beweisbelastete Partei die Beweismittel vorzulegen hat. Gerade dies aber nicht Grundlage der Regelungen in den §§ 258, 102 HGB. Danach kann die gerichtliche Anordnung unabhängig von der Beweislast ergehen, da die Parteien von Gesetzes wegen zur Führung der Urkunden zum Nachweis bestimmter Tatsachen verpflichtet sind. Insofern sind die Beschränkungen aus den §§ 422, 423 ZPO nicht auf die Vorlage nach den handelsrechtlichen Vorschriften übertragbar.

90 *Wieczorek*, ZPO, § 142 Anm. B III.

91 Zöller/*Greger*, ZPO[22], § 273 Rn. 6.

92 Rosenberg/Schwab/*Gottwald*, Zivilprozeßrecht[15], § 118 I 1; *Wieczorek*, ZPO, § 142 Anm. B III; Zöller/*Greger*, aaO., Vor § 284 Rn. 1, 9, 10; *Prütting*, NJW 1980, 361, 363; *Schöpflin*, S. 68, 234.

ses ist Individualrechtsschutz durch Findung der für die Klärung der Rechtslage erforderlichen materiellen Wahrheit; Tatsachen, die für den Streitgegenstand keine Rolle spielten, können hierzu nichts beitragen.

bb) Darlegungs- und Substantiierungspflicht

(1) Pflicht zur Substantiierung

Die Vorlegungsanordnung nach § 142 Abs. 1 ZPO darf dort nicht ergehen, wo ein entsprechender Beweisantrag zurückzuweisen wäre[93]. Wäre ein Beweisantrag erforderlich, müsste dieser das Beweismittel angeben und die zu bewirkende(n) Tatsache(n) genau bezeichnen[94]. Würden die Tatsachen vom Gegner bestritten, hätte die beweisbelastete Partei ihren Vortrag vor einer Beweisaufnahme weiter zu substantiieren[95] und genau darzulegen, wann, wo, was passiert sein soll[96]. Die Bewältigung des Substantiierungserfordernisses ist nach dem positivrechtlichen System der ZPO Voraussetzung verfahrensförmiger Wahrheitsprüfung[97]. Nach hA. unzulässig, da rechtsmissbräuchlich, wäre auch der sog. „Ausforschungsbeweis“:

(a) Der Begriff der „Ausforschung“

Die Terminologie ist uneinheitlich[98]. Gemeint sind Fallgruppen, in denen das Gericht einen Beweisantrag[99] des Beweisführers ablehnen muss, da dieser „lückenhaft“ ist und seine Zulassung der beweisbelasteten Partei ermöglichen würde, beim Beweisgegner wesentliche Tatsachen und Erkenntnisquellen offen zu legen,

---

93 BGHZ 5, 302, 307 zur Einnahme des Augenscheins und der Begutachtung durch Sachverständige nach § 144 ZPO, der § 142 ZPO weitestgehend entsprach, so dass diese Rechtsprechung durchaus übertragen werden kann. Ebenso wohl *Ebke*, S. 57.

94 Siehe §§ 371, 373, 403, 424, 430, 445 Abs. 1 ZPO.

95 *Schellhammer*, Arbeitsmethode des Zivilrichters, Rn. 167.

96 Insbesondere wenn sich die Geschehnisse im Wahrnehmungsbereich der Partei abgespielt hatte, bestand eine gesteigerte Substantiierungslast BGHZ 86, 23, 29 f. = NJW 1983, 687; 100, 190, 196 = NJW 1987, 2008; BGH NJW 1999, 714; 1990, 3151 = LM § 138 ZPO Nr. 28.

97 *Stürner*, Aufklärungspflicht der Parteien, S. 106.

98 So werden auch die Begriffe „Ausforschungs-„ oder „Beweisermittlungsantrag“ verwendet.

99 Der Beweisantrag umfasst die Benennung der zu beweisenden Tatsachen und die Benennung des Beweismittels, sowie deren Zusammenhanges, BGH NJW-RR 1987, 1469; Rosenberg/Schwab/*Gottwald*, Zivilprozeßrecht[15], § 112 V 1; Stein/Jonas/*Leipold*, ZPO[21], § 284 Rn. 31; *Jauernig*, Zivilprozeßrecht[26], § 51 I; *Schellhammer*, Zivilprozess, Rn. 534. Man spricht auch von Beweisantritt oder Beweisangebot.

d.h. „auszuforschen", um erst dann entscheidungserhebliche Tatsachen behaupten und unter Beweis stellen zu können[100].

(b) Inhalt des „Ausforschungsverbotes"

In Rechtsprechung und Literatur besteht über den Umfang des Ausforschungsverbotes keine Einigkeit. Aus der Vielzahl der zur Ausforschungsproblematik ergangenen Urteile und veröffentlichten Aufsätze lassen sich jedoch durchgehend zwei abgrenzbare Erscheinungsformen des „Ausforschungsbeweises" erkennen.

(aa) Unbestimmtes Tatsachenvorbringen

Ein ausforschender Beweisantrag soll danach dann vorliegen, wenn es dem Antrag an der notwendigen Bestimmtheit mangele[101]. Der Beweisantrag muss danach mindestens so bestimmt sein, dass sich der Gegner interessengerecht darauf einlassen und das Gericht die Erheblichkeit der begehrten Beweisaufnahme zu beurteilen vermag[102].

Der BGH erkannte allerdings frühzeitig, dass es dem Beweisführer in einigen Situationen typischerweise nicht möglich ist, einen substantiierten Tatsachenvortrag zu geben[103]. In der Rechtsprechung wird daher das Substantiierungsverlangen in diesen Fällen reduziert, indem stets dann, wenn Einzelheiten weder gefordert, noch erwartet werden können, der Vortrag allgemeiner, jedoch unzweifelhaft erheblicher, Behauptungen genügen soll[104]. Ob stattdessen dann zumindest zusätzlich der Vortrag von *Anhaltspunkten* zu fordern ist, die den allgemeinen Vortrag wahrscheinlich machen und somit einer Ausforschung entgegenwirken, wird in der Rechtsprechung unterschiedlich beantwortet[105]. Der Rechtsprechung ist es bis heute nicht gelungen, hier einen einheitlichen Maßstab für eine Abgren-

---

100 Zöller/*Greger*, ZPO[22], vor § 284 Rn. 5

101 RGZ 53, 40, 43; BGHZ 5, 302, 307; BGH NJW 1996, 394 = LM H. 3/1996 § 138 ZPO Nr. 36; NJW 1995, 1958, 1959 = LM H. 10/1995 § 89 b HGB Nr. 103; NJW 1992, 1967, 1968 = LM H. 9/1992 § 286 (E) ZPO Nr. 25; NJW 1972, 249, 250; 1965, 1907, 1909.

102 BGH NJW 1996, 394; 1995, 1958, 1959; BGH NJW 1992, 1967, 1968; BGH FamRZ 1960, 110, 111.

103 BGHZ 5, 302, 306; bestätigt z. B.: in BGH NJW 1995, 1160 = MDR 1995, 407.

104 BGH NJW 1974, 1710; 1968, 1233, 1234; 1964, 1414.

105 Dafür: BGHZ 5, 203, 206, 207; BGH NJW 1974, 1710; 1965, 1907, 1909; OLG Schleswig NJW-RR 1991, 1338. Dagegen, da die Partei nicht verpflichtet sei, ihre Behauptung wahrscheinlich zu machen, soweit sie erheblich und hinreichend konkret sei, BGHZ 33, 63, 65 = LM § 445 ZPO Nr.4; BGH NJW 1972, 249, 250 = LM § 282 ZPO Nr. 5; BGH NJW-RR 1991, 888, 890.

zung zwischen verbotener Ausforschung und noch erlaubtem unsubstantiiertem Sachvortrag zu finden.

Die überwiegende Ansicht in der rechtswissenschaftlichen Literatur[106] sieht ebenfalls einen der Hauptanwendungsfälle beim unbestimmten Beweisantrag[107] und reduziert das Substantiierungsverlangen in Fällen, in denen die Partei nicht bestimmt behaupten kann, was sie behaupten muss[108]. Dabei war zwar auch hier streitig, ob Anhaltspunkte die Bestimmtheit des Vortrages ersetzen können[109]. Inzwischen wird aber auch hier vermehrt die Ansicht vertreten, es genüge, wenn die beweisführende Partei zumindest plausible Anhaltspunkte für ihre Behauptungen liefern kann[110], soweit es sich um Ereignisse aus der Sphäre des Beweisgegners oder Dritter handelt[111]. Dem ist zu folgen. Die Substantiierung verfolgt keinen Selbstzweck. Sie soll zum einen die Erheblichkeitsprüfung des Gerichts ermöglichen, vor allem aber als Plausibilitäts- und Missbrauchskontrolle die-

---

106 In der Literatur war der Ausforschungsbeweis seit jeher umstritten. Das Spektrum der vertretenen Ansichten reicht dabei von der Ablehnung des Ausforschungsverbotes, über die Anerkennung, bis zur Einordnung als reines Scheinproblem. Siehe im Einzelnen: *Arens*, ZZP 96 (1983), 1 ff., 3 ff.; *Anhalt*, Allgemeine Verfahrensgrundsätze und Ausforschungsbeweis, 1966; *Brehm*, Die Bindung des Richters an den Parteivortrag in den Grenzen freier Verhandlungswürdigung, 1982; *Büttner*, Vaterschaftsprozeß und Ausforschungsbeweis, ZZP 67 (1954), 73; *Chudoba*, Der ausforschende Beweisantrag, 1993; *Dunz*, Der unzulässige Ausforschungsbeweis, NJW 1956, 769; *Esser*, Kann die Duldung einer Blut- bzw. erbbiologischen Untersuchung mit der Begründung, sie sei als Ausforschungsbeweis unzulässig, verweigert werden?, MDR 1952, 537; *Eßer*, Der Ausforschungsbeweis, 1969; *Gamp*, Die Bedeutung des Ausforschungsbeweises im Zivilprozeß, DRiZ 1982, 165 ff.; *Hertz-Kleptow*, Wann ist im Unterhaltsprozeß des unehelichen Kindes der Antrag, ein erbbiologisches Gutachten einzuholen, als unzulässige Ausforschung abzulehnen?, DRiZ 1953, 103; *Lang*, Der Ausforschungsbeweis im Unterhaltsprozeß des unehelichen Kindes, DRiZ 1962, 229; *Lüderitz*, Ausforschungsbeweis und Auskunftsanspruch bei Verfolgung privater Rechte, 1966; *Müller*, Der Ausforschungsbeweis, 1991; *Peters*, Ausforschungsbeweis im Zivilprozess, 1966; *Riedel*, Vom zulässigen und unzulässigen Ausforschungsbeweis, NJW 1956, 6; *Stückrath*, Zur Frage des unzulässigen Ausforschungsbeweises im Unterhaltsprozeß, MDR 1950, 30; *Stürner*, Aufklärungspflicht der Parteien, S. 106 ff.

107 *Chudoba*, S. 80, 102; *Lüderitz*, S. 8 ff.; *Peters*, Ausforschungsbeweis, S. 64; *Gamp*, S. 170.

108 *Peters*, Ausforschungsbeweis, S. 24; *Gamp*, S. 170; *Chudoba*, S. 117.

109 Dagegen z. B. *Anhalt*, S. 116; *Lüderitz*, S. 17, *Peters*, Ausforschungsbeweis, S. 39.

110 *Stürner*, Aufklärungspflicht, S. 106 ff; *ders.*, JZ 1985, 185, 186; Zöller/*Greger*, ZPO[24], Vor § 284 Rn.5; *Stadler*, Schutz des Unternehmensgeheimnisses, S. 100; kritisch *Brehm*, S. 100, 115 ff.; aA. Rosenberg/Schwab/*Gottwald*, Zivilprozessrecht[16], § 115 II 2 d.

111 Vorgänge aus dem eigenen Wahrnehmungsbereich müssen hingegen natürlich so substantiiert wie möglich geschildert werden.

nen[112]. Das Gericht soll auf Grundlage der Angaben der beweisbelasteten Partei die Erheblichkeit der Beweiserhebung vor allem deshalb prüfen, damit der Beweisgegner nicht ohne Grund oder gar vorsätzlich missbräuchlich mit einer Beweisaufnahme überzogen wird und ungerechtfertigt Eingriffe in seine Freiheitsrechte hinnehmen muss. Dem vorrangigen Ziel der Substantiierung, der Missbrauchs- und Plausibilitätskontrolle, wird aber durch Angabe von plausiblen Anhaltspunkten hinreichend Genüge getan. Dies zeigt sich auch bei der zweiten anerkannten Fallgruppe des Ausforschungsbeweises:

(bb) Angaben „ins Blaue" oder „aufs Geratewohl"

Auch wenn das Beweisthema hinreichend bestimmt ist, schließt dies nicht stets einen Ausforschungsbeweis aus. Unter Berufung auf „Rechtsmissbrauch"[113] und unter Rückgriff auf das Wahrheitserfordernis des § 138 I ZPO[114], weist die Rechtsprechung Beweisanträge auch dann zurück, wenn die in ihnen enthaltene Tatsachenbehauptung zwar bestimmt ist, tatsächlich aber nur vermutet wird[115], und das Vorbringen ohne greifbare Anhaltspunkte erkennbar aus der Luft gegriffen ist, oder anders umschrieben, „ohne jede Grundlage ins Blaue hinein" oder „aufs Geratewohl" erfolgt[116]. Den Gerichten ist bewusst, dass der darlegungspflichtigen Partei nicht verwehrt werden kann, tatsächliche Aufklärung auch hinsichtlich solcher Punkte zu verlangen, über die sie kein zuverlässiges Wissen besitzen und auch nicht erlangen kann. Sie gesteht der Partei daher grundsätzlich zu, auch nur vermutete Tatsachen zu behaupten und unter Beweis zu stellen[117]. Die Partei muss sich daher nicht auf objektiv richtige Behauptungen oder solche mit hoher Wahrscheinlichkeit beschränken. Nach § 138 ZPO ist allerdings der Vortrag von Behauptungen verboten, deren Unrichtigkeit der Partei bekannt ist[118]. Bei Fehlen jeglicher tatsächlicher Anhaltspunkte für die behaupteten Tatsache, kann daher eine willkürliche Behauptung „ins Blaue" vorliegen[119]. Im

---

112 *Schlosser*, ZZP 94 (1981), 369 ff., 379 f.; *Stürner*, JZ 1985, 185, 186; *Stadler*, Schutz des Unternehmensgeheimnisses, S. 100.

113 BGHZ 129, 290 ff. = NJW 1995, 1958; BGH NJW 1996, 1826, 1827; NJW 1988, 2100, 2101.

114 BGH NJW 1968, 1233, 1234.

115 BGH JZ 1985, 183; BGH NJW 1986, 246, 247; BGH NJW-RR 1987, 335; BGH MDR 1965, 41.

116 BGHZ aaO.; 40, 367, 377; BGH NJW 1996, 394 = LM H. 3/1996 § 138 ZPO Nr. 36 = BGHR ZPO § 286 I Nr. 1 – Prozeßvortrag 1; 1995, 1958, 1959 = LM H. 10/1995 § 89 b HGB Nr. 103; 1988, 2100, 2101; 1980, 634; 1964, 1179; BGH JZ aaO.

117 BGH NJW 1995, 1160; BGH NJW-RR 1988, 1529, 1530.

118 BGH WM 1985, 736, 737; JZ 1985, 183, 184.

119 BGH NJW 1995, 2111, 2112 = MDR 1995, 738.

Zweifel ist allerdings bei der Annahme von Willkür und Missbrauch Zurückhaltung geboten[120] und zunächst stets von einer „wahrheitsgemäßen" Behauptung auszugehen. Auch hier kann die Partei mit dem Vortrag von Anhaltspunkten daher ihre Behauptung plausibler machen und dem Vorwurf der Ausforschung entgegnen. Dem folgt auch die Literatur. Halte der Beweisführer seinen Tatsachenvortrag zumindest für möglich, sei ihm die Aufstellung dieser Behauptungen „aufs Geratewohl" oder „ins Blaue hinein" zu erlauben, sofern er hierfür konkrete Anhaltspunkte habe[121]. In diesem Falle seien weder § 138 I ZPO, der nur die „bewusste„ Lüge verbiete, verletzt[122], noch stünden andere Prozessmaximen entgegen[123].

(cc) Nicht Verschaffen erforderlichen Beweismaterials

Wiederholt wird ein Ausforschungsbeweis darin gesehen, dass eine Partei durch die Beweisaufnahme erst die zur Konkretisierung des Parteivortrages benötigten beweiserheblichen Tatsachen in Erfahrung bringen wolle[124]. Keine Partei sei aber „gehalten, dem Gegner die notwendigen Mittel zum Prozesssieg zu verschaffen"[125]. Diese Art des Ausforschungsbeweises taucht auch in der Literatur auf[126], stellt aber keine selbständige Fallgruppe des Ausforschungsbeweises dar. Bei näherer Untersuchung stützen sich auch diese Urteile auf unbestimmten oder „ins Blaue" hinein aufgestellten Tatsachenvortrag und umschreiben lediglich ergänzend, was die Partei mit diesem Vorbringen beabsichtigen könnte[127].

---

120 BGH NJW 1995, 2111 = MDR 1995, 738.

121 *Anhalt,* S. 40, 90 ff.; *Lüderitz,* S. 20 ff.; *Peters,* Ausforschungsbeweis, S. 76 f.; *Büttner,* S. 79; *Dunz,* S. 772.

122 *Lüderitz,* S. 20; *Peters,* Ausforschungsbeweis, S. 76, 91; *Anhalt,* S. 38, 91.

123 *Anhalt,* S. 106; *Peters,* Ausforschungsbeweis, S. 124 f.

124 BGHZ 40, 367, 376; 93, 191, 205; NJW 1984, 2888, 2889 = LM § 282 ZPO Beweislast Nr.41 = WM 1984, 1380, 1381; NJW-RR 1991, 888, 890 f.; 1987, 415.

125 BGH NJW 1958, 1491, 1492.

126 *Anhalt,* S. 73, 79 f.; *Peters,* Ausforschungsbeweis, S. 16; *Esser,* S. 127; *Müller,* S. 8 f.

127 Diese Umschreibung stellt aber nicht auf eine Besonderheit des Ausforschungsbeweises ab, vielmehr geht es um die grundsätzliche Stellung der Parteien im Prozess, um die Behauptungs- und Beweislast, um die Pflicht an der Sachverhaltsermittlung mitzuwirken oder nicht. Objektiv feststellbar ist diese Intention der Partei zudem nicht. Indiz kann jedoch in der Regel aber gerade der unbestimmt oder „ins Blaue hinein" gestellte Beweisantrag sein.

(dd) Nicht ungenaue Bezeichnung des Beweismittels

In der Literatur gibt es darüber hinaus vereinzelte Stimmen, die auch die ungenaue Bezeichnung des Beweis*mittels* als Fall der Ausforschung ansehen wollen[128]. Dem ist nicht zu folgen. Ist die Angabe des Beweismittels zu ungenau, kann bereits die Ladung bzw. die Vorlageanordnung nicht ergehen[129]. Ist das Beweismittel individualisierbar bezeichnet, und sind die sich vermeintlich aus dem Beweismittel ergebenden Tatsachen hinreichend bestimmt, hat der Beweisführer ausreichend substantiiert. Durch die Anordnung der Beweisaufnahme wird vom Gegner nicht verlangt, Tatsachen in den Prozess einzuführen, deren Darlegung und deren Beweis eigentlich Sache der beweisbelasteten Partei sind.

(c) Beachtung des Ausforschungsverbotes bei der Anordnung nach § 142 Abs. 1 ZPO a. F.

Die Fallgruppen des „Ausforschungsbeweises“, in denen (1) das Beweisthema, also die zu beweisende Tatsache ungenau bezeichnet ist, und (2) der Beweisführer das Beweisthema ohne jegliche konkrete Anhaltspunkte „aufs Geratewohl“ oder „ins Blaue hinein“ behauptet, mussten auch bei der Vorlageanordnung von Amts wegen nach § 142 Abs. 1 ZPO a. F. beachtet werden. Zwar wurde dabei auf einen Beweisantrag der beweisbelasteten Partei verzichtet; ohne Beachtung dieser weitergehenden Substantiierungspflicht wäre aber der beweisbelasteten Partei ermöglicht worden, den Beweisgegner eventuell aufgrund vager Anhaltspunkte oder gar wissentlich ohne Grund rechtsmissbräuchlich mit einer Beweisaufnahme zu überziehen. Die beweisbelastete Partei musste daher bereits bestimmte beweisbedürftige Tatsachen vorgetragen oder substantiierte begründete Vermutungen aufgestellt haben, bevor das Gericht zu deren Nachweis die Vorlage von Urkunden gegenüber dem Beweisgegner anordnen konnte[130]. Jedoch war es auch zulässig, dass der Beweisführer zunächst allgemeine Behauptungen aufstellte, wenn der materielle Vorlagegrund nach § 422 ZPO gerade dem Ziel diente, dem Beweisführer konkrete Informationen zu liefern[131], z. B. Anspruch auf Rech-

128 Stein/Jonas/*Leipold*, ZPO[21], § 284 Rn. 40.
129 *Peters*, Ausforschungsbeweis, S. 12.
130 Allerdings konnten zu ihren Gunsten Beweiserleichterungen eingreifen und zwar auch über die gesetzlich vorgesehenen hinaus, wenn die Sachverhaltsinformation typischerweise nur beim Beweisgegner vorhanden war; siehe zu diesen Fällen der durch die Rechtsprechung entwickelten sog. „sekundären Beweislast“ auch BGHZ 140, 156, 158; 109, 139, 149 = NJW 1990, 314, 315; BGHZ 86, 23, 29; BGH NJW 1990, 3151 f.
131 Stein/Jonas/*Leipold*, ZPO[21], § 422 Rn. 5; MünchKommZPO/*Schreiber*[2], § 422 Rn. 5.

nungslegung. Weil die Vorlegungspflicht des § 422 ZPO gerade auf diesem Anspruch beruht, sind Unsicherheiten im Tatsächlichen hier geradezu typisch[132]. Die Grenzziehung zwischen erlaubtem allgemeinen Vortrag und verbotenem Ausforschungsbeweis bestimmte sich im Bereich der Urkundsvorlage daher weniger nach prozessualen Grundsätzen, als nach dem Umfang der materiellrechtlichen Pflicht zur Vorlage und Einsichtgewährung durch den Gegner[133]. Die Anforderungen an die Behauptungen des Beweisführers durften damit keine anderen sein, als diejenigen, die das materielle Recht für die Entstehung des jeweiligen Auskunfts- oder Rechnungslegungsanspruchs ausreichen ließ.

4. Ermessensentscheidung des Gerichts

a) Ermessen

Lagen sowohl die allgemeinen als auch die besonderen Voraussetzungen des § 142 Abs. 1 ZPO a.F. vor, „konnte" das Gericht die Vorlage der Urkunde anordnen. Die Anordnung lag im (weit aufzufassenden[134]) Ermessen des Gerichts[135].

b) Pflichtgemäße Abwägung aller erheblichen Interessen

aa) Einzubeziehende Interessen

Wies der entscheidungserhebliche Vortrag der Partei unlösbare Widersprüche auf oder ging das Gericht von der eventuellen Entscheidungserheblichkeit streitig vorgetragener Tatsachen aus, hatte es im Rahmen seines Ermessens alle berührten Interessen der betroffenen Parteien pflichtgemäß[136] gegeneinander abzuwägen und musste einen hinreichenden sachlichen Grund zur Anordnung haben[137],

---

132 MünchKommZPO/*Schreiber*², § 422 Rn. 5.
133 Zöller/*Greger*, ZPO²⁴, Vor § 284 Rn. 5.
134 Stein/Jonas/*Leipold*, ZPO²¹, § 422 Rn. 5.
135 Allg. Ansicht: BAG AP §§ 22, 23 BAT 1975 Nr. 60; BayObLG 1996, 165, 169; Stein/Jonas/*Leipold*, ZPO²¹, § 142 Rn. 1; MünchKommZPO/*Peters*², §§ 142-144 Rn. 3; Musielak/*Stadler*, ZPO², § 142 Rn. 1; *Peters*, Richterliche Hinweispflichten, S. 146; aA. *Schöpflin*, S. 75, 146 ff., der um der Wahrheitsfindung willen stets eine richterliche Pflicht zur Beweisanordnung annimmt.
136 BAG AP §§ 22, 23 BAT 1975 Nr. 60; BayObLG aaO.; Stein/Jonas/*Leipold*, ZPO²¹, § 142 Rn. 1; Baumbach/Lauterbach/Albers/*Hartmann*, ZPO⁵⁹, § 142 Rn. 4; *Peters*, Richterliche Hinweispflichten, S. 145.
137 Baumbach/Lauterbach/Albers/*Hartmann*, ZPO⁵⁹, § 142 Rn. 5.

so z. B. wenn zu erwarten war, dass eine Prozesspartei im Wege des Urkundsbeweises die Vorlage einer entsprechenden Urkunde beantragen würde.[138]

(1) Grundrechte

Bei dieser Abwägung spielten die Grundrechte eine wesentliche Rolle[139], vor allem das aus Artt. 1 Abs. 1, 2 Abs. 1 GG abgeleitete Persönlichkeitsrecht, das der Vorlage z. B. von Tagebüchern oder anderen persönlichen Unterlagen entgegenstehen konnte und das Recht auf informationelle Selbstbestimmung[140]. Gleiches galt für das durch Art. 14 Abs. 1 GG geschützte Gewerbegeheimnis[141]. Bei der Ermessensentscheidung, ob prozessrelevante geheimhaltungsbedürftige Unterlagen vorzulegen waren, musste seitens des Gerichts insbesondere beachtet werden, dass es meist keine Vorkehrung des Geheimnisschutzes gab[142]. Etwas ande-

---

138 BAG DB 1976, 1020; *Wieczorek*, ZPO, § 142 Anm. A1, § 272 b Anm. C1.

139 BAG NJW 1993, 612, 614.

140 *Wagner*, ZZP 108 (1995), 193, 197. Das Recht auf informationelle Selbstbestimmung steht jeglicher Erhebung und Verarbeitung personenbezogener Daten durch den Staat entgegen, BVerfGE 78, 77 = NJW 1988, 2031. Grundsätzlich muss jedoch der Einzelne Einschränkungen in diesem Bereich hinnehmen, wenn diese im überwiegenden Allgemeininteresse erfolgen, s. BVerfGE 65, 1, 44 = NJW 1984, 419, 422.

141 Zur gewerblichen Geheimsphäre rechnen Geheimnisse technischen Charakters („Betriebsgeheimnis“) und Geheimnisse kaufmännischer Art („Geschäftsgeheimnis“), s. im Einzelnen: *Maass*, Information und Geheimnis im Zivilrecht, 1970, S. 94.; *Stadler*, Schutz des Unternehmensgeheimnisses, S. 5 ff; *Stürner*, Aufklärungspflicht der Parteien, S. 208; *Nastelski*, Der Schutz des Betriebsgeheimnisses, GRUR 1957, 1; *Kraßer*, Der Schutz des Know-how nach deutschem Recht, GRUR 1970, 587, 589; *Gottwald*, Zur Wahrung von Geschäftsgeheimnissen im Zivilprozeß, BB 1979, 1780, 1781; *Stürner*, JZ 1985, 453. Das Gewicht des Schutzes der gewerblichen Geheimsphäre lässt sich nur ermessen, wenn man sich die Gesamtheit der Schutzvorschriften in den Verfahrensordnungen und im materiellen Recht vor Augen führt, s. dazu ausführlich *Stürner*, aaO. Diese Positionen müssen aber mit dem Anspruch der Partei auf Schutz ihrer subjektiven Rechte durch das Verfahren in Einklang gebracht werden. Es kann daher im Verfahren keinen absoluten Schutz vor der Offenlegung gewerblicher Geheimnisse geben, s. *Stadler*, aaO., S. 157; *Stürner* JZ 1985, 453, 457.

142 Handelte es sich um ein Verfahren mit einem Gegner, der nicht in unmittelbarer Konkurrenz zur vorlegungspflichtigen Partei stand, genügte zum Geheimnisschutz in der Regel die nicht-öffentliche Verhandlung mit Schweigegebot (§§ 172 Nr. 2, 174 III GVG). Handelte es sich jedoch um ein Verfahren, in dem der Konkurrent auf der Gegenseite stand, gab es bei einer Anordnung nach § 142 ZPO keine wirksame Vorkehrung des Geheimnisschutzes gegenüber dem Prozessgegner. Ordnete das Gericht die Vorlage von Urkunden an, die Gewerbegeheimnisse oder ähnlich geheimhaltungsbedürftige Informationen enthielten, erhielt damit auch der Gegner zwangsläu-

res galt nur bei der Vorlage von Handelsbüchern nach den §§ 258, 259 HGB, wonach allein die auf den Streitpunkt bezüglichen Stellen auch durch die Gegenseite einsehbar waren. Der Rest war nur dem Gericht ohne Zuziehung der Parteien offen zu legen, soweit es zur Prüfung der ordnungsgemäßen Führung notwendig war.

(2) Kosten

Bei der Ermessensentscheidung waren darüber hinaus z. B. auch Kostenerwägungen beachtlich, aber weder vorrangig, noch allein entscheidend.[143]

(3) Zweckmäßigkeitserwägungen

Handelte es sich zudem um eine vorbereitende Anordnung nach §§ 142, 273 II Nr. 1 ZPO a. F., konnte diese darüber hinaus zwar grundsätzlich bereits aufgrund der Klagschrift getroffen werden; dies war insbesondere für die Anordnung der Vorlage zum Beweis in der Regel aber nicht zweckmäßig, da erst aufgrund der Klagerwiderung erkennbar war, wie sich der Prozessstoff insgesamt darstellte und welche Tatsachen bestritten wurden[144]. Der Richter hatte daher im Rahmen des Ermessens auch zu bewerten, ob eine Anordnung zu diesem Zeitpunkt sinnvoll war. Dies konnte durchaus der Fall sein, wenn sich aus dem Vortrag der Partei, dem etwa der vorprozessuale Briefwechsel beigefügt war, auch bereits die Stellungnahme der Gegenseite ergab[145]. Zudem stand die Verwertung der vorgelegten Unterlagen immer unter dem Vorbehalt, dass die Parteien den schriftsätzlichen Vortrag auch tatsächlich in das Verfahren einbrachten[146].

---

fig Kenntnis davon. Da Vorschläge in Fällen, in denen die Gefahr bestand Gewerbegeheimnisse preisgegeben zu müssen, die Einsichtnahme nur dem Gericht oder einem vom Gericht bestellten Sachverständigen zu gewähren (siehe dazu z. B. *Stadler*, Schutz des Unternehmensgeheimnisses, S. 231; *dies*., NJW 1989, 1202, 1204; *Stürner*, JZ 1985, 453, 458 f.), wegen des Verstoßes gegen das Grundrecht auf rechtliches Gehör im Zivilprozess jedoch für unzulässig erachtet worden waren, musste dies im Rahmen der Ermessenserwägung besonders beachtet werden.

143 Baumbach/Lauterbach/Albers/*Hartmann*, ZPO[59], § 142 Rn. 5.

144 Stein/Jonas/*Leipold*, ZPO[21], § 273 Rn. 16.

145 *Baur*, ZZP 66 (1953), 209, 214.

146 BGH NJW 1989, 3161, 3162; Rosenberg/Schwab/*Gottwald*, Zivilprozeßrecht[15], § 77 IV 2c; aA. Stein/Jonas/*Leipold*, ZPO[21], § 273 Rn. 17, der bereits die Anordnung als solche davon abhängig machen will, dass die Parteien den Vortrag auch in die mündliche Verhandlung einbringen. Ausgehend vom Verhandlungsgrundsatz ist aber nur die Einsichtnahme und Verwertung durch das Gericht zu untersagen und nicht bereits die Anordnung. Ansonsten würde eine vorbereitende Anordnung vor dem ersten Verhandlungstermin stets ausscheiden. Dies kann jedoch nicht Sinn von § 273

bb) Einbeziehung nur sofern bekannt

Da abgesehen von den Zweckmäßigkeitserwägungen die meisten der dargestellten Interessen in der Regel nicht offenkundig waren, sondern erst dann zu Tage traten, wenn die vorlegungspflichtige Partei unter Berufung auf diese Interessen die Vorlage verweigerte, konnten sie meist erst im Rahmen der Überlegungen zu möglichen Sanktionen bei Nichtvorlage berücksichtigt werden.

c) Überprüfbarkeit des Ermessens

Die Einhaltung der Grenzen des Ermessens war in der Revisionsinstanz nicht überprüfbar; nur wenn das Gericht seine Befugnisse vollständig verkannt hatte, war die Vorschrift verletzt[147]. Ein Absehen vom Erlass einer Vorlageanordnung war daher im Urteil stets zu begründen. Die Entscheidung beruhte dann nämlich auf der Unsubstantiiertheit des Vortrages der darlegungsbelasteten Partei, bzw. auf der Beweisfälligkeit der beweisbelasteten Partei; das Gericht musste – für das Revisionsgericht überprüfbar – darlegen, dass es die Möglichkeit von Amts wegen Klarheit zu schaffen oder Beweis zu erheben, gesehen hatte und begründen, warum es der Unsubstantiiertheit/Beweisfälligkeit dennoch nicht abgeholfen hatte (§ 313 I Nr. 6, III ZPO)[148].

5. Vorlegung

Ordnete das Gericht die Vorlage an, waren die Urkunden in einem Termin vor dem Prozessgericht vorzulegen. Handelte es sich um eine Vorlage zum Beweis, konnte auch entsprechend § 434 ZPO vor dem ersuchten/beauftragten Richter vorgelegt werden[149]. Das Gericht konnte zudem den zeitweisen Verbleib auf der Geschäftsstelle anordnen. Die Urkunde wurde damit aber nicht Teil der Gerichtsakten[150]. Vielmehr entstand ein öffentlich-rechtliches Verwahrungsverhältnis, so dass die Urkunde nach Zeitablauf, spätestens nach Rechtskraft des Urteils von

---

Abs. 2 Nr. 1 ZPO a.F. gewesen sein, der dem Richter ermöglichen sollte, die Verhandlung so vorzubereiten, dass sie möglichst in einem Termin zu Ende gebracht werden konnte.

147 RGZ 155, 37, 39; RGZ 109, 66, 68; RG JW 1925, 757; MünchKommZPO/Peters[2], §§ 142-144 Rn. 3.

148 BGH FamRZ 1987, 152 zu § 448, zumindest, wenn sich die Beweiserhebung aufdrängte; MünchKommZPO/*Peters*[2], §§ 142-144 Rn. 7; *Peters*, Richterliche Hinweispflichten, S. 146.

149 Stein/Jonas/*Leipold*, ZPO[21], § 142 Rn. 5.

150 MünchKommZPO/*Peters*[2], §§ 142-144 Rn. 14.

Amts wegen zurückzugeben war[151]. Die Parteien hatten dabei das Recht, die von ihnen überreichten Urkunden auch bereits vor Erledigung des Rechtstreits zurückzufordern[152].

6. Konsequenz der Nichtvorlage

Die Vorlage der Urkunde konnte vom Gericht nicht erzwungen werden.

a) Weigerung der darlegungs- und beweisbelasteten Partei

Wollte die darlegungs- oder beweisbelastete Partei diese auf gerichtliche Anordnung nicht vorlegen, musste sie jedoch die sich ergebenden Nachteile tragen[153]: War sie darlegungspflichtig, blieb ihr Vortrag möglicherweise unsubstantiiert[154], möglicherweise sogar unschlüssig[155]. War sie beweisbelastet, blieb sie beweisfällig, bzw. konnte dies nach § 286 ZPO bei der Beweiswürdigung frei[156] gewertet werden.

b) Weigerung des Gegners

Erging die Vorlageanordnung gegenüber dem Gegner der darlegungs- und beweisbelasteten Partei, konnte bei einer Nichtvorlage trotz Vorlagepflicht im Rahmen von § 286 ZPO gegebenenfalls 427 ZPO[157] entsprechend angewendet werden. Hierbei mussten jedoch die Gründe der Nichtvorlage hinreichend miteinbezogen werden. Die ZPO enthielt keinen Katalog von Weigerungsrechten für den Gegner der darlegungs- und beweisbelasteten Partei. Eine entsprechende

---

151 MünchKommZPO/*Peters*², §§ 142-144 Rn. 14.

152 Stein/Jonas/*Leipold*, ZPO²¹, § 142 Rn. 6 mwN.

153 MünchKommZPO/*Peters*², §§ 142-144 Rn. 12.

154 MünchKommZPO/*Peters*², aaO.

155 *Schreiber*, S. 144; Musielak/*Stadler*, ZPO², § 142 Rn. 4.

156 BAG DB 76, 1020 = BAG AP Nr. 24 zu § 1 TVG Tarifverträge Bau; Zöller/*Greger*, ZPO²², § 142 Rn. 2; Baumbach/Lauterbach/Albers/*Hartmann*, ZPO⁵⁹, § 142 Rn. 27; Musielak/*Stadler*, ZPO², aaO.

157 AllgM: BAG DB 76, 1020 = BAG AP Nr. 24 zu § 1 TVG Tarifverträge Bau, das allerdings § 427 ZPO lediglich als „Anhalt" oder „Richtlinie" ansieht. Das BAG betont, dass § 427 ZPO nur zur Anwendung kommen kann, wenn der Beweisführer substantiiert zur Beschaffenheit und zum Inhalt der entsprechenden Urkunden vorgetragen hat; das ist aber stets der Fall, da dies Voraussetzung der Anordnung gegenüber dem Beweisgegner ist; für § 427 ZPO ebenfalls Stein/Jonas/*Leipold*, ZPO²¹, § 142 Rn. 5; MünchKommZPO/*Peters*², §§ 142-144 Rn. 12.; Baumbach/Lauterbach/Albers/*Hartmann*, ZPO⁵⁹, § 142 Rn. 27; Musielak/*Stadler*, ZPO², § 142 Rn. 4.

Anwendung der Zeugnisverweigerungsrechte (§§ 380 ff. ZPO) war unzulässig, da die Partei aufgrund des Prozessrechtsverhältnisses weitere Mitwirkungspflichten trafen als den unbeteiligten Zeugen[158]. Es musste daher jeweils im Einzelfall abgewogen werden, ob ein Geheimhaltungsinteresse der nicht darlegungs- und beweisbelasteten Partei schwerer wog als der Anspruch des Beweisführers auf Durchsetzung seiner subjektiven Rechte durch effektiven Rechtsschutz und die Weigerung damit gerechtfertigt war. § 427 ZPO als beweisrechtliche Sanktion führte für den Beweisführer zu einer Beweiserleichterung, wenn die Gegenseite den Beweis trotz Mitwirkungspflicht vereitelte[159]. Hatte der Beweisgegner aber Gründe, die Urkunde nicht vorzulegen, war eine entsprechende Anwendung von § 427 ZPO unangemessen.

III. § 142 ZPO a. F. als Mittel der Wahrheitsermittlung

Das Gericht hatte damit auch bereits vor der ZPO-Reform die Möglichkeit, sich von Amts wegen in die Sachverhaltsaufklärung einzuschalten und Beweise von Amts wegen zu erheben. Zumindest soweit das Gericht Anordnungen zur Information treffen konnte, "durchbrach" die bisherige Regelung des § 142 Abs. 1 ZPO aber den Beibringungsgrundsatz nicht, sondern fügte sich nahtlos in das System des Parteiprozesses ein[160]. Es wurde stets an der bereits in den Lehrbüchern und Kommentaren zur CPO einschränkenden Auslegung des Anwendungsbereich der §§ 133 – 135 CPO festgehalten, wonach Anordnungen von Amts wegen nur im Rahmen des Parteivorbringens erlaubt waren, um das bessere Verständnis des Parteivortrages willen[161]; Lückenfüllung oder Ergänzung durch Beibringung *neuer* Tatsachen seitens des Gerichts war unzulässig. Etwas anderes galt letztlich aber auch nicht bei der Beweiserhebung von Amts wegen. Zwar konnte das Gericht, insbesondere aufgrund des Verzichts auf das Bezugnahmeerfordernis, nach dem Wortlaut von § 142 ZPO unabhängig vom Willen der Parteien entscheiden, ob es Urkunden, die möglicherweise entscheidungserhebliche Tatsachen enthielten, zum Beweis vorlegen ließ. Das Gericht musste sich dabei aber zum einen im Rahmen des durch die Parteien vorgegebenen Streitgegenstandes halten; zum anderen hatte es die Parteien auf die Notwendigkeit einer

---

158 *Stürner*, JZ 1985, 453, 457; aA. MünchKommZPO/*Schreiber*[2], § 422 Rn. 5; Musielak/*Huber*, ZPO[2], § 422 Rn. 1.

159 Stein/Jonas/*Leipold*, ZPO[21], § 427 Rn. 1a; MünchKommZPO/*Schreiber*[2], § 427 Rn. 1; Musielak/*Huber*, ZPO[2], § 427 Rn. 1.

160 *Baur*, ZZP 66 (1953), 209, 212; *Stürner*, Richterliche Aufklärung, S. 16 f.

161 *Reincke*, CPO, § 132 – 135 Anm. 3a; *Peters*, Richterliche Hinweispflichten, S. 15 mwN.

Beweisaufnahme von Amts wegen hinzuweisen. War erkennbar, dass die Partei aus wohlüberlegten Gründen und nicht nur aus Nachlässigkeit von einem Beweisantritt absah, sollte auch eine gerichtliche Anordnung ausscheiden. Die Parteien konnten damit grundsätzlich über die Beachtbarkeit von Beweismitteln bestimmen[162]. Eine „Durchbrechung" des Beibringungsgrundsatzes wurde dadurch auch hier vermieden. Die bisherige Regelung des § 142 ZPO erlaubte dem Gericht aber auch kaum, die Parteien bei der Prozessführung tatsächlich fördernd zu unterstützen. Wollte der Gegner der darlegungs- oder beweisbelasteten Partei bei der Sachverhaltsaufklärung nicht mitwirken, konnte er auch bei gerichtlicher Anordnung Beweismaterial ohne gravierende Konsequenzen zurückhalten. Die Folgen von § 427 ZPO trafen ihn nur bei Vorliegen der §§ 422, 423 ZPO. Da die Anordnung damit vornehmlich nur gegenüber der darlegungs- und beweisbelasteten Partei erfolgen konnte, die ohnehin in der Regel die für den Rechtsstreit erheblichen und für sie günstigen Urkunden von sich aus zur Akte reichte, und wegen gravierender Unsicherheiten hinsichtlich der Tragweite der Vorschrift und ihres Verhältnisses zum Beibringungsgrundsatz[163], und damit wohl auch aus Scheu vor § 42 ZPO[164], kam § 142 Abs. 1 ZPO in der Praxis keine große Bedeutung zu.

B. Das formelle Urkundsbeweisverfahren nach §§ 420 ff. ZPO a. F.

I. Die Möglichkeit zur Sachverhaltsermittlung durch Urkunden im formellen Beweisverfahren

1. Möglichkeiten der Einbringung von Urkunden durch die beweisbelastete Partei

Grundsätzlich war es somit meist den Parteien überlassen, mit der begrenzten Unterstützung des Gerichts, die tatsächlichen Urteilsgrundlagen einschließlich der Beweismittel vorzutragen. Wollte eine Partei dabei ihren Sachvortrag durch die Vorlage von Urkunden stützen, standen ihr – je nach Zielsetzung – zwei

---

162 Siehe dazu im Einzelnen auch *Schreiber*, S. 71 mwN., der allerdings von einer Durchbrechung des Beibringungsgrundsatzes seit Wegfall des Bezugnahmeerfordernisses ausgeht; siehe auch *Damrau*, S. 148, 245, 314.

163 *Baur*, ZZP 66 (1953), 209, 210, wonach insbesondere von § 272 b ZPO, jetzt § 273 ZPO, nur zurückhaltend Gebrauch gemacht wurde, mwN. ; *Kalthoener*, DRiZ 1975, 201. An dieser Unsicherheit dürfte sich auch später nichts geändert haben, denn die Rechtsprechung hat nicht zu einer Präzisierung der Vorschrift beigetragen.

164 *Hahn*, Kooperationsmaxime, S. 206, Fn. 428.

Möglichkeiten zur Verfügung. Sie konnte entweder bei Einreichung ihrer Schriftsätze (§ 131 ZPO) oder in der mündlichen Verhandlung selbst Urkunden vorlegen, die dann als Tatsachenvortrag Berücksichtigung fanden, oder Urkunden als Beweismittel vorlegen bzw. deren Vorlage als Beweismittel veranlassen (§§ 420 ff. ZPO a. F.) und so streitige Tatsachen klären. Die Vorlage im Beweisverfahren konnte jedoch meist, wie die Einreichung zur Ergänzung des Tatsachenvortrages, nur stattfinden, wenn die Partei die Urkunden selbst in Besitz hatte oder sie sich verschaffen konnte[165]. Hatte der Gegner die Urkunde in Händen, konnte die Partei nicht ohne weiteres auf die Urkunde Zugriff nehmen.

2. Keine Wahrheit ohne Mitwirken des Gegners/Dritter

Die Wahrheitsermittlung, die Grundlage des Individualrechtsschutzes ist[166], ist ohne eine Mitwirkungspflicht der nicht beweisbelasteten Partei jedoch vielfach undenkbar. Dies gilt insbesondere, wenn der Beweisgegner allein Sachverhaltsinformationen und Urkunden in Besitz hat. Dasselbe gilt, wenn sich diese in Händen unbeteiligter Dritter befinden.

Nun könnte man davon ausgehen, dass diese Situation im Prozess durch die sich aus dem materiellen Recht ergebende Beweislastverteilung bedingt und daher hinzunehmen ist. Der Kläger trägt das Risiko der Unaufklärbarkeit klagbegründender Tatsachen, der Beklagte das Risiko der Unaufklärbarkeit der einwendung- und einredebegründenden Tatsachen[167]. Kann die jeweils beweisbelastete Partei die ihr zum Vorteil gereichenden Tatsachen nicht beweisen, da ihr die Sachverhaltsinformationen oder das Beweismittel fehlen und sie diese weder vom Gegner noch von Dritten erlangen kann, unterliegt sie[168].

Dieses Ergebnis wäre aber weder mit dem Ziel des Individualrechtsschutzes durch den Prozess vereinbar, noch ist es durch die Beweislastverteilung vorgegeben: Zwar ergibt sich aus dem materiellen Recht, dessen analoger Anwendung und auch dessen richterrechtlicher Fortbildung eine eindeutige Beweislastverteilung.[169] Jedoch soll dadurch lediglich die bestehende Besitzstandsverteilung ge-

---

165 Stein/Jonas/*Leipold,* ZPO[21], § 421 Rn. 5; Baumbach/Lauterbach/Albers/*Hartmann*, ZPO[59], § 142 Rn. 8; Musielak/*Huber*, ZPO[2], § 421 Rn. 1; Thomas/Putzo/*Thomas*, ZPO[23], §§ 420 Rn. 1, 421 Rn. 1.

166 Siehe Fn. 1 mwN.

167 BGHZ 121, 357, 364 = NJW 1993, 2168, 2170 = JR 1994, 154, 157; BGHZ 113, 222, 225 = NJW 1991, 1052, 1053 = MDR 1991, 413; Rosenberg/Schwab/*Gottwald*, Zivilprozeßrecht[15], § 117 II 2; Stein/Jonas/*Leipold,* ZPO[21], § 286 Rn. 38; Musielak/*Foerste*, ZPO[2], § 286 Rn. 35.

168 Rosenberg/Schwab/*Gottwald*, Zivilprozeßrecht[15], § 117 V 1.

169 Rosenberg/Schwab/*Gottwald*, Zivilprozeßrecht[15], § 117 II 2

gen unberechtigte Angriffe geschützt werden[170], und daher der Partei, die Ansprüche stellt, auch die Last des Nachweises des Bestehens dieser Ansprüche auferlegt werden. Daraus folgt aber lediglich, dass die Partei unterliegen muss, wenn der Sachverhalt trotz aller denkbaren Anstrengungen unaufklärbar bleibt[171]. Die Beweisverteilung sagt nichts darüber aus, ob der Beweisgegner Beweismittel und Sachverhaltsinformationen vorenthalten kann und steht daher einer Heranziehung des Beweisgegners zur Urkundsvorlage grundsätzlich nicht entgegen. Allerdings muss andererseits sichergestellt sein, dass bei Heranziehen des Beweisgegners oder eines Dritten keine ungerechtfertigten Eingriffe in die Freiheits- und Persönlichkeitssphäre der Betroffenen stattfindet.

3. Vereinzelte Mitwirkungspflichten im Beweisrecht

Der Gesetzgeber hat bislang nur vereinzelt Mitwirkungspflichten der nicht beweisbelasteten Partei und des Dritten im Gesetz verankert und die Voraussetzungen für deren Eingreifen zum Schutz der Betroffenen genau festgelegt. Diese sollen nachfolgend kurz dargestellt werden. Dasselbe gilt für die Bestrebungen in Rechtsprechung und Literatur, diese Vorlagepflichten auszuweiten, wenn dies zum Individualrechtsschutz notwendig und dem Beweisgegner zumutbar ist.

II. Urkundsvorlage im formellen Beweisverfahren

1. Allgemeine Voraussetzungen einer Beweisaufnahme

Wie bei jeder Beweisaufnahme war der Urkundsbeweis nur dann zulässig, wenn er zum Zwecke der Klärung beweisbedürftiger, d.h. streitiger, entscheidungserheblicher Tatsachen durchgeführt wurde[172] und der Beweis ordnungsgemäß angetreten war[173]. Art und Umfang des Beweisantritts waren sowohl für die Vorlage von Urkunden durch den Gegner, als auch für die Vorlage durch den Dritten besonders geregelt.

---

170 *Leipold*, S. 46 ff.; Rosenberg/Schwab/*Gottwald*, aaO.

171 *Stürner*, Aufklärungspflicht der Parteien, S. 5 ff.

172 Rosenberg/Schwab/*Gottwald*, Zivilprozeßrecht[15], § 118 I 1; *Wieczorek*, ZPO, § 142 Anm. B III; Zöller/*Greger*, ZPO[22], Vor § 284 Rn. 1, 9, 10; *Prütting*, NJW 1980, 361, 363; *Schöpflin*, S. 68, 234; nur bei der Beweisaufnahme von Amts wegen ist der Beweisantritt durch die Partei verzichtbar.

173 Rosenberg/Schwab/*Gottwald*, Zivilprozeßrecht[15], § 112 VI.

2. Besondere Voraussetzungen des Urkundsbeweises

a) Vorlage durch den Beweisgegner

Befand sich die Urkunde nach den Behauptungen des Beweisführers in Händen des Beweisgegners, wurde der Beweis durch den Antrag angetreten, dem Gegner die Vorlegung der Urkunde aufzugeben, § 421 ZPO.

aa) Begriff des Gegners

Als Beweisgegner ist jeder anzusehen, der zur Zeit der Entscheidung über einen Beweisantrag dem Beweisführer als Partei gegenübersteht[174] sowie dessen Streitgenossen. Streithelfer auf der Seite des Gegners sind hingegen Dritte, sofern sie nicht als Streitgenossen des Gegners gelten[175].

bb) Zulässiger und begründeter Beweisantrag nach den §§ 421 ff. ZPO a. F.

(1) Zulässigkeit des Beweisantrages

Der notwendige Inhalt des Beweisantrages bei einem Vorlageverlangen der beweisbelasteten Partei gegenüber dem Gegner war in § 424 ZPO genauestens festgelegt[176], um ungerechtfertigte Eingriffe in die Freiheits- und Persönlichkeitssphäre des Beweisgegners zu vermeiden. Darüber hinaus war auch hier das Ausforschungsverbot zu beachten[177]. Eine Mitwirkungspflicht der nicht beweisbelasteten Partei konnte danach nur entstehen, wenn die beweisbelastete Partei die Urkunde sowie deren Inhalt und die Tatsachen, die durch die Urkunde bewiesen werden sollen, bezeichnete, und zudem angab, aufgrund welcher Umstände sie

---

174 Stein/Jonas/*Leipold,* ZPO[21], § 421 Rn. 3.

175 Stein/Jonas/*Leipold,* aaO.; Baumbach/Lauterbach/Albers/*Hartmann,* ZPO[59], § 421 Rn. 3; Musielak/*Huber,* ZPO[2], § 421 Rn. 3; Thomas/Putzo/*Putzo,* ZPO[23], § 421 Rn. 3; aA. MünchKommZPO/*Schreiber*[2], § 421 Rn. 3, für den jeder Gegner war, der kraft seiner prozessualen Beteiligung Prozesshandlungen wirksam vornehmen konnte und dem Beweisführer gegenüber stand. Dabei wurde jedoch verkannt, dass das Gesetz durch die Begrifflichkeiten Beweisführer und Gegner auf die Parteien des Rechtsstreits Bezug genommen hatte; Partei ist jedoch nur der streitgenössische Streithelfer.

176 Der Antrag, die Vorlegung von Handelsbüchern oder eines Tagebuches des Handelsmaklers anzuordnen unterlag allerdings nicht § 424 ZPO, RG JW 1903, 100 f.; Stein/Jonas/*Leipold,* ZPO[21], § 424 Rn. 1.

177 Stein/Jonas/*Leipold,* ZPO[21], § 424 Rn. 3, § 422 Rn. 5.

davon ausging, dass der Gegner die Urkunde in Besitz habe. Außerdem hatte sie anzugeben, aus welchem Grund sich die Verpflichtung zur Vorlage ergeben solle.

Die Bezeichnung der zu beweisenden Tatsachen, sollte dem Gericht ermöglichen, die Entscheidungserheblichkeit der Urkunde zu beurteilen[178]. Aufgrund des Ausforschungsverbotes hatte die beweisbelastete Partei die Tatsachen so bestimmt zu bezeichnen, dass dies möglich war[179]. Die möglichst vollständige Bezeichnung des Inhaltes der Urkunde sollte die Stellungnahme des Gegners der beweisbelasteten Partei ermöglichen und war wegen § 427 ZPO erforderlich; sie konnte aber durch Vorlage einer Kopie oder Abschrift der Urkunde ersetzt werden[180].

Der Vorlagegrund war tatsächlich zu substantiieren und glaubhaft zu machen (§ 294 ZPO), allerdings nur bei Geltendmachung eines Vorlagegrundes nach § 422 ZPO[181]. Ob die Voraussetzungen nach § 423 ZPO vorlagen, konnte das Gericht auf Grund der Aktenlage selbst beurteilen. Letztlich hatte der Beweisführer noch hinreichende Angaben zum Besitz des Gegners an der Urkunde zu machen, damit der Gegner substantiiert bestreiten und einer Vorlagevernehmung (§ 426 ZPO) entgehen konnte, wenn er die Urkunde nicht in Besitz hatte. Bei der Bezeichnung der Urkunde musste hingegen genügen, dass beim Gegner kein Zweifel bestand, welche Urkunde gemeint war[182].

Entsprach der Antrag den Anforderungen des § 424 ZPO nicht, hatte das Gericht der beweisbelasteten Partei Gelegenheit zur Ergänzung zu geben[183]. Hatte die beweisbelastete Partei einen ausreichend bestimmten Beweisantrag gestellt, prüfte das Gericht, ob der Vorlageantrag begründet war.

---

178 Stein/Jonas/*Leipold,* ZPO^{21}, § 424 Rn. 3; MünchKommZPO/*Schreiber*^{2}, § 424 Rn. 2; Musielak/*Huber*, ZPO^{2}, § 424 Rn. 1.

179 BGH NJW 1996, 394; 1995, 1958, 1959; Musielak/*Huber*, ZPO^{2}, § 424 Rn. 2; *Chudoba*, S. 80, 102; *Lüderitz*, S. 8 ff.; *Peters,* Ausforschungsbeweis, S. 64.

180 Stein/Jonas/*Leipold,* ZPO^{21}, § 424 Rn. 4.

181 RGZ 69, 405; MünchKommZPO/*Schreiber*^{2}, § 424 Rn. 1; Musielak/*Huber*, ZPO^{2}, aaO.

182 Nach hA. wird man daher die in § 424 Abs. 1 Nr. 3 genannte Einschränkung der Konkretisierungspflicht bei der Bezeichnung des Inhaltes der Urkunde auch für die Bezeichnung der Urkunde gelten lassen müssen, insbesondere, da der Beweisführer sich gerade nicht im Besitz der Urkunde befindet, s. auch RGZ 166, 240; MünchKommZPO/*Schreiber*^{2}, § 424 Rn. 2.

183 Stein/Jonas/*Leipold,* ZPO^{21}, § 424 Rn. 1; MünchKommZPO/*Schreiber*^{2}, § 424 Rn. 1; Musielak/*Huber*, ZPO^{2}, § 424 Rn. 1.

(2) Begründetheit bei Vorlagepflicht des Beweisgegners

Der Vorlageantrag war begründet, wenn der Beweisgegner zur Vorlage verpflichtet war[184]. Die prozessuale Pflicht des Beweisgegners, an der parteibetriebenen Beweisaufnahme mitzuwirken, konnte sich nach dem geschriebenen Recht dabei grundsätzlich nur aus § 422 oder aus § 423 ZPO ergeben.

(a) Prozessuale Vorlagepflicht, § 423 ZPO

Nach § 423 ZPO bestand und besteht auch nach der ZPO-Reform unverändert eine prozessuale Vorlegungspflicht, wenn der Gegner im Prozess selbst auf die Urkunde Bezug genommen, d.h. auf die Urkunde hingewiesen hat und dieser Hinweis von dem Willen getragen ist[185], die Urkunde zu Beweiszwecken zu nutzen. Mit der Bezugnahme auf die Urkunde gibt der Beweisgegner zu erkennen, dass auch er von der Entscheidungserheblichkeit der Urkunde und der dadurch zu beweisenden Tatsache ausgeht. Wenn dies der Fall ist und er selbst sich auf die Urkunde zu Beweiszwecken berufen will, muss er auch dem Beweisführer das Recht zugestehen, die Vorlage der Urkunde durchzusetzen[186].

Eine Bezugnahme durch den Gegner ist jedoch eher selten:

Der Gegner bezieht sich in der Regel nur dann auf eine Urkunde, die dem Beweis von Tatsachen des Beweisführers dienen könnte, wenn er den Beweiswert anders beurteilt oder wenn er der Ansicht ist, dass die Urkunde auch Tatsachen enthält, die ihm zum Vorteil gereichten. Darüber hinaus ist die Bezugnahme für den Beweisgegner auch gefährlich: Ein Verzicht des Gegners auf die Verwertung der Urkunde nach der Bezugnahme beseitigt[187] die prozessuale Vorlagepflicht nämlich nicht mehr. Damit soll verhindert werden, dass der Beweisgegner Urkunden als Beweismittel anführt oder auf sie Bezug nimmt, obwohl er sie gar nicht hat, nicht kennt oder solche Urkunden überhaupt nicht existieren.

---

184 MünchKommZPO/*Schreiber*², § 425 Rn. 2; Baumbach/Lauterbach/Albers/*Hartmann*, ZPO⁵⁹, § 425 Rn. 4.

185 RGZ 35, 105, 109; Stein/Jonas/*Leipold*, ZPO²¹, § 423 Rn. 1; MünchKommZPO/*Schreiber*², § 423 Rn. 1; Zöller/*Geimer*, ZPO²², § 423 Rn. 1; Baumbach/Lauterbach/Albers/*Hartmann*, ZPO⁵⁹, § 423 Rn. 1; Musielak/*Huber*, ZPO², § 423 Rn. 1; Thomas/Putzo/*Thomas*, ZPO²³, § 423 Rn. 1; *Schreiber*, S. 97 ff.; *Trilsch*, S. 43.

186 *Trilsch*, S. 48.

187 MünchKommZPO/*Schreiber*², § 423 Rn. 1; Zöller/*Geimer*, ZPO²², § 423 Rn. 1; Baumbach/Lauterbach/Albers/*Hartmann*, ZPO⁵⁹, § 423 Rn. 1.

(b) Materiell-rechtliche Vorlagepflicht, § 422 ZPO

Häufiger kam es daher auf das Bestehen einer materiell-rechtlichen Vorlagepflicht an. Die Verpflichtung des Gegners regelte § 422 ZPO vor der Reform und auch danach unverändert im Anschluss an die zivilrechtlichen Vorlagepflichten. Nach § 422 ZPO ist der Gegner der beweisbelasteten Partei im Prozess zur Vorlage verpflichtet, wenn der Beweisführer „nach den Vorschriften des bürgerlichen Rechts[188] die Herausgabe oder die Vorlegung der Urkunde verlangen kann“[189]. Ein solcher Anspruch kann sich z. B. aus den §§ 371, 402, 675, 667, 681, 716, 718, 896, 952, 985, 1145, 1799 BGB; §§ 118, 156, 166, 258-261 HGB ergeben[190]. Dies erfordert stets, dass zwischen dem Beweisführer und dem Gegner ein vertragliches oder ein gesetzliches Schuldverhältnis besteht, aus dem das entsprechende Recht auf Rechnungslegung oder Auskunft folgt. Am wichtigsten ist aber dabei die allgemeine, auf den Zweck oder den Inhalt der Urkunde begründete, Vorlagepflicht des § 810 BGB: Diese gibt den Anspruch auf Einsichtnahme (und damit auf Vorlage[191]) in ausdrücklich genannten Fällen, ohne dadurch jedoch eine vorsichtige entsprechende Anwendung auf ähnliche Fälle auszuschließen[192]. Danach besteht ein materiell-rechtlicher Anspruch auf Einsichtnahme in Urkunden, wenn der Beweisführer ein „rechtliches Interesse“ daran hat, so z. B. wenn die Einsichtnahme für eine beabsichtigte Rechtsverfolgung uner-

---

188 Der Begriff des bürgerlichen Rechts ist auslegungsbedürftig: Bei enger Auslegung könnte damit nur ein Ausschnitt aus dem Privatrecht, nämlich der im Bürgerlichen Gesetzbuch und seinen Ergänzungsgesetzen geregelte Bereich gemeint sein; die Lit. legt den Begriff jedoch vornehmlich weit aus. Gemeint sind danach die Herausgabe bzw. Vorlegungspflichten insbesondere aufgrund des BGB, des HGB, des AktG und des WG, s. Zöller/*Geimer,* ZPO[22], § 422, Rn. 2; Musielak/*Huber,* ZPO[2], § 422, Rn. 1; Thomas/Putzo/*Reichold,* ZPO[23], § 422, Rn. 4. Darüber hinaus wird auch auf den allgemeinen Grundsatzes von Trau und Glauben (§ 242 BGB) und auf das allgemeine Persönlichkeitsrecht verwiesen, Zöller/*Geimer,* aaO.; Musielak/*Huber,* aaO. So auch *Ebke*, S. 10.

189 Der Grund ist im Vorlegungsantrag zu nennen und glaubhaft zu machen, § 424 S. 1 Nr. 5, S. 2 ZPO, sofern es sich um einen materiellen Vorlagegrund handelt, MünchKommZPO/*Schreiber*[2], § 425 Rn. 2.

190 Auch die Pflichten zur Rechenschaftslegung sind hier nicht zu vernachlässigen, da die Pflicht zur Rechenschaftslegung gemäß § 259 BGB auch die Pflicht zur Vorlegung belegender Urkunden umfasst, soweit diese erteilt zu werden pflegen, RGZ 20, 42 ff.; Palandt/*Heinrichs,* § 261 Rn. 23; Stein/Jonas/*Leipold,* ZPO[21], § 422, Rn. 7 ff.

191 Stein/Jonas/*Leipold,* ZPO[21], § 422, Rn. 10.

192 BGH LM § 810 BGB Nr. 5: Grundsätzlich sei eine weite Auslegung der Norm geboten und ermögliche z. B. auch eine Vorlagepflicht i.V.m. § 242 BGB; kritisch: *Siegel*, S. 39 f.

lässlich ist[193] wozu nach allgemeiner Ansicht genügt, dass der Beweisführer ein Beweisinteresse hat, da der Urkundsinhalt beweiserheblich ist[194]. Das rechtliche Interesse wird durch drei Fallgruppen eingeschränkt: Die maßgebliche Urkunde muss im Interesse des Beweisführers errichtet oder in der Urkunde ein zwischen ihm und einem anderen bestehendes Rechtsverhältnis beurkundet sein oder die Urkunde muss Verhandlungen über ein Rechtsgeschäft enthalten, die zwischen ihm und einem anderen gepflogen wurde. Der Vorlagepflicht nach § 810 BGB unterlagen damit nur solche Urkunden, deren Inhalt rechtsgeschäftlichen Charakter hatte, die also Aussagen über ein Rechtsgeschäft oder ein Rechtsverhältnis enthielten, oder die dazu bestimmt waren, als Beweismittel zu dienen bzw. zumindest die rechtlichen Beziehungen des Beweisführers zu fördern[195].

Auch musste das Beweisinteresse des Beweisführers im Rahmen der Ermittlung des „rechtlichen Interesses" gegenüber etwaigen Geheimhaltungsinteressen oder sonstigen schützenswerten Interessen des Beweisgegners überwiegen[196].

(c) Keine darüber hinausgehende Vorlagepflicht

Wo weder eine materiell-rechtliche noch eine prozessuale Pflicht des Gegners zur Vorlage bestand, konnte eine solche nach herrschender Meinung auch nicht aus der prozessualen Mitwirkungs- und Förderungspflicht hergeleitet werden[197].

---

193 BGH LM § 810 BGB Nr. 5; MünchKommBGB/*Hüffer*, § 810 BGB Rn. 11; Erman/*Heckelmann*, § 810 BGB Rn. 3.

194 OLG Frankfurt JW 1933, 530, 531; Stein/Jonas/*Leipold*, ZPO^{21}, § 422 Rn. 10; MünchKommZPO/*Schreiber*^{2}, § 422 Rn. 4; Baumbach/Lauterbach/Albers/*Hartmann*, ZPO^{59}, § 422 Rn. 3; Thomas/Putzo/*Thomas*, ZPO^{23}, § 422 Rn. 2; *Siegel*, S. 123; *Steeger*, S. 9; dies ergibt sich auch aus der historischen Auslegung der Norm. § 387 Nr. 2 CPO (jetzt § 422 ZPO) lautete „Der Gegner ist zur Vorlegung der Urkunde verpflichtet, wenn die Urkunde ihrem Inhalt nach eine für den Gegner und den Beweisführer gemeinschaftliche ist. Als gemeinschaftlich gilt eine Urkunde insbes. für die Personen, in deren Interesse sie errichtet ist oder deren gegenseitige Rechtsverhältnisse darin bekundet sind..(und) auch die über ein Rechtsgeschäft zwischen den Beteiligten...gepflogenen schriftlichen Verhandlungen". Aufgrund der Übernahme dieser Formulierung in § 810 BGB ist § 422 novelliert worden (RGBl. 1898, Nr. 21, S. 342 f.) und hat seinen jetzigen Wortlaut erhalten, dies aber in dem Gedanken, dass die Regelung in Anbetracht des § 810 BGB nicht mehr nötig sei, s. auch *Siegel*, S. 5, 117 ff., 123 f.; aA. *Ebke*, S. 49.

195 Palandt/*Sprau*, § 810 Rn. 3, 6.

196 Dies hat wie bei § 142 ZPO z. B. besondere Bedeutung bei Vorliegen gewerblicher Schutzrechte.

197 MünchKommZPO/*Schreiber*^{2}, § 422 Rn. 1; Zöller/*Geimer*, ZPO^{22}, § 422 Rn. 3; aA. AK- ZPO/*Rüßmann*, §§ 422, 423 Rn. 4; *Schlosser*, JZ 1991, 608 mwN.

Der häufig zitierte Grundsatz keine Partei sei gehalten dem Gegner für seinen Prozesssieg das Material zu verschaffen, über das er nicht bereits von sich aus verfüge[198], spiegelt die überwiegende Ansicht der Rechtsprechung in diesem Bereich wieder. Sie ging vorwiegend davon aus, dass es grundsätzlich allein Sache der darlegungs- und beweisbelasteten Partei war, die ihr günstigen Tatsachen vorzutragen und zu beweisen. Dabei stützte die Rechtsprechung sich auf die Normen der ZPO. Diese sahen eine Aufklärungspflicht der Parteien nur sehr beschränkt vor, so eben in den §§ 422, 423, darüber hinaus nur noch in den §§ 445, 448 ZPO. Eine über diese Fälle hinausgehende „allgemeine Aufklärungspflicht" der nicht darlegungs- und beweispflichtigen Partei kenne die Zivilprozessordnung nicht[199].

(d) Ansatzpunkte für eine Erweiterung der Vorlage-/Mitwirkungspflichten des Beweisgegners

(aa) Rechtsprechung

Die Rechtsprechung war jedoch nicht ganz einheitlich. Tatsächlich hat auch sie die Mitwirkungspflichten der nicht beweisbelasteten Partei z. B. durch „sekundären Darlegungs- und Beweispflichten"[200] und Beweiserleichterungen zur Herstellung von „Waffengleichheit"[201] sowie durch eine äußert großzügige Handhabung von § 810 BGB[202] *auf materiell-rechtlicher Ebene* vielfach über die gesetzlichen Vorschriften hinaus erweitert und den Beweisgegner für verpflichtet gehalten, zur Sachverhaltsaufklärung auch zu Gunsten der beweisbelasteten Partei beizutragen.

Der dahinter stehende Gedanke liegt auf der Hand: Sind alle Unterlagen vorhanden, um der klagenden Partei zu ihrem Recht zu verhelfen, ist es kaum ge-

---

198 BGH NJW 1958, 1491; WM 1963, 864 (für Parteivernehmung); BGH ZZP 104 (1991), S. 203, 205.

199 BGH ZZP 104 (1991), S. 203.

200 Siehe z. B. BGHZ 140, 156, 158; 109, 139, 149 = NJW 1990, 314, 315; BGHZ 86, 23, 29; BGH NJW 1990, 3151; 1987, 1201 mwN. = LM § 323 ZPO Nr. 53 = BGHR ZPO § 138 III – Bestreiten, substantiiertes 1; 1981, 113, 114; BGH ZZP 104 (1991), S. 203, 205; Rosenberg/Schwab/*Gottwald*, Zivilprozeßrecht[15], § 117 VI 1 mwN.; *Stürner*, Aufklärungspflicht der Parteien, S. 119 ff; Musielak/*Stadler*, ZPO[3], § 138 Rn. 10 f.

201 S. z. B. BGH NJW 1978, 1681; 1986, 2365 zum Behandlungsfehler und der Dokumentationspflicht des Arztes.

202 BGHZ 55, 201, 203; BGH WM 1966, 255; Rosenberg/Schwab/*Gottwald*, Zivilprozeßrecht[15], § 121 IV 2 b) mwN. in Fn. 39; Erman/*Heckelmann*, § 810 BGB Rn. 5; Staudinger/*Marburger*, § 810 BGB Rn. 12; siehe auch *Stürner*, Aufklärungspflicht der Parteien, S. 294 ff., mwN.

recht, dass sie unterliegen soll, nur weil der Beweisgegner die Beweismittel in Besitz hat, aber sie nicht herausgibt. Die Lösung läge in der Anwendung des § 427 ZPO, der als Folge der unberechtigten Nichtvorlage vorsieht, dass eine vom Beweisführer beigebrachte Abschrift als richtig angesehen werden kann, § 427 S. 1 ZPO. Da es aber nur dann gerechtfertigt ist, die unterlassende Partei mit Sanktionen zu belegen, wenn sie zur Mitwirkung verpflichtet ist, hat die Rechtsprechung diese Pflicht vielfach auf Umwegen hergeleitet.

Wegen der Unübersichtlichkeit dieser Rechtsprechung und dem jedoch offensichtlichen Bedürfnis nach einer Mitwirkungspflicht des Gegners, hat es im Rahmen der zahlreichen ZPO-Reformen wiederholt Vorschläge gegeben, die Mitwirkungspflicht direkt im Gesetz zu verankern, insbesondere die Pflichten zur Urkundsvorlage durch den Beweisgegner und auch durch Dritte auszuweiten[203].

(bb) Literatur

Ähnliche Forderungen gab es seitens der Literatur, die ebenfalls zum Teil davon ausging, dass eine Erweiterung der Aufklärungspflichten der nicht beweisbelasteten Partei dringend notwendig sei.

203 Siehe z. B. RJM, Entwurf von 1931, S. 251. Dieser sah eine allgemeine Vorlagepflicht vor. Auf die Glaubhaftmachung eines Grundes, weshalb die Urkunde vorzulegen sei, sollte verzichtet werden und der Vorlagepflichtige nur dann von der Vorlagepflicht befreit werden können, wenn er glaubhaft machte, dass er ein berechtigtes Interesse daran habe, die Vorlegung zu verweigern: *Steeger,* S. 128. Auch die Kommission für Zivilprozessrecht vom März 1977 schlug vor, zumindest die prozessualen Vorlagepflichten mit Einschränkungen zu erweitern. Dabei sollten jedoch Ausnahmen gemacht werden können, wenn dies zum Schutz von Persönlichkeitsrechten, Wahrung von Geschäftsgeheimnissen oder bei Verschwiegenheitspflichten notwendig war. Darüber hinaus sollte bei einer prozessualen Vorlagepflicht eines Dritten die Notwendigkeit eines gesonderten Klageverfahrens entfallen, und dieser unmittelbar in Anspruch genommen werden können. Allerdings sollte ihm ein Verweigerungsrecht eingeräumt werden, s. BMJ, Bericht der Kommission 1977, S. 145, 146. Diese Vorschläge sahen sich jedoch bereits damals stetig mit dem Vorwurf konfrontiert, eine Ausweitung der Vorlagepflichten stelle eine Ausforschung der Gegenseite dar bzw. nähere sich dem „Pre-Trial Discovery Grundsatz“ des angloamerikanischen Rechts.

(α) „Allgemeine" prozessuale Aufklärungspflicht

In der Aufklärungspflichten bejahenden Literatur[204] gingen die Ansichten lediglich hinsichtlich der richtigen dogmatischen Begründung und hinsichtlich des Umfangs der Aufklärungspflichten auseinander: So gingen einige auf Grundlage des Grundsatzes von Treu und Glauben[205], andere in Rechtsanalogie zu den bestehenden Vorschriften der ZPO[206], davon aus, dass die nicht beweisbelastete Partei stets zur Mitwirkung bei der Aufklärung verpflichtet sei, falls keine besonderen Gegeninteressen die Passivität rechtfertigten. Grundsätzlich sollte zwar auch hier das Aufklärungsrisiko durch die Verteilung der objektiven Beweislast gesteuert werden. Lag jedoch ein überwiegendes Informationsinteresse einer Partei gegenüber dem Geheimhaltungsinteresse der anderen Partei vor, z. B. dadurch, dass eine Partei zwar Anhaltspunkte für die Richtigkeit ihrer Behauptungen besaß, sich selbst aber in Beweisnot befand, soll die Gegenseite zur ausführlichen Darlegung verpflichtet sein. Dies setze nur voraus, dass die beweisbelastete Partei substantiiert vorgetragen oder bei typischer Unkenntnis, die meist bei Vorgängen im Geschäfts- oder Persönlichkeitsbereich des Gegners vorliegt, durch Anhaltspunkte belegte Allgemeinbehauptungen aufgestellt hat, die einer Plausibilitätskontrolle standhalten[207]. Danach genügt es, wenn z. B. der auf Annahmeverzugsentgelt in Anspruch genommene Dienstgeber eine Anrechnung anderweitigen Einkommens nach § 615 BGB geltend macht und Anhaltspunkte da-

204 Siehe grundsätzlich: *Cohn*, Zur Wahrheitspflicht und Aufklärungspflicht der Parteien im deutschen und englischen Zivilprozess, in: Esser/Thieme, Festschrift für Fritz v. Hippel zum 70. Geburtstag, 1967; *Hellwig*, System des deutschen Zivilprozeßrechts, 1912, § 154 I, S. 458 ff.; *Henckel*, ZZP 92 (1979), 100 ff.; *v. Hippel*, Wahrheitspflicht und Aufklärungspflicht der Parteien im Zivilprozess, 1939; *Schlosser*, Zivilprozeßrecht I, 1983, § 14 C, Rn. 426 ff.

205 *Baumgärtel*, ZZP 69 (1956), 89 ff., 105 f.; *Gerhardt*, AcP 169 (1969), 289, 302 ff.; *Schneider*, MDR 1969, 4 ff.; *ders.*, 1975, 445, 446.

206 *Lüderitz*, S. 27 f.; *Peters*, ZZP 82 (1969), 200 ff.; *Stadler*, Schutz des Unternehmensgeheimnisses, S. 82; *Stürner*, Aufklärungspflicht der Parteien, S. 92 ff.; *ders.*, Parteipflichten bei der Sachverhaltsaufklärung im Zivilprozeß, ZZP 98 (1985), 237 ff; *ders.*, ZZP 104 (1991), 208, 212.

207 *Lüderitz*, S. 27 f., der sich zudem durch die Rechtsprechung in seiner Ansicht bestätigt sah, da auch diese eine sekundäre Behauptungs- und Beweislast annahm, wenn der Antragsteller wenigstens Anhaltspunkte für die Richtigkeit seiner Behauptungen vorbringen konnte; *Stürner*, Aufklärungspflicht der Parteien, S. 119 ff., 378; *ders.*, ZZP 104 (1991), 208, 212. Erheblich weiter *Peters*, ZZP 82 (1969), 200, 208 f., der den Parteien in einer Rechtsanalogie zu den §§ 138 Abs. 1, 2; 372 a, 423, 445 ff. ZPO eine davon losgelöste allgemeine Mitwirkungs- und Aufklärungspflicht einräumen will. Für eine Analogie fehlt es aber an einer ungewollten Gesetzeslücke, s. dazu auch *Steeger*, S. 51 ff.

für vorträgt, dass der klagende Dienstverpflichtete anderweitiges Einkommen erzielt, so z. B. die Benennung als Ansprechpartner in einer Stellenanzeige oder die Bezeichnung als Vorstand einer anderen Gesellschaft in einem Zeitungsartikel. Willkürlich aufgestellte Behauptungen seien hingegen als Versuch der Ausforschung unzulässig[208].

(β) Nur materiell-rechtliche Aufklärungspflichten

Als Gegenpol ging eine andere Ansicht in Übereinstimmung mit dem Gesetzesstand bzw. dessen Erweiterung durch die Rechtsprechung davon aus, dass grundsätzlich keine Aufklärungspflichten der Parteien bestehen, es sei denn, solche ergeben sich aus dem materiellen Recht[209]. Soweit die ZPO darüber hinaus einzelne prozessuale Mitwirkungspflichten statuiere, handele es sich aber um Ausnahmeregelungen, die keinen Rückschluss auf das Bestehen einer allgemeinen Aufklärungspflicht der Parteien zulasse[210]. Die Annahme einer prozessualen Aufklärungspflicht stehe zudem in einem unlösbaren Widerspruch zu dem Verhandlungsgrundsatz, wonach allein dem Beweisführer die Behauptungs- und Beweislast hinsichtlich der ihm günstigen Umstände obliegt.[211]

(e) Vorlagepflichten vor der Reform

Es hätte wohl kaum dem allgemeinen Gerechtigkeitsempfinden widersprochen, die nicht beweisbelastete Partei auch über die ausdrücklich bestehenden materiellen und prozessualen Aufklärungspflichten hinaus an der Sachverhaltsaufklärung zu beteiligen, wenn dies der einzige Weg zur Wahrheit und zumutbar ist. Dies wäre durch die Einführung einer prozessualen Aufklärungspflicht, die die objektive Beweislast unberührt lässt[212], und lediglich die Beweisführung erleichtert, der beweisbelasteten Partei aber nicht das Risiko des non-liquet trotz erschöpfender Aufklärung abnimmt, durchaus möglich gewesen. Zwar würde es wohl tat-

---

208 *Stürner*, Aufklärungspflicht der Parteien, S. 106, 113 f.

209 *Arens*, S. 1 ff., 21.; *Gottwald*, ZZP 92 (1979), 364; ihnen folgt *Lüke*, JuS 1986, 2 f., allerdings vornehmlich in Bezug auf Erklärungspflichten. Ebenso gingen Rosenberg/Schwab/*Gottwald*, Zivilprozeßrecht[15], § 117 VI 2; Stein/Jonas/*Leipold*, ZPO[21], § 138 Rn. 22; Stein/Jonas/*Schumann*, ZPO[21], Vor § 371 Rn. 28, 34, davon aus, die Gegenpartei habe grundsätzlich die Freiheit, ihre Mitwirkung zu versagen und passiv zu bleiben, es sei denn, aus materiell- rechtlichen oder prozessualen Gründen ergebe sich eine Aufklärungspflicht.

210 *Arens*, S. 13.

211 *Schreiber*, JR 1991, 415 f.

212 *Stürner*, Aufklärungspflicht der Parteien, S. 4 ff; *ders.*, ZZP 98 (1985), 237, 255; a. A. Rosenberg/Schwab/*Gottwald*, Zivilprozeßrecht[15], § 118 VI 3.

sächlich wegen der Mitwirkung des Gegners weniger zu non-liquet Entscheidungen kommen, diese sind aber auch nur ultima ratio, die ihren Gerechtigkeitswert erst entfaltet, wenn die Wahrheitsermittlung an ihre Grenzen gestoßen ist[213]. Auch die ausdrückliche Entscheidung des BGH, die ZPO kenne keine allgemeine Aufklärungspflicht der nicht darlegungs- und beweispflichtigen Partei[214] hätte dem nicht entgegengestanden. Denn die Aufklärungspflicht hätte nicht „allgemein", d.h. in jedem Fall und unbeschränkt, bestanden, sondern nur in Fällen der Darlegungs- und Beweisnot, wenn die Partei ihre Behauptungen durch Anhaltspunkte hinreichend plausibel machen kann. Weder die Rechtsprechung, noch der Reformgesetzgeber vorangegangener Reformen hat jedoch diese Ausweitungsbestrebungen aufgegriffen. Vielmehr ist bis zur Reform daran festgehalten worden, der beweisbelasteten Partei bei Beweisnot allein über die Ausweitung materiellrechtlicher Einsichtsrechte, etwa im Rahmen von § 810 BGB[215], und Vorlageansprüche zu helfen.

cc) Zusätzliche Voraussetzungen der Vorlageanordnung

War der Vorlageantrag zulässig und begründet und hielt das Gericht die vorgetragenen Tatsachen für entscheidungserheblich und beweisbedürftig, *hatte* es die Vorlage anzuordnen, sofern sich die Urkunde nach den Behauptungen des Beweisführers[216] „in Händen" des Gegners befand und dieser den Besitz[217] und die

213 *Stürner*, ZZP 98 (1985), 237, 255.

214 BGH ZZP 104 (1991), 203, 205; zur Entwicklung der Rechtsprechung sehr ausführlich *Stürner*, ZZP 98 (1985), 237, 240 f.

215 Siehe Fn. 202 mwN.

216 Wegen der weitreichenden Sanktionen der Nichtvorlage genügte die bloße Behauptung des gegnerischen Urkundenbesitzes jedoch nicht. Der Beweisführer musste vielmehr zudem Angaben zu den Umständen machen, auf welche sich die Behauptung stützte, dass die Urkunde sich im Besitz des Gegners befinde. Glaubhaftmachung war jedoch nicht erforderlich.

217 Dazu genügte unstreitig unmittelbarer Besitz. Aber auch hier war jedoch mittelbarer Besitz ausreichend, sofern der Gegner sich die Urkunde ohne weiteres aufgrund des Besitzmittlungsverhältnisses besorgen konnte. Stein/Jonas/*Leipold*, ZPO[21], § 421 Rn. 5; Baumbach/Lauterbach/Albers/*Hartmann*, ZPO[59], § 421 Rn. 1; Musielak/*Huber*, ZPO[2], § 421 Rn. 1; Thomas/Putzo/*Thomas*, ZPO[23], §§ 420 Rn. 1, 421 Rn. 1; aA. MünchKommZPO/*Schreiber*[2], § 420 Rn. 2; Zöller/*Geimer*, ZPO[23], § 421 Rn. 1; *Schreiber*, S. 123 ff. mwN.: Diese stellen allein auf die tatsächliche Sachherrschaft ab, so dass z. B. auch der Besitzdiener die Urkunde in Händen hielte. Dies wird zum einen bei Urkunden selten vorkommen, zum anderen ist der Besitzdiener aber i.d.R. gar nicht befugt die Urkunde herauszugeben; aA. *Stadler*, Schutz des Unternehmensgeheimnisses, S. 81, wonach ein in den Händen halten allein bei unmittelbarem Besitz vorliegen sollte.

seine Vorlegungspflicht begründenden Tatsachen zugestand, oder sich nicht oder nicht genügend erklärte.

Bestritt der Gegner den Besitz, so war, wenn das Gericht eine Vorlegungspflicht bejahte, nach § 426 ZPO zu verfahren und der Gegner über den Verbleib der Urkunde zu vernehmen.

Dies galt jedoch nicht, wenn von vornherein zweifelhaft war, ob die Urkunde überhaupt je errichtet worden war, da dann von vornherein eine Vorlageanordnung ausschied. Die Vernehmung des Beweisgegners sollte nicht dazu dienen dem Gericht Klarheit über die Existenz der Urkunde zu verschaffen[218], sondern es sollte nur festgestellt werden, ob sie noch existiert oder vom Beweisgegner beseitigt wurde, so dass die Grundsätze der Beweisvereitelung (§ 427 ZPO) Anwendung finden konnten. Bestritt der Gegner die Vorlegungspflicht aus rechtlichen oder tatsächlichen Gründen, musste das Gericht zunächst hierüber entscheiden. Bejahte es eine Vorlagepflicht, hatte es die Vorlage anzuordnen[219].

b) Vorlage durch Dritte

aa) Begriff des Dritten

Dritter ist, wer weder Beweisführer, noch dessen Prozessgegner, noch dessen Streitgenosse bzw. dessen streitgenössischer Nebenintervenient ist[220].

bb) Beweisantrag nach den §§ 428, 430, 424 ZPO a. F.

(1) Inhalt des Beweisantrages

War der Dritte zur Vorlegung im Prozess bereit, wurde der Beweis nach § 420 ZPO durch die vom Beweisführer veranlasste Vorlage angetreten[221]. Befand sich die Urkunde in Händen eines Dritten und wollte dieser sie nicht freiwillig herausgeben, konnte der Beweisführer jedoch nur dadurch Beweis antreten, dass er beantragte zur Herbeischaffung der Urkunde eine Frist zu bestimmen, § 428 ZPO a. F. [222]

In dem Antrag auf Fristsetzung hatte der Beweisführer wie bei der Vorlage durch den Beweisgegner, die Urkunde genau zu bezeichnen, die Tatsache, die

218 RGZ 92, 222, 225; 44, 422, 425; MünchKommZPO/*Schreiber*², § 426 Rn. 2.

219 Es hatte dabei zudem über den Zwischenstreit entweder durch Zwischenurteil, oder erst in den Gründen des Endurteils zu entscheiden.

220 Thomas/Putzo/*Reichold*, ZPO²³, § 428 Rn. 1; Zöller/*Geimer*, ZPO²², § 428 Rn. 2.

221 Stein/Jonas/*Leipold*, ZPO²¹, § 428 Rn. 1.

222 Rosenberg/Schwab/*Gottwald*, Zivilprozeßrecht¹⁵, § 121 IV 2 c.

durch die Urkunde bewiesen werden sollte, zu benennen, deren Inhalt möglichst genau anzugeben und den Grund zu benennen, der die Verpflichtung zur Vorlage der Urkunde ergeben sollte, §§ 430, 424 ZPO a. F., damit das Gericht die Beweisbedürftigkeit der Tatsache, deren Beweiserheblichkeit und die Beweiseignung der Urkunde prüfen konnte. Lagen die Voraussetzungen vor, konnte das Gericht aber gegenüber dem Dritten keine Anordnung treffen, sondern lediglich eine Frist für den Beweisführer zur Vorlage der Urkunde bestimmen. Der Beweisführer musste nun innerhalb der Frist selbst versuchen, die Urkunde zu erlangen.

(2) Selbständige Vorlageklage

War der Dritte innerhalb der gesetzten Frist nicht freiwillig zur Vorlage der Urkunde bereit, konnte er vom Beweisführer nur durch selbständige Klage und Zwangsvollstreckung dazu gezwungen werden. Dabei war der Dritte wie der Beweisgegner nur dann zur Vorlage verpflichtet, wenn dem Beweisführer ein materiell-rechtlicher oder ein prozessualer Herausgabeanspruch zustand, §§ 429, 422, 423 ZPO a. F.[223] Kläger der selbständigen Vorlageklage war grundsätzlich der Beweisführer, ein Streithelfer des Beweisführers nur dann, wenn er einen eigenen Vorlageanspruch gegen den Dritten hatte[224]. Bestand ein solcher nicht, konnte er jedoch auch der Vorlageklage des Beweisführers beitreten, sofern die Voraussetzungen des § 66 ZPO in dem gesonderten Verfahren vorlagen. Für die Klage auf Vorlage gab es keinen besonderen Gerichtsstand[225]. Klagantrag und Urteilstenor der Vorlageklage mussten auf Vorlage der Urkunde zum Prozessgericht lauten[226]. Dabei war schon allein aus Gründen der Vollstreckbarkeit die Urkunde genauestens zu bezeichnen[227]. Blieben Klage und/oder Zwangsvollstreckung ohne Erfolg, war der Beweisversuch gescheitert.

---

223 Letzterem kam allerdings kaum Bedeutung zu, da der Dritte dazu in einem vorbereitenden Schriftsatz auf die Urkunde hätte Bezug nehmen müssen; dies konnte zwar eventuell beim streitgenössischen Streithelfer vorkommen, dieser war aber Gegner i. S. v. §§ 421 ff. ZPO, Musielak/*Huber*, ZPO^2, § 429 Rn. 1.

224 MünchKommZPO/*Schreiber*^{2}, § 429 Rn. 2.

225 MünchKommZPO/*Schreiber*, aaO.

226 Thomas/Putzo/*Thomas*, ZPO^2, § 429 Rn. 2; Musielak/*Huber*, ZPO^2, § 429 Rn. 2.

227 BGH NJW 1999, 954.

cc) Urkunde in Händen einer Behörde als Drittem

Der Beweis wurde allerdings erleichtert[228], wenn sich die Urkunde nach den Behauptungen des Beweisführers in den Händen einer öffentlichen Behörde oder eines öffentlichen Beamten in deren dienstlicher Eigenschaft[229] befand. Auch wenn der Partei kein materiell-rechtlicher Herausgabeanspruch zustand konnte sie beantragen, die Behörde oder den Beamten um Mitteilung der Urkunde zu ersuchen, § 432 ZPO. Die benannten öffentlichen Stellen waren dem Gericht zur Amtshilfe verpflichtet (Art. 35 Abs. 1 GG; § 168 GVG)[230]. Die Behörde musste allerdings vollkommen unbeteiligter Dritter sein[231]; handelte es sich um den Prozessgegner, war Beweis nach § 421 ZPO anzutreten.

3. Konsequenz der Nichtvorlage

a) § 427 ZPO bei unberechtigter Nichtvorlage durch den Beweisgegner

Zwar war in der ZPO keine Erzwingbarkeit der Vorlage gegenüber dem Gegner vorgesehen. Das Gericht konnte die Verweigerung der Vorlage aber sanktionieren, wenn diese unberechtigt erfolgte[232] und damit eine Beweisvereitelung[233] vorlag oder, wenn man der dargestellten Ansicht folgte, es bestehe eine „allgemeine“ prozessuale Aufklärungspflicht, als Sanktion des schuldhaften Verstoßes gegen

---

228 Musielak/*Huber*, ZPO², § 432 Rn. 1.

229 MünchKommZPO/*Schreiber*², § 432 Rn. 2; Musielak/*Huber*, ZPO², § 432 Rn. 2.

230 Thomas/Putzo/*Thomas*, ZPO²³, § 432 Rn. 7.

231 Thomas/Putzo/*Thomas*, aaO.; Musielak/*Huber*, aaO.

232 Zum Teil wurden in der Literatur zumindest für die Pflicht aus § 422 ZPO die §§ 383 I, 384 ZPO analog angewendet und die Verweigerung der Vorlage damit gerechtfertigt; s. z.B. Zöller/*Geimer*, ZPO²³, § 422 Rn. 4; MünchKommZPO/*Schreiber*², § 422, Rn.5. Bei der prozessualen Pflicht nach § 423 ZPO sollten diese Weigerungsrechte allerdings unanwendbar sein, da der Gegner durch die Bezugnahme sein Geheimhaltungsinteresse dem Interesse an einer materiell richtigen Entscheidung untergeordnet habe. Soweit Weigerungsrechte vorlagen, sollte dem Anspruch nach § 422 ZPO der Einwand unzulässiger Rechtsausübung entgegenstehen. Dabei wurde jedoch verkannt, dass zum einen keine ungewollte Regelungslücke vorlag. Bei allen Reformen der ZPO wurde der Umfang der Editionspflichten diskutiert. Wäre hier ein Weigerungsrecht gewollt gewesen, wäre dies eingeräumt worden. Zum anderen trifft die Partei grundsätzlich aufgrund des bestehenden Prozessrechtsverhältnisses eine weitergehende Mitwirkungspflicht als den Zeugen, so dass es an einer vergleichbaren Interessenlage fehlt, s. dazu auch *Stürner*, JZ 1985, 453, 457.

233 Stein/Jonas/*Leipold*, ZPO²¹, § 427 Rn. 1a; MünchKommZPO/*Schreiber*², § 427 Rn. 1.

diese Pflicht[234]. Die Sanktionen für den Fall, dass der Gegner seiner Pflicht zur Urkundenvorlage oder Nachforschung nicht genügte, bestanden in fakultativen Beweiserleichterungen für den Beweisführer. Legte der Gegner auf Anordnung des Gerichts die Urkunde nicht vor, so konnte eine vom Beweisführer beigebrachte Abschrift als richtig angesehen werden, § 427 S. 1 ZPO. Wurde eine Abschrift der Urkunde nicht beigebracht, so konnten die Behauptungen des Beweisführers über die Beschaffenheit und auch über den Inhalt der Urkunde als bewiesen angenommen werden, § 427 S. 2 ZPO. Hier wird auch die Bedeutung der möglichst genauen Angabe des Inhaltes der Urkunde im Rahmen des Beweisantrages deutlich. Das Gericht entschied hierüber nach freiem Ermessen[235]. War der Beweisführer nicht in der Lage, eine Abschrift von der Urkunde vorzulegen oder konkrete Angaben zur Beschaffenheit und zum Inhalt der Urkunde zu machen, hatte er die Konsequenzen der Nichtvorlage durch den Gegner dennoch zu tragen.

b) Nichtvorlage durch den Dritten ohne Sanktion

Kam der Dritte seiner Vorlagepflicht nicht nach, zog dies von Gerichts wegen keine Sanktionen nach sich. War der Vorlage- bzw. Herausgabeanspruch aber in einem gesonderten Verfahren erfolgreich geltend gemacht worden, war dieses Urteil in der Regel auch nach § 883 ZPO vollstreckbar.

III. Ermittlung materieller Wahrheit durch begrenzte Mitwirkung des Gegners und Notwendigkeit gesonderter Klagerhebung gegen Dritte erschwert

Die ZPO geht zwar in ihrer Konzeption davon aus, dass der Beibringungsgrundsatz taugliches Mittel zur Wahrheitsfindung ist[236]. Aus der Gesamtheit des Vortrages beider Seiten wird sich in der Regel auch ein Bild des Gesamtgeschehens ergeben. Die Ermittlung des Sachverhaltes gegen den Willen einer der Parteien war aber trotz der dargestellten Versuche der Rechtsprechung, auch über die gesetzlich geregelten Fälle hinaus den Beweisgegner zur Mitwirkung zu verpflichten, bislang nur in begrenztem Umfang möglich. Grundlage jedes Urteils war meist allein die „*Parteiwahrheit*", selbst wenn die darlegungs- und beweisbelas-

234 *Stürner*, Aufklärungspflicht der Parteien, S. 234 ff., 242 ff.

235 Stein/Jonas/*Leipold,* ZPO[21], § 427 Rn. 6; MünchKommZPO/*Schreiber*[2], § 427 Rn. 1, 3.

236 Rosenberg/Schwab/*Gottwald,* Zivilprozeßrecht[15], § 78 I 5; *Peters*, Ausforschungsbeweis, S. 101 f.; *Schmidt, E.*, S. 35 ff.; *Schöpflin*, S. 38; *Stürner*, Aufklärungspflicht der Parteien, S. 50 f.

tete Partei einen anderen Sachverhalt glaubhaft vortragen konnte und darlegte, dass sich die Beweismittel in Händen des Gegners befanden. Der Gesetzgeber hatte sich dennoch bislang nicht überwinden können, die Vorlagepflichten des Beweisgegners zu erweitern, obwohl weder der Verhandlungsgrundsatz, noch die Grundsätze der Beweislastverteilung der Einführung weitergehender Mitwirkungspflichten entgegengestanden hätten. Der Verhandlungsgrundsatz gibt nämlich gerade nicht vor, keine Partei sei gehalten, dem Gegner für seinen Prozesssieg das Material zu verschaffen, über das er nicht bereits von sich aus verfüge. Vielmehr bestimmt der Verhandlungsgrundsatz nur, dass die Parteien den Streitstoff in den Prozess einführen, über dessen Beweisbedürftigkeit entscheiden und darüber bestimmen, mit welchen Beweismitteln streitige erhebliche Tatsachen bewiesen werden sollen[237]. Damit wird allein die zuvor dargestellte Aufgabenverteilung zwischen Gericht und Partei vorgegeben, nicht aber zwischen den Parteien. Auch die Tatsache, dass es im Falle der Mitwirkung des Gegners weniger zu non-liquet Entscheidungen gekommen wäre, widerspricht dem nicht. Diese sind nur ultima ratio, und entfalten ihren Gerechtigkeitswert erst, wenn die Wahrheitsermittlung an ihre Grenzen gestoßen ist[238].

Ohne eine Mitwirkungspflicht des Gegners konnte die Vorlage von Urkunden im Beweisverfahren daher meist, ebenso wie die Einreichung zur Ergänzung des Tatsachenvortrages, nur dann stattfinden, wenn die Partei die Urkunden selbst in Besitz hatte oder sie sich verschaffen konnte[239]. Wollte die Partei Einblick in Urkunden des nicht darlegungs- und/oder beweisbelasteten Gegners nehmen, war sie damit selten erfolgreich, da der deutsche Zivilprozess, im Gegensatz zu vielen, wenn nicht den meisten europäischen Rechtsordnungen keine allgemeine Editionspflicht der Parteien kannte[240].

Befand sich die Urkunde in Händen eines Dritten, erging es der beweisbelasteten Partei nicht besser, denn auch dieser war grundsätzlich nicht zur Mitwirkung verpflichte. Der Gesetzgeber war gegenüber Dritten auch noch zurückhaltender, diese zur Mitwirkung heranzuziehen, da diese Verpflichtung eine schwere Belastung und einen Eingriff in das Recht des Dritten auf informationelle Selbst-

---

237 *Jauernig,* ZPO[26], § 25 IV.

238 *Stürner*, ZZP 98 (1985), 237, 255.

239 Stein/Jonas/*Leipold,* ZPO[21], § 421 Rn. 5; Baumbach/Lauterbach/Albers/*Hartmann*, ZPO[59], § 142 Rn. 8; Musielak/*Huber,* ZPO[2] § 421 Rn. 1; Thomas/Putzo/*Thomas,* ZPO[23], §§ 420 Rn. 1, 421 Rn. 1.

240 Rechtsvergleichende Hinweise bei *Gottwald,* (Linzer) Beiträge zum Zivilprozessrecht, S. 35 ff.; *Schlosser*, JZ 1991, 599 ff.; *Stadler*, in: FS Beys, S. 1631, unter Hinweis z. B. auf das französische (Art. 11, 132 ncpc), das schweizerische (vgl. etwa § 183 der Zürcher ZPO für Parteien, Art. 184 für Dritte) und das spanische (Art. 328 Ley de enjuiciamiento civil für Parteien, Art. 330 für Dritte) Recht.

bestimmung sowie dessen Eigentumsrecht darstellen konnte, der mangels Interesse und Beteiligung des Dritten an dem Verfahren kaum zu rechtfertigen war.

Auf dieser Grundlage war in vielen Fällen ein Urteil, das die unterliegende Seite verstehen und akzeptieren konnte jedoch selten möglich. Hinzu kam außerdem eine erhebliche Verzögerung des Verfahrens durch die Notwendigkeit der gesonderten Herausgabeklage.

C. Reformbedarf

Nach der bisherigen Rechtslage konnte nicht hinreichend sichergestellt werden, dass die Partei, die Recht hatte, auch Recht bekam. Selbst wenn die darlegungs- und beweisbelastete Partei einen wahren Sachverhalt vorgetragen hatte, konnte sie dennoch unterliegen, wenn der Gegner den Sachvortrag bestritt und im Besitz der Urkunden war, die den Sachverhaltsvortrag als dessen schriftliche Dokumentation glaubhaft belegt oder zumindest hinreichend wahrscheinlich gemacht hätten, da ihn nur begrenzt Mitwirkungspflichten bei der Sachverhaltsaufklärung trafen. Legte der Gegner die Urkunde aber nicht vor, da sie ihm ungünstig oder in ihrer Wirkung zumindest zweifelhaft war, und stand der beweisbelasteten Partei kein Anspruch auf Herausgabe zu, musste das Gericht aufgrund der Beweislastverteilung zu Lasten der beweisbelasteten Partei entscheiden. Dem Gericht stand keinerlei Handhabe zu, den Beweisgegner zur Vorlage zu veranlassen. Dass damit kaum Urteile ergehen konnten, die von beiden Seiten tatsächlich „verstanden und akzeptiert" wurden, versteht sich von selbst. Auch mussten Urkunden, die sich im Besitz Dritter befanden und zur Klärung des Sachverhaltes hätten beitragen können, bislang in getrennten, zusätzlich zeitaufwendigen, Verfahren eingeklagt werden.

Die Sachverhaltsermittlung, die Grundlage für einen mit der materiellen Rechtslage übereinstimmenden Individualrechtsschutz sein sollte, war daher bislang vielfach nicht zu leisten. Da die Findung der materiellen Wahrheit[241] aber Ziel jedes Zivilprozesses ist, bestand erheblicher Änderungsbedarf.

241 Rosenberg/Schwab/*Gottwald*, Zivilprozessrecht[16], § 77 I 5; siehe auch Fn. 1.

Teil III: Urkundsvorlagepflichten im Zivilprozess nach der ZPO-Reform

A. Hintergrund der Reform

I. Reformbedarf, insbesondere des Rechtsmittelsystems

Der Änderungsbedarf im Bereich der Sachverhaltsermittlung war lange bekannt. Seit Schaffung der ZPO war das Rechtsmittelsystem, insbesondere die Erstreckung der Sachverhaltsermittlung über zwei Instanzen, umstritten[242]. Mangelnde Effizienz, lange Verfahrensdauer und fehlende Übersichtlichkeit waren die Hauptkritikpunkte, die wiederholt zur Forderung nach Reformen führten[243]. Insbesondere das Berufungsrecht, das eine vollständige Wiederholung der ersten Instanz ermöglichte und so ermutigte, Rechtsmittel einzulegen, obwohl der Sachverhalt zutreffend festgestellt und eine rechtlich richtige Entscheidung getroffen worden war[244], führte zu einer erheblichen Verlängerung der Verfahrensdauer und belastete die ohnehin stark beanspruchten Gerichte zusätzlich[245]. Hinzu kam, dass, anders als z. B. im arbeitsgerichtlichen Verfahren, eine Streitschlichtungskultur zur Entlastung fehlte.

Der Zivilprozess konnte dadurch seine eigentliche Funktion, die „zügige Herstellung von Rechtsfrieden und Rechtssicherheit“ kaum erfüllen[246]. Nicht ohne

242 *Hahn, Carl,* Materialien, 1. Abt., S. 113 ff., 139, 140.

243 Zur Diskussion der letzten Jahrzehnte und zu den Reformbestrebungen siehe bereits Bericht der Kommission 1961, S. 74 ff., 117 ff.; *Gilles,* Rechtsmittel im Zivilprozeß, 1972; *Prütting*, Die Zulassung der Revision, 1977; *Gilles*, Ziviljustiz und Rechtsmittelproblematik, 1992; Verhandlungen des 61. Deutschen Juristentages, München 1996.

244 BT-Dr. 14/4722, S. 59. Diese Annahme wurde durch rechtsstaatliche Untersuchungen bestätigt, wonach eine nicht unerhebliche Zahl an Berufungen ausschließlich oder zumindest zum Teil auf neue, in erster Instanz nicht vorgebrachte, Tatsachen gestützt wurde, siehe *Rimmelspacher*, Funktion und Ausgestaltung des Berufungsverfahrens im Zivilprozeß – Eine rechtstatsächliche Untersuchung, S. 201.

245 *Gottwald*, Empfehlen sich im Interesse eines effektiven Rechtsschutzes Maßnahmen zur Vereinfachung, Vereinheitlichung und Beschränkung der Rechtsmittel und des Zivilverfahrensrechts?, Verhandlungen des 61. DJT 1996, Band I, S. A 12.

246 BT-Dr. 14/4722, S. 59.

Grund war man in den europäischen Nachbarländern bereits von dem System einer zweiten Tatsacheninstanz abgekehrt[247].

II. Einleitung der Reform

Mitte der 90'er fiel in Deutschland der Startschuss für die Reform des Zivilprozessrechts. Nachdem 1996 auf dem 61. Deutschen Juristentag bereits konkrete Vorschläge für eine Neugestaltung des Rechtsmittelsystems unterbreitet worden waren[248] und die 1997 vom Bundesministerium der Justiz konstituierte Bund-Länder-Arbeitsgruppe eine Reform des Rechtsmittelrechts empfahl, bat die Justizministerkonferenz Mitte 1999 die Bundesministerin der Justiz einen Gesetzesentwurf zu erarbeiten. Dieser wurde Ende 1999 vorgelegt.

III. Zielsetzung der Reform

Der Referentenentwurf sah vor, die bestehenden „Schwachstellen und Strukturmängel"[249] des Zivilprozesses zu beseitigen. Eine Änderung der strukturellen Rahmenbedingungen sollte den Zivilprozess „bürgernäher, effizienter und überschaubarer" machen. [250]

Zudem sollte durch eine Vereinfachung und Vereinheitlichung des Rechtsbehelfssystems und durch Umgestaltung der zweiten Instanz in eine reine Kontrollinstanz[251] die bestehende „Kopflastigkeit" des Rechtsschutzsystems abgebaut[252] und der Schwerpunkt des Verfahrens sowie die abschließende Tatsachenfeststellung in die erste Instanz verlagert werden. Dort sollte durch eine Stärkung des

247 BT-Dr. 14/4722, S. 60 f., 70; die Gesetzesbegründung selbst verweist vor allem auf das englische Zivilprozessrecht, in dem die erstinstanzlichen Entscheidungen in der Regel endgültig sein sollen sowie auf die Reformen des Berufungsrechts in Italien (1990) und der Schweiz (1995), bei denen die zweite Instanz als Tatsacheninstanz beschränkt wurde.

248 *Gottwald*, Gutachten A zum 61. DJT 1996, Band I, S. A 1 ff.; *Senninger*, Verhandlungen des 61. DJT 1996, Band II/1, S. I 11 ff.; *Jaeger*, ebenda S. I 39 ff.; die Vorschläge wurden, von Ausnahmen abgesehen, jedoch abgelehnt, siehe Verhandlungen des 61. DJT 1996, Band II/1, S. I 67 ff.

249 *Däubler-Gmelin* ZRP 2000, 33.

250 Referentenentwurf (RefE) des Bundesministeriums der Justiz, Gesetz zur Reform des Zivilprozesses (Zivilprozessreformgesetz–ZPO-RG), Stand 23. Dezember 1999, S. 59, 60, 67.

251 RefE ZPO-RG, S. 60, 67, 69.

252 Siehe auch *Gottwald*, Gutachten A zum 61. DJT, S. A 9.

Schlichtungsgedankens und eine Erhöhung der Transparenz richterlicher Entscheidungsfindung eine zügige und für den Bürger nachvollziehbare Entscheidung gefunden werden, von der er annehmen durfte, dass sie im Instanzenzug Bestand haben werde[253].

IV. Inhalt der Reformpläne

Die Reformpläne sahen vor, zur Beschleunigung und Konzentration des Verfahrens nur noch die erste Instanz als Tatsacheninstanz bestehen zu lassen. Die zweite Instanz sollte hingegen lediglich eine rechtliche Überprüfung der Urteile durchführen können[254], die dritte Instanz allein der Wahrung der Rechtseinheit dienen.[255]

Um sicherzustellen, dass in der ersten Instanz eine abschließende Tatsachenfeststellung durchgeführt werden konnte, wurde dort vor allem eine Stärkung der materiellen Prozessleitungsbefugnis des Gerichts durch eine Neufassung des § 139 ZPO und eine Erweiterung der prozessualen Aufklärungs- und Vorlagepflichten durch Änderungen beim Beweis durch Urkunden sowie durch entsprechende Erweiterungen für den Beweis durch Augenschein vorgesehen. Daneben war zur weiteren Beschleunigung eine Erweiterung der Möglichkeiten zur gütlichen Einigung und zur außergerichtlichen Streitschlichtung geplant.[256]

---

253 RefE ZPO-RG, S. 61, 67 f.

254 An Tatsachenfeststellungen des ersten Rechtszuges sollte das Berufungsgericht gem. § 529 Abs. 1 ZPO-E nur dann nicht gebunden sein, wenn sie rechtsfehlerhaft getroffen worden waren und der Verfahrensmangel in der Berufungsbegründung gerügt worden war (§ 529 Abs. 2 ZPO-E). Im übrigen sollten gemäß § 529 Abs. 1 iVm. § 531 Abs. 2 ZPO-E Tatsachenfeststellungen nur dann neu getroffen werden, wenn dies durch Angriffs- und Verteidigungsmittel veranlasst war, die einen Gesichtspunkt betrafen, der vom Gericht des ersten Rechtszuges erkennbar übersehen oder für unerheblich gehalten worden war oder infolge eines Verfahrensmangels im ersten Rechtszug nicht geltend gemacht worden war. Das gleiche sollte gelten, wenn die neuen Angriffs- und Verteidigungsmittel „im ersten Rechtszug nicht geltend gemacht worden waren, ohne dass dies auf einer Nachlässigkeit der Partei beruhte".

255 *Hannich/Meyer-Seitz/Engers*, S. 39; im Einzelnen siehe RefE ZPO-RG, S. 60, 66, 69; so auch bereits der Vorschlag von *Gottwald*, Gutachten A zum 61. DJT, S. A 11.

256 RefE ZPO-RG, S. 63, 65, 67 ff..

Die Ablehnung in Richter- und Anwaltschaft war bereits bei Vorstellung des Referentenentwurfs groß[257]. Nicht nur wurde bezweifelt, dass sich die vom Referentenentwurf mit den Reformvorschlägen zum Berufungsverfahren verbundenen Erwartungen erfüllen würden. Der Deutsche Anwaltverein (DAV) erwartete von einer Umsetzung der Vorschläge des Berichts im Gegenteil eine Zusatzbelastung der Gerichte[258]. Auch sprach nach seiner Auffassung gegen eine Abschaffung der zweiten Tatsacheninstanz, dass „Kammerentscheidungen in letzter Konsequenz wegen des Mehr-Augen-Prinzips doch das höhere Maß an Richtigkeitsgewähr (...) für sich in Anspruch nehmen können"[259], was bei einem Festhalten an der Einzelrichterentscheidung in erster Instanz nicht zu vernachlässigen sei. Erhebliche Kritik kam auch aus der Richterschaft[260].

So blieb von der Ausgangsidee am Ende, aufgrund der massiven Kritik, nur ein Teil übrig. Gegenüber dem ursprünglichen Referentenentwurf wies schon der Koalitionsentwurf Änderungen in fast allen wesentlichen Punkten auf[261]. Insbesondere wurde der Ansatz, der den zentralen Ausgangspunkt für die Rechtsmittelreform gebildet hatte, nämlich die Berufung auf Rechtsfragen mit Grundsatzbedeutung zu beschränken und die Sachverhaltsermittlung in der ersten Instanz abzuschließen, fallengelassen. Stattdessen sollten erstinstanzliche Feststellungen vom Berufungsgericht überprüft werden können, „soweit aufgrund konkreter Anhaltspunkte ernstliche Zweifel an der Richtigkeit und Vollständigkeit" bestanden[262]. Die Einführung einer reinen Rechtskontrolle hatte sich trotz ihrer „methodischen Stringenz"[263] nicht durchsetzen lassen.

---

257 Siehe hierzu ausführlich *Hannich/Meyer-Seitz/Engers*, S. 62 ff., mit einer ausführlichen Darstellung der Gegenbewegung mwN.; siehe auch die Stellungnahmen des Deutschen Anwaltvereins (DAV), www.anwalt-verein.de/Justizreform/ sowie, erheblich positiver, des Deutschen Richterbundes (DRB), www.drb.de/pages/html/stel lung/st-zpo.html.

258 Siehe Stellungnahme des DAV zu dem Referentenentwurf eines Gesetzes zur Reform des Zivilprozesses (ZPO-RG), März 2000, www.anwaltverein.de/03/05/2000/ Justiz/Inhalt.html.

259 Stellungnahme des DAV, www.anwaltverein.de/03/05/2000/Justiz/Fortsetz5.htlm, B. IV. 3.

260 *Hannich/Meyer-Seitz/Engers*, S. 66.

261 BT-Dr. 14/3750, S. 11.

262 Der Wortlaut von § 529 ZPO-E, der den Prüfungsumfang des Gerichts auf die vom Gericht des ersten Rechtszuges rechtsfehlerfrei festgestellten Tatsachen, die bereits im ersten Rechtszug vorgebrachten Tatsachen, soweit deren Feststellung vom Gericht des ersten Rechtszuges rechtsfehlerhaft unterlassen worden ist und neue Tatsachen, soweit deren Berücksichtigung zulässig ist, beschränkte, lautete nun: „Das Berufungsgericht hat seiner Entscheidung zu Grunde zu legen: (1) die vom Gericht des

Obwohl mit der Wiederaufnahme der grundsätzlichen Möglichkeit zur Tatsachenermittlung auch in zweiter Instanz der maßgebliche Anlass für die Stärkung der ersten Instanz entfiel, verblieb sowohl die Neufassung des § 139 ZPO als auch die Erweiterung der prozessualen Aufklärungs- und Vorlagepflichten beim Beweis durch Urkunden und durch Augenschein im Koalitionsentwurf[264]. Gleiches galt für die Erweiterung der Möglichkeiten zur gütlichen Einigung[265].

In der Gesetzesbegründung stellte der Gesetzgeber ausdrücklich klar, dass, obwohl man sich mit der Beschränkung der zweiten Instanz auf eine reine Rechtskontrolle nicht hatte durchsetzen können, die Konzentration der Sachverhaltsfeststellung auf die Eingangsgerichte weiter verfolgt werde[266], um die Reformziele Beschleunigung des Verfahrens und Transparenz zu erreichen.

Die Bundesregierung übernahm den Entwurf der Koalitionsfraktion mit nur geringfügigen Ergänzungen. Das Gesetz passierte den Bundesrat am 22. Juni 2001, wurde am 27. Juli 2001 vom Bundespräsidenten unterschrieben und trat in seinen wesentlichen Teilen am 01. Januar 2002 in Kraft.

B. Die Anordnung zur Vorlage von Urkunden von Amts wegen nach § 142 ZPO n. F.

I. Überblick über die Änderungen

Der durch das ZPO-RG geänderte § 142 ZPO bringt im Wesentlichen Neuerungen zu den Voraussetzungen der Vorlage und zur Frage, wer vorlagepflichtig ist. Dabei wird teilweise die Befugnis des Gerichts, nach § 142 Abs. 1 ZPO nun auch am Prozess unbeteiligten Dritten auf ausschließlich prozessualer Grundlage die Vorlage von Urkunden[267] aufgeben zu können, als „wichtigste“, aber auch als umstrittenste Neuerung[268] angesehen; dasselbe gilt für die Möglichkeit, Dritte bei

---

ersten Rechtszugs festgestellten Tatsachen, soweit nicht aufgrund konkreter Anhaltspunkte ernstliche Zweifel an der Richtigkeit und Vollständigkeit der entscheidungserheblichen Feststellungen bestehen, so dass eine erneute Feststellung geboten ist; (2) neue Tatsachen, soweit deren Berücksichtigung zulässig ist.

263 *Hannich/Meyer-Seitz/Engers*, S. 70.

264 BT-Dr. 14/3750, S. 5.

265 BT-Dr. 14/3750, S. 6.

266 BT-Dr. 14/3750, S. 37, 38.

267 Aufgrund der gleichen Erweiterung in § 144 ZPO kann das Gericht nun zur Aufklärung streitiger Tatsachen und zu Beweiszwecken die Vorlage von Gegenständen zur Einnahme des Augenscheins oder zu deren Begutachtung durch Sachverständige auch gegenüber Dritten anordnen.

268 *Zekoll/Bolt*, NJW 2002, 3129.

Nichtvorlage wie unbotmäßige Zeugen mit Ordnungsmitteln belegen zu können[269]. Die Möglichkeit, Dritte durch Verpflichtung zur Urkundsvorlage zur Sachverhaltsaufklärung heranzuziehen, stellt eine längst überfällige Ergänzung des Prozessrechts dar. Es war bislang eher bemerkenswert[270], dass Dritte als Zeugen einer öffentlich-rechtlichen Pflicht[271] nachzukommen (§§ 380, 390 ZPO) und im Prozess auszusagen hatten, Dritte, die „nur" eine beweiserhebliche Urkunde in Händen hatten, aber unbehelligt blieben und von der Partei selbst im Wege einer gesonderten Klage zur Vorlage veranlasst werden mussten[272].

Mindestens ebenso wichtig, wenn nicht wichtiger, da bislang nur auf Umwegen erreichbar, ist die neu eingeführte scheinbar unbeschränkte Befugnis des Gerichts, auch den Beweisgegner zur Vorlage heranziehen zu können, wodurch eine ganz erhebliche Änderung gegenüber der zuvor dargestellten Rechtslage eingetreten wäre. Ob dadurch allerdings, als getrennt davon zu behandelnde Frage, eine „allgemeine Aufklärungspflicht" der nicht beweisbelasteten Partei im Gesetz verankert wurde[273], die möglicherweise eine Ausforschung der Parteien ermöglicht[274], und eine Annäherung an das US-amerikanische „pre-trial discovery"-Verfahren bedeutet[275] oder ob die Vorlagepflichten der Parteien „im wesentlichen" unverändert geblieben sind[276], bleibt zu untersuchen.

Dasselbe gilt für die vermeintliche Verschiebung in der Aufgabenverteilung zwischen Gericht und Parteien – z. T. ist von einer Einführung der Inquisitions-

269 So sieht § 142 Abs. 2 ZPO vor, dass gegenüber dem Dritten die §§ 386 bis 390 ZPO entsprechende Anwendung finden.

270 Siehe dazu im Einzelnen *Steeger*, S. 2 ff.

271 Zöller/*Greger*, ZPO[25], § 373 Rn. 2; Rosenberg/Schwab/*Gottwald*, Zivilprozessrecht[16], § 119 III Rn. 10.

272 Begründet wurde dies vornehmlich mit der Privatautonomie: "Der Zeuge ist durch die eidliche Angabe, dass er zur Sache nichts auszusagen wisse, vor weiteren Zumuthungen geschützt, während eine allgemeine Editionspflicht nöthigen würde, mühsame Nachforschungen anzustellen und den Inhalt von Urkunden, auch wenn sie für den Rechtsstreit Erhebliches nicht enthalten, vorzulegen. Das Streben nach materieller Wahrheit darf nicht dahin führen, dass in das freie Verfügungsrecht des Inhabers von Urkunden eingegriffen wird – und ein solcher ungerechtfertigter Eingriff würde vorliegen, wenn die Vorlegung von Urkunden erzwungen werden könnte, auf deren Einsicht nur der Inhaber, nicht auch der Gegner ein Recht hat.", *Hahn*, Materialien, 1. Abt. S. 325; s. zudem Protokolle der 2. Lesung, 2. Abt., S. 1012 zur Ablehnung des Antrages auf Einführung einer allgemeinen Editionspflicht.

273 So z. B. MünchKommZPO/*Peters*[Akt.], § 142 Rn. 3.

274 *Dombek*, BRAK-Mitt., 2001, 122, 124; *Lüpke/Müller*, NZI 2002, 588.

275 *Lüpke/Müller*, aaO., 589.

276 *Zekoll/Bolt*, NJW 2002, 3129.

maxime die Rede –, die durch die Ausweitung der gerichtlichen Befugnisse eingetreten sein soll[277].

II. Die Vorlageanordnung nach § 142 Abs. 1, 2 ZPO n. F.

1. Zielsetzung der Anordnung

Durch die Zielsetzung der Konzentration der Sachverhaltsfeststellung auf die erste Instanz, muss das Gericht noch mehr als zuvor[278] über die Maßnahmen der materiellen Prozessleitung nach § 139 Abs. 1 und § 142 ZPO[279] sowie § 273 Abs. 2 Nr. 5 ZPO im vorbereitenden Verfahren[280], die Möglichkeit haben, den Sachverhalt umfassend zu klären. Dabei gilt es, zur Unterstützung der Parteien bei der Beibringung der Urteilsgrundlage sowohl frühzeitig widersprüchlichen Vortrag zum besseren Verständnis des Prozessstoffes bzw. zur Präzisierung des Parteivortrages[281] aufzuklären, als auch die Parteien verpflichten zu können, zur Aufklärung streitigen Sachverhaltes Beweismittel vorbereitend zur Verfügung zu stellen[282]. Der Pflicht des Gerichts, die Parteien bei der Sachverhaltsaufklärung zu unterstützen, kommt durch die Beschränkung der zweiten Instanz als Tatsacheninstanz durch die ZPO-Reform[283] erhöhte Bedeutung zu.

---

277 *Steuer*, WM 2002, 1889; die Reichweite der aus der Neufassung von § 142, und entsprechend auch § 144 ZPO, folgenden gerichtlichen Befugnisse wurde bereits während des Gesetzgebungsverfahrens unterschiedlich beurteilt. Anders als die Bundesregierung, die davon ausgeht, die gerichtlichen Befugnisse nur „behutsam" ausgeweitet zu haben, BT-Dr. 14/6036, S. 120, hat bereits damals die Opposition Einschränkungen vorgeschlagen, um die gerichtlichen Befugnisse zu konkretisieren und zu beschränken, siehe Änderungsantrag der FDP-Fraktion, BT-Dr. 14/6061. Auch der DAV hat damals bereits ausdrücklich zu der aus seiner Sicht „bedeutsamen Ausweitungen" richterlicher Befugnisse Stellung genommen, www.anwaltverein.de/03/05/2000, Justizreformausschuß, C. IV.

278 BT-Dr. 14/4722, S. 62, 77, 78.

279 Zöller/*Greger*, ZPO[25], § 142 Rn. 1.

280 Zöller/*Greger*, ZPO[25], § 273 Rn. 1.

281 BAGE 31, 26, 39 f.; Zöller/*Greger*, ZPO[25], § 142 Rn. 1; Musielak/*Stadler*, ZPO[4], § 142 Rn. 1; *Ebke*, S. 55.

282 Baumbach/Lauterbach/Albers/*Hartmann*, ZPO[64], § 142 Rn. 2; Musielak/*Stadler*, ZPO[4], § 142 Rn. 1; *Ebke*, S. 55; wohl auch Zöller/*Greger*, ZPO[25], § 142 Rn. 1; *Stein*, S. 99; a. A. *Gruber/Kießling*, ZZP 116 (2003), 305, 311 ff.

283 BT-Dr. 14/4722, S. 58.

2. *Verhältnis von § 142 ZPO zu § 273 Abs. 2 Nr. 5 ZPO*

§ 142 ZPO findet dabei auch weiterhin nur nach Beginn der mündlichen Verhandlung Anwendung. Für den Zeitraum vor Beginn der mündlichen Verhandlung[284], genauer gesagt, vor jedem Verhandlungstermin, ist auf § 273 Abs. 2 Nr. 5 ZPO zurückzugreifen[285], der weiterhin allein Grundlage der Verhandlungsvorbereitung ist. Gleiches gilt für den Fall, dass sich die Partei nicht auf eine mitgeführte Urkunde bezieht, die erstmals im Termin zur Sprache kommt, auch im Termin. Die Anordnung nach § 142 Abs. 1 ZPO würde in diesem Zeitraum nur einen zweiten Weg zu vorbereitenden Maßnahme bieten, der bereits durch § 273 Abs. 2 Nr. 5 ZPO eröffnet ist[286]. Die Unterscheidung hat allerdings keinerlei Auswirkungen mehr: Für beide Anordnungen gelten aufgrund des Verweises in § 273 Abs. 2 Nr. 5 ZPO auf § 142 ZPO nunmehr dieselben Voraussetzungen[287].

3. *Mögliche Kollision mit dem Beibringungsgrundsatz*

Sofern das Gericht Urkunden ausschließlich zum besseren Verständnis des Prozessstoffes bzw. zur Präzisierung bereits vorgebrachten, unstreitigen Parteivortrages beizieht, ist, wie auch vor der Reform, eine Kollision mit dem Beibringungsgrundsatz nicht zu befürchten. Bei der Vorbereitung der Beweisaufnahme, bzw. der Beweiserhebung von Amts wegen kam es hingegen bislang allein deshalb nicht zu Beeinträchtigungen des Beibringungsgrundsatzes, weil die richterliche Befugnis im Rahmen von § 142 Abs. 1 ZPO einschränkend ausgelegt wurde[288]. Nur sofern diese Beschränkung auch weiterhin gilt oder sich das Problem durch die Neufassung der Regelung erledigt hat, kann von einer Durchbrechung des Beibringungsgrundsatzes zu Gunsten eines inquisitorischen Vorgehens durch das Gericht auch jetzt keine Rede sein.

---

284 Zum Zeitraum vor der mündlichen Verhandlung zählt nach § 279 Abs. 1 S. 1 ZPO n. F. offensichtlich auch die neu eingeführte Güteverhandlung, wie auch vormals das Güteverfahren, das nach der früheren Fassung des § 495 a ZPO beim Amtsgericht vor Klageerhebung durchzuführen war. Zur ihrer Vorbereitung sowie im Termin, kommt daher nur § 273 Abs. 2 Nr. 5 ZPO zur Anwendung, nicht aber § 142 ZPO n. F.

285 MünchKommZPO/*Prütting*[Akt.], § 273 Rn. 4; Musielak/*Foerste*, ZPO[4], § 273 Rn. 5.

286 *Schreiber*, S. 66 ff.

287 Zöller/*Greger*, ZPO[25], § 273 Rn. 12.

288 Nach allgemeiner Ansicht hatte das Gericht die Partei *vor* der Anordnung stets nach § 139 Abs. 1 S.1 ZPO a. F. zum Beweisantritt aufzufordern, sofern es eine Beweisaufnahme für notwendig erachtete. Das Gericht sollte die Partei unterstützen, ihr aber nicht ihre prozessualen Lasten abnehmen, siehe dazu im Einzelnen Teil II, S. 28 f., 41 f.

4. *Die Vorlagepflicht der Parteien nach § 142 ZPO n. F.*

a) Besondere Voraussetzungen der Vorlageanordnung

Nach § 142 Abs. 1 ZPO n. F. kann das Gericht „anordnen, dass eine Partei, die in ihrem Besitz befindlichen Urkunden und sonstigen Unterlagen, auf die sich eine Partei bezogen hat, vorlegt".

aa) Vorzulegender Gegenstand

(1) Urkunden und sonstige Unterlagen

Damit erlaubt die Vorschrift dem Gericht nach wie vor die Anordnung der Vorlage von Urkunden im Sinn von §§ 415 ff. ZPO[289]. Entfallen ist hingegen die vormalige Aufzählung „Stammbäume, Pläne, Risse und sonstige Zeichnungen". Diese können aber ohne weiteres unter den neu eingefügten Begriff der „sonstigen Unterlagen" fallen[290], der letztlich alle Dokumente umfassen soll, die eine Partei oder ein Dritter in Besitz hat[291]. Sofern es nicht auf den Inhalt der Unterlagen ankommt, können sie auch als Augenscheinsobjekte im Rahmen von § 144 Abs. 1 ZPO in den Prozess eingeführt werden[292]. Weder unter den Begriff der Urkunde, noch unter den der sonstigen Unterlagen sind auch weiterhin elektronisch gespeicherte Informationen[293] oder technische Aufzeichnungen zu fassen. Da die verkörperte Gedankenerklärung in der Regel nicht ohne weiteres ersichtlich ist, waren diese Daten und Informationen nach allgemeiner Auffassung schon bisher nicht als Urkunden, sondern als Augenscheinsobjekte anzusehen[294]. Zwar

---

289 Stein/Jonas/*Leipold*, ZPO[22], § 142 Rn. 12; Baumbach/Lauterbach/Albers/*Hartmann*, ZPO[64], § 142 Rn. 7; Thomas/Putzo/*Reichold*, ZPO[27], § 142 Rn. 1; *Stein*, S. 107.

290 Stein/Jonas/*Leipold*, ZPO[22], § 142 Rn. 13; Musielak/*Stadler*, ZPO[4], § 142 Rn. 2.

291 Baumbach/Lauterbach/Albers/*Hartmann*, ZPO[64], § 142 Rn. 10; aA. *Stein*, S. 111 der davon ausgeht, dass der Begriff der sonstigen Unterlagen keinerlei eigenständigen Anwendungsbereich habe, da Unterlagen stets entweder Urkunden oder Augenscheinsobjekte seien.

292 Diese Unterscheidung scheint *Schlosser*, in: Anm. zu BGH I ZR 45/01, JZ 2003, 423, 428 zu übersehen, wenn er davon ausgeht, der Sinn des § 142 ZPO erlaube, alles was als Augenscheinsobjekt leicht transportabel ist, unter den Begriff der sonstigen Unterlagen nach § 142 Abs. 1 ZPO zu fassen.

293 Stein/Jonas/*Leipold*, ZPO[22], § 142 Rn. 15; Musielak/*Stadler*, ZPO[4], § 142 Rn. 2; *Stein*, S. 108, 111; aA. Rosenberg/Schwab/*Gottwald*[16], § 118 IV 2; Baumbach/Lauterbach/Albers/*Hartmann*, ZPO[64], § 142 Rn. 10.

294 Stein/Jonas/*Leipold*, ZPO[21], I Vor § 415 Rn. 1; Vor § 371 Rn. 4; MünchKommZPO/*Schreiber*[2], § 415 Rn. 6; Zöller/*Greger*/*Geimer*, ZPO[22], Vor § 415 Rn. 2; Tho-

wäre nach dem neuen Wortlaut auch eine Erfassung dieser Medien möglich; durch das Gesetz zur Anpassung der Formvorschriften ist jedoch die bisherige Ansicht bestätigt worden, indem elektronische Dokumente dem § 371 Abs. 1 S. 1 ZPO und damit dem Augenscheinsbeweis zugeordnet worden sind[295].

(2) Handelsbücher und Tagebuch des Handelsmaklers

Die handelsrechtlichen Vorlagepflichten der §§ 258 ff., 102 HGB bestehen unverändert. Sie beschränken sich damit auch weiterhin ausschließlich auf die Vorlage von Handelsbüchern bzw. des Tagebuchs des Handelsmaklers. Will das Gericht sich sonstige Urkunden oder Unterlagen vorlegen lassen, kann es dies auch in handelsrechtlichen Streitigkeiten weiterhin nach § 142 Abs. 1 ZPO veranlassen.

bb) Besitz oder „tatsächliche Verfügungsmacht"

(1) Urkunden

(a) Unmittelbarer und mittelbarer Besitz

Im Gegensatz zum alten Recht stellt § 142 Abs. 1 n. F. ZPO nicht mehr darauf ab, dass sich die Urkunden „in Händen" der Partei befinden, sondern ermöglicht eine Vorlageanordnung bei „Besitz". Die Neufassung stellt damit klar, dass eine Vorlageanordnung grundsätzlich auch bei mittelbarem Besitz, in Betracht kommt[296]. Der Begriff des Besitzes als rechtliche Umschreibung der tatsächli-

---

mas/Putzo/*Thomas*, ZPO[23], Vorbem. § 371 Rn. 6; aA. Baumbach/Lauterbach/Albers/*Hartmann*, ZPO[59], § 142 Rn. 10.

295 Ausführlich hierzu *Stadler*, ZZP 111 (2002), S. 413, 430 f.

296 LG Köln NZI 2004, 671, 672; *Zekoll/Bolt*, NJW 2002, 3129, 3130; Musielak/*Stadler*, ZPO[4], § 142 Rn. 3; *Gruber/Kießling*, ZZP 116 (2003), 305, 316; aA. Baumbach/Lauterbach/Albers/*Hartmann*, ZPO[64], § 142 Rn. 8, der zwar ebenfalls auf die tatsächliche Sachherrschaft abstellt, die nach der Rechtsprechung auch mittelbaren Besitz erfasst, BGH NJW 1955, 499; aus den weiteren Ausführungen der Kommentierung wird aber deutlich, dass nur der unmittelbare Besitz gemeint ist. Allerdings soll auch ohne Besitz eine Anordnung möglich sein, wenn der Vorlageverpflichtete sich den Gewahrsam an der Urkunde beschaffen kann. Diese Auslegung ist nach dem eindeutigen Wortlaut von § 142 Abs. 1 ZPO, der ausdrücklich Besitz voraussetzt, jedoch nicht mehr möglich. Ähnlich aber auch *Stein*, S. 136, der aus prozessökonomischen Gründen stets nur gegen den unmittelbaren Besitzer vorgehen will. Uneindeutig Hannich/Meyer-Seitz/*Schwartze*, § 142 Rn. 1, der nur von Zugänglichkeit spricht. Für nur unmittelbaren Besitz ebenfalls *Kraayvanger/Hilgard*, NJ 2003, 572. Hätte der Gesetzgeber den mittelbaren Besitz jedoch ausschließen wollen,

chen Gewalt über eine Sache[297] erfasst nämlich nicht nur den unmittelbaren, sondern auch den mittelbaren Besitz, bei dem die Sachherrschaft vermöge eines Besitzmittlungsverhältnisses ausgeübt wird[298].

(b) Einschränkungen bei mittelbarem Besitz

Kann das Gericht nach dem Wortlaut somit grundsätzlich sowohl den unmittelbaren, als auch den mittelbaren Besitzer zur Vorlage verpflichten, wird man m. E. jedoch einschränkend fordern müssen, dass das Gericht stets vorrangig von der Möglichkeit Gebrauch macht, direkt gegen den unmittelbaren Besitzer der Urkunde vorzugehen, um Verzögerungen zu vermeiden[299]. Zudem darf der mittelbare Besitzer nur dann zur Vorlage verpflichtet werden, wenn, gegebenenfalls nach gerichtlicher Klärung im Rahmen von § 139 ZPO, feststeht, dass dieser sich die Urkunde mühelos und alsbald verschaffen kann, um sie an das Gericht herauszugeben[300].

(aa) Zunächst Verpflichtung des unmittelbaren Besitzers

Würde der mittelbare Besitzer und nicht zunächst der unmittelbare Besitzer durch das Gericht zur Vorlage verpflichtet, liefe dies der erkennbaren Intention des Reformgesetzgebers zuwider, das Verfahren durch den erleichterten Zugriff auf Urkunden und durch die Verbesserung der Sachverhaltsaufklärung zu beschleunigen[301].

Der Reformgesetzgeber hat die Möglichkeiten des Gerichts, den Sachverhalt nach § 142 ZPO zu klären, zur Beschleunigung des Prozesses um die Möglichkeit erweitert, Vorlageanordnungen auch gegenüber Dritten treffen zu können.

---

wäre vor dem Hintergrund der anhaltenden Meinungsverschiedenheiten zum Umfang des Tatbestandsmerkmales des „in Händen Haltens" zu erwarten gewesen, dass er dies durch Verwendung eines eindeutigen Begriffs, wie z. B. „unmittelbarer Besitz" oder sogar auch „Gewahrsam", deutlich macht.

297 MünchKommBGB/*Joost*, § 854 Rn. 1; Soergel/*Stadler*, Vor § 854 Rn. 5, 7; Staudinger/*Bund*, § 854 Rn. 3, 4.

298 MünchKommBGB/*Joost*, § 868 Rn. 1, Soergel/*Stadler*, aaO.; Staudinger/*Bund*, Vorbem. zu §§ 854 ff. Rn. 34, 51.

299 So wohl auch Musielak/*Stadler*, ZPO[4], § 142 Rn. 3.

300 So wohl auch Stein/Jonas/*Leipold*, ZPO[22], § 142 Rn. 16, ohne weitere Begründung.

301 Nach der Gesetzesbegründung sollten durch die Änderungen gesetzliche Möglichkeiten geschaffen werden, den Zivilprozess noch mehr auf seine gesellschaftliche Funktion, der zügigen Herstellung von Rechtsfrieden und Rechtssicherheit, zuschneiden zu können. Die Prozessparteien sollen schnell zu ihrem Recht kommen und eine Entscheidung erhalten, die sie verstehen und akzeptieren, BT-Dr. 14/4722, S. 58.

Das Gericht soll sich im Interesse der Sachverhaltsaufklärung möglichst frühzeitig einen Überblick über den gesamten Sachverhalt verschaffen können, der dem Rechtsstreit zugrunde liegt[302], um im Rahmen von § 139 ZPO mit den Parteien die Sach- und Rechtslage umfassend erörtern und den Streitstoff schneller auf das Entscheidungserhebliche reduzieren zu können[303]. Dazu soll das Gericht alle Urkunden, auch solche im Besitz Dritter, ohne zeitintensive gesonderte Herausgabeklage der bezugnehmenden Partei, heranziehen können. Ergänzend ist den Parteien aus Gründen der Prozessökonomie die Möglichkeit eingeräumt worden, künftig, unabhängig vom Bestehen eines materiell-rechtlichen Anspruchs, den Urkundsbeweis bei Urkundsbesitz eines Dritten durch einen Antrag auf Anordnung der Urkundsvorlage nach §§ 428, 142 ZPO anzutreten[304].

Beide Änderungen führen zu einer weitergehenden Verfahrensbeschleunigung, indem sie die zuvor erforderliche gesonderte Herausgabeklage der bezugnehmenden Partei gegen einen Dritten, der die Urkunde in Besitz hat, sowohl im amtswegigen, als auch im parteibetriebenen Beweisverfahren, überflüssig machen. Würde das Gericht bei einem Vorgehen nach § 142 Abs. 1 ZPO dennoch zunächst den mittelbaren Besitzer und nicht den unmittelbaren Besitzer der Urkunde zur Vorlage verpflichten, könnten dadurch Prozessverzögerungen eintreten, die durch die Einführung der genannten Änderungen gerade vermieden werden sollten. Steht dem unmittelbaren Besitzer z. B. ein Zurückbehaltungsrecht zu, oder – was wohl häufiger der Fall sein wird – verweigert dieser die Herausgabe, wäre der mittelbare Besitzer gezwungen, selbst im Wege der gesonderten Herausgabeklage gegen den Besitzmittler vorzugehen, um seiner Vorlagepflicht nachzukommen. Um diese Prozessverzögerung zu vermeiden, muss das Gericht vorrangig von der Möglichkeit Gebrauch machen, von vornherein direkt gegen den unmittelbaren Besitzer vorzugehen. Erst wenn eine an den unmittelbaren Besitzer gerichtete Anordnung wegen § 142 Abs. 2 ZPO n. F. nicht in Betracht kommt, kann eine Anordnung an die Partei als mittelbarer Besitzer erwogen werden[305].

302 BT-Dr. 14/4722, S. 78. Diese Zielsetzung wird durch die Möglichkeit des Gerichts, dem Adressaten der Anordnung nach § 142 Abs. 1 S. 2 1. HS. ZPO eine Frist zur Vorlage aufzugeben und die Partei mit ihrem Vortrag bei Nichteinhaltung der Frist über § 296 Abs. 1 ZPO präkludieren zu können, noch unterstrichen, Zöller/*Greger*, ZPO[25], § 142 Rn. 4; Musielak/*Stadler*, ZPO[4], § 142 Rn. 6; Hannich/Meyer-Seitz/*Schwartze*, § 142 Rn. 13.

303 BT-Dr. 14/4722, S. 61, 62.

304 BT-Dr. 14/4722, S. 92.

305 So im Ergebnis auch Musielak/*Stadler*, ZPO[4], § 142 Rn. 3.

(bb) Verpflichtung des mittelbaren Besitzers nur bei Möglichkeit, sich die Urkunde zu verschaffen

Kommt eine Anordnung gegenüber dem mittelbaren Besitzer in Betracht, darf dieser aber nur dann zur Vorlage verpflichtet werden, wenn feststeht, dass er sich die Urkunde „mühelos und alsbald“[306] verschaffen kann.

Der Reformgesetzgeber wollte durch die Ersetzung des Begriffs „in Händen halten“ durch „Besitz“ lediglich klarstellen, dass grundsätzlich auch eine Inanspruchnahme des mittelbaren Besitzers in Betracht kommt, während eine Verpflichtung des Gewahrsamsinhabers ohne Besitz ausscheidet. Inhaltlich sollte der Anwendungsbereich der Norm jedoch nicht dahingehend erweitert werden, dass mittelbarer Besitz auch ohne einen durchsetzbaren Herausgabeanspruch für den Erlass einer Vorlageanordnung jederzeit ausreichen soll.

(α) Wortlaut und Entstehungsgeschichte

Dass der Gesetzgeber mit der Änderung des Wortlautes lediglich eine terminologische Klarstellung, nicht aber eine sachliche Unterscheidung zwischen den Begriffen „in Händen halten“, so § 142 Abs. 1 ZPO a. F., und „Besitz“ bezweckte, wird bereits bei näherer Betrachtung der in der Gesetzesbegründung verwendeten Begriffe deutlich. Dort heißt es zu § 428 ZPO: "Nach bisherigem Recht konnte der Beweisführer nur dann Beweis durch eine *im Besitz* des Dritten befindliche Urkunde antreten, wenn er (...) einen Vorlegungs- und Herausgabeanspruch gegen den Dritten besaß“[307]. Der bisherige Gesetzeswortlaut stellte aber nicht auf Besitz, sondern auf das „in Händen“ halten der Urkunde durch den Dritten ab. Die Begriffe werden Seitens des Reformgesetzgebers damit synonym verstanden und verwendet. Daher wurde auch keine Veranlassung gesehen, die Bestimmungen, die auf ein „in Händen halten“ der Urkunde abstellten, im Rahmen der Re-

306 So wohl auch *Gruber/Kießling*, ZZP 116 (2003), 305, 316, 323 ohne weitere Begründung, sowohl für die Partei, als auch für den Dritten. Für die Vorlagepflicht des Dritten soll aber genügen, wenn der Dritte die Vorlage der Urkunde durch den unmittelbaren Besitzer bei Gericht veranlassen oder kontrollieren kann; ebenfalls wohl Zöller/*Greger*, ZPO[25], § 142 Rn. 3, wonach Adressat jeder sein kann, der *als* Besitzer zur Herausgabe im Stande ist. Zum bisherigen Wortlaut: Stein/Jonas/*Leipold*, ZPO[21], § 421 Rn. 5; Baumbach/Lauterbach/Albers/*Hartmann*, ZPO[59], § 142 Rn. 8; *Wieczorek*, ZPO, § 131 Anm. A I a; *Schreiber*, S. 133, die im Ergebnis darin übereinstimmten, dass auch derjenige, der nicht unmittelbarer Besitzer der Urkunde war, sich den Gewahrsam aber mühelos und alsbald, z. B. aufgrund eines Herausgabeanspruches aus einem Besitzmittlungsverhältnisses, verschaffen konnte, zur Vorlage verpflichtet werden konnte, siehe im Einzelnen S. 14 f.

307 BT-Dr. 14/4722, S. 92.

form aber nicht verändert wurden, an die Neufassung des § 142 ZPO begrifflich anzupassen[308]. Sind die Begriffe aber synonym zu verwenden, kann mit der Änderung des Wortlautes keine inhaltliche Änderung des § 142 Abs. 1 ZPO bezweckt sein, sondern lediglich eine terminologische Klarstellung. War bislang umstritten, ob unabhängig vom Besitz grundsätzlich die tatsächliche Möglichkeit, auf die Urkunde Zugriff zu nehmen, ausreichen kann, um eine Vorlageanordnung zu erlassen[309], was aufgrund des Wortlautes, der zunächst tatsächlich mehr für einen Gewahrsam als für das Erfordernis von Besitz sprach, unklar war, ist dies nach der Neufassung deutlich für das Erfordernis des Besitzes entschieden worden. Auch ist klargestellt worden, dass grundsätzlich der mittelbare Besitzer ebenfalls als Adressat der Vorlageanordnung in Betracht kommen kann. Ein Wille des Gesetzgebers, eine inhaltliche Änderung herbeizuführen, ist aber nicht erkennbar. Damit ist auch weiterhin einschränkend zu fordern, dass der zur Vorlage Verpflichtete auch in der Lage sein muss, sich den Gewahrsam an der Urkunde mühelos und alsbald aufgrund seines Herausgabeanspruches aus dem Besitzmittlungsverhältnis zu verschaffen[310].

(β) Systematische Erwägungen

Dieses Ergebnisses wird auch durch folgende Überlegung gestützt: Die einschneidende Konsequenz des § 427 ZPO, der im Rahmen der freien Beweiswürdigung auch nach der Reform Anwendung findet[311], ist nur dort angemessen, wo die Vorlage allein vom Willen der vorlagepflichtigen Partei abhängt. Fehlt es daran, weil dem Zugriff auf die Urkunde wesentliche Hindernisse entgegenste-

---

308 So hat der Beweisführer weiterhin im Rahmen des Beweisantrages nach § 424 S. 1 Nr. 4 ZPO Angaben zu den Umständen zu machen, auf welche er die Behauptung stützt, die Urkunde befinde sich „im Besitz“ des Gegners, obwohl jener nach § 423 ZPO nur zur Vorlage verpflichtet ist, wenn er die Urkunde „in Händen hat“.

309 Dafür: Baumbach/Lauterbach/Albers/*Hartmann*, ZPO[59], § 142 Rn. 8, für den allein "Gewahrsam“ an der Urkunde maßgeblich war; ebenso *Schreiber*, S. 135, der auf die tatsächliche Verfügungsgewalt über die Urkunde abstellt; dagegen: Stein/Jonas/*Leipold*, ZPO[21], § 421 Rn. 5, der immer auch zusätzlich eine Form des Besitzes fordert. Zu Einzelheiten und zur Begründung, weshalb auch nach dem alten Wortlaut für den Erlass einer Vorlageanordnung Besitz gefordert werden musste, siehe S. 14 f.

310 So bislang Stein/Jonas/*Leipold*, ZPO[21], § 421 Rn. 5; Baumbach/Lauterbach/Albers/*Hartmann*, ZPO[59], § 142 Rn. 8; Musielak/*Huber*, ZPO[2], § 421 Rn. 1; Thomas/Putzo/*Thomas*, ZPO[23], §§ 420 Rn. 1, 421 Rn. 1; *Wieczorek*, § 131 Anm. A I b; a. A. *Stadler*, Schutz des Unternehmensgeheimnisses, S. 81.

311 MünchKommZPO/*Peters*[Akt.], § 142 Rn. 12; Musielak/*Stadler*, ZPO[4], § 142 Rn. 7; BT-Dr. 14/4722, S. 78: „Unberührt davon bleiben die beweisrechtliche Folgen einer Nichtvorlage nach § 427 ZPO”.

hen, wäre die Beweiserleichterung für die darlegungs- und beweisbelastete Partei unverhältnismäßig[312].

(c) Klärung der Besitzverhältnisse nach § 139 ZPO

Bei der Beurteilung der Besitzverhältnisse auf Grundlage des Parteivortrages und bei der Beurteilung der Möglichkeit des mittelbaren Besitzers, sich die Urkunde mühelos und alsbald zu verschaffen, werden sich jedoch zwangsläufig Unsicherheiten auftun. Selbst wenn aus dem Vortrag der Parteien noch ersichtlich sein sollte, ob eine Partei unmittelbarer oder mittelbarer Besitzer der Urkunde ist, wird die Durchsetzbarkeit des Herausgabeanspruchs des mittelbaren Besitzers aus dem Vortrag im seltensten Fall hervorgehen. Die Besitzverhältnisse und das Bestehen des Herausgabeanspruchs und seine Durchsetzbarkeit sind aus Gründen der Zumutbarkeit und der Prozessökonomie aber *vor* Erlass der Anordnung, gegebenenfalls durch Nachfrage des Gerichts nach § 139 ZPO, zu klären.

(aa) Kein Zwischenverfahren nach Vorlageanordnung

Soweit zum Teil vertreten wird, das Gericht könne „aufgrund einer Wahrscheinlichkeitsannahme" zunächst die Vorlage anordnen und schließlich in einem Zwischenverfahren (nach oder entsprechend § 387 ZPO)[313] klären, ob die vorlagepflichtig gemachte Partei in der Lage ist, die Urkunde beizubringen[314], kann dem nicht gefolgt werden.

In vielen Fällen, in denen die Vorlageanordnung gegen den mittelbaren Besitzer in Betracht kommt, nämlich dann, wenn die Inanspruchnahme des unmittelbaren Besitzers an § 142 Abs. 2 ZPO scheitert, wird auch ein durchsetzbarer Herausgabeanspruch der Partei fehlen[315]. Die Wahrscheinlichkeitsannahme würde dann, bei Beachtung der vorrangigen Inanspruchnahme des unmittelbaren Besitzers, gerade gegen eine Vorlageanordnung sprechen. Ist aber von vornherein die

---

312 Insofern ließe sich auch auf § 142 Abs. 2 ZPO zurückgreifen, um die nur eingeschränkte Inanspruchnahme des mittelbaren Besitzers zu stützen. Die Möglichkeit Ordnungsmittel zu erlassen ist ebenfalls nur dort gerechtfertigt, wo die Vorlage allein im Willen des Dritten liegt. Eine Inanspruchnahme eines Dritten als mittelbarer Besitzer wird aber in der Regel wohl ohnehin an der Frage der Zumutbarkeit scheitern, wenn der unmittelbare Besitzer ohne weiteres vom Gericht in Anspruch genommen werden kann.

313 Alternativ käme auch die Berücksichtigung etwaiger Hindernisse im Rahmen eines der freien Beweiswürdigung vorgeschalteten Zwischenverfahrens oder bei der freien Beweiswürdigung nach § 286 Abs. 1 ZPO in Betracht.

314 So *Schlosser*, in: FS Sonnenberger, S. 135, 150.

315 Musielak/*Stadler*, ZPO^4, § 142 Rn. 3.

Wahrscheinlichkeit größer, dass der unmittelbare Besitzer auch gegenüber dem mittelbaren Besitzer die Herausgabe der Urkunde verweigern kann, wäre es nicht nur unbillig und für den Anordnungsadressaten kaum zumutbar, ihm gegenüber eine Vorlageanordnung zu erlassen, sondern auch wenig prozessökonomisch. Prozessverzögerungen sollen durch die Erweiterungen der Möglichkeiten des Gerichts im Rahmen von § 142 ZPO aber, wie bereits dargestellt, gerade vermieden werden. Spricht bereits in vielen Fällen die Wahrscheinlichkeit dafür, dass auch der mittelbare Besitzer nicht in der Lage sein wird, die Urkunde beizubringen, und wird das Reformziel der Prozessbeschleunigung ernst genommen, hat das Gericht daher die Besitzverhältnisse und die Möglichkeit des mittelbaren Besitzers, die Urkunde zur Vorlegung zu beschaffen, *vor* Erlass einer Vorlageanordnung zu klären, um Prozessverzögerungen zu vermeiden.

(bb) Entsprechende Klärung bei §§ 424 ff. ZPO

Dass die Klärung der Besitzverhältnisse vor Erlass der Vorlageanordnung erfolgen muss, ergibt sich auch aus den Regelungen zur parteibetriebenen Beweisaufnahme. Auch hier ordnet das Gericht, um den Anordnungsadressaten nicht unnötig zu belasten, nicht auf Grundlage vager Behauptungen der beweisbelasteten Partei oder Vermutungen, der Gegner habe die Urkunde in Besitz, die Vorlage an. Nach § 424 Abs. 1 Ziff. 4 ZPO hat die beweisbelastete Partei, die den Gegner zur Vorlage von Urkunden veranlassen will, vielmehr substantiiert die Umstände darzulegen, auf welche sie die Behauptung stützt, dass die Urkunde sich in dessen Besitz befinde. Die Darlegung dient dem Zweck, dem Gegner zu ermöglichen, sich *vor* dem Erlass eines Beweisbeschlusses über den Besitz zu erklären[316]. Bestreitet er den Besitz, ist er zum Verbleib der Urkunde, d.h. zum Besitz, bei Weitergabe zur Person des jetzigen unmittelbaren Besitzers und bei Vernichtung zu den Umständen zu vernehmen[317]. Das Gericht hat damit im Rahmen der §§ 424 ff. ZPO vor Erlass einer Vorlageanordnung auf Antrag der Parteien abschließend die Besitzverhältnisse und den Verbleib der Urkunde zu klären. Im Rahmen von § 142 ZPO kann nichts anderes gelten. Sind die Besitzverhältnisse nicht erkennbar oder ist nicht absehbar, ob die besitzende Partei die Urkunde von einem Dritten alsbald wird herausverlangen können, ist dies vor Anordnung der Urkundsvorlage im Rahmen von § 139 ZPO, den § 142 ZPO ergänzt, abschließend zu klären. Das Gericht hat dahin zu wirken, dass die Parteien sich über die für die Sachverhaltsklärung nach Ansicht des Gerichts notwendige Tatsache der Besitzverhältnisse erklären. Zu diesem Zweck hat es Fragen zu stellen. Steht da-

316 Musielak/*Huber*, ZPO^4, § 424 Rn. 2.
317 Musielak/*Huber*, ZPO^4, § 426 Rn. 2.

nach allerdings zur Überzeugung des Gerichts fest, dass die Partei die Urkunde in Besitz hat bzw. dass dem Herausgabeanspruch des mittelbaren Besitzers keine wesentlichen Hindernisse entgegenstehen, wird es die Vorlage anordnen.

(2) Sonstige Unterlagen

Dasselbe gilt für sonstige Unterlagen. Ging die herrschende Ansicht zudem bislang davon aus, es könne auch eine Anordnung zur Vorlage nicht existierender, sondern noch zu erstellender Pläne, Risse und sonstiger Zeichnungen ergehen[318], so ist dies mit dem Wortlaut nicht mehr vereinbar[319]. Auch für sonstige Unterlagen ist Besitz *im Zeitpunkt der Anordnung* vorauszusetzen.

cc) Bezugnahmeerfordernis

(1) Bezugnahme durch „irgendeine" der Parteien

Im Gegensatz zum bisherigen Wortlaut, nach dem sich die Partei auf die Urkunde bezogen haben musste, die „sie in Händen hatte", kann nunmehr auch die Vorlage von Urkunden angeordnet werden, die eine Partei in ihrem Besitz hat und „auf die sich *(irgend-)* eine Partei bezogen hat"[320]. Damit wird die bisherige Bindung

---

318 Stein/Jonas/*Leipold*, ZPO[21], § 142 Rn. 2; *Schöpflin*, S. 238; *Schreiber*, S. 134 f. ; nicht eindeutig: Thomas/Putzo/*Reichold*, ZPO[23], § 142 Rn. 1.

319 Stein/Jonas/*Leipold*, ZPO[22], § 142 Rn. 14; Musielak/*Stadler*, ZPO[4], § 142 Rn. 3; *Stein*, S. 137; a. A. Baumbach/Lauterbach/Albers/*Hartmann*, ZPO[64], § 142 Rn. 8, der davon ausgeht, eine Anordnung komme auch dann in Betracht, wenn die Partei oder der Dritte die Urkunde erst noch anfertigen müsste, da „Besitz" als Gewahrsam verstanden werden müsse und auch derjenige bereits als Gewahrsamsinhaber angesehen werden könne, der sich den Gewahrsam mühelos beschaffen kann. Dem kann nicht gefolgt werden. Der Wortlaut der Norm ist eindeutig und bildet die Grenze der Interpretation. Es kann sich daher nur die Frage stellen, ob der dadurch eröffnete Anwendungsbereich eingeschränkt wird, nicht aber, ob er im Sinne eines Gewahrsamsbegriffs erweitert werden muss. Darüber hinaus bestünde auch bei einer noch nicht bestehenden Sache kein Gewahrsam. Dieser müsste zum Zeitpunkt der Anordnung dem Wortlaut nach aber vorliegen; ebenfalls aA. Zöller/*Greger*, ZPO[25], § 142 Rn. 2, der meint eine Anordnung zur Vorlage noch nicht existierender Zeichnungen komme über § 273 Abs. 2 Nr. 1 ZPO in Betracht. Es ist jedoch davon auszugehen, dass der Reformgesetzgeber mit § 272 Abs. 2 Nr. 5 ZPO die Vorlage von Urkunden abschließend regeln wollte. Dieser verweist jedoch auf § 142 Abs. 1 ZPO, so dass auch dort Besitz im Zeitpunkt der Anordnung erforderlich ist.

320 *Ebke*, S. 56; wie bislang ist eine Bezugnahme aber auch durch einen Streithelfer möglich, s. Zöller/*Greger*, ZPO[25], § 142 Rn. 2; aA. Stein, S. 38 ff., der annimmt das Bezugnahmeerfordernis sei bedeutungslos und damit entbehrlich.

zwischen Besitz und Vorlage gelöst, und der darlegungs- und beweisbelasteten Partei auch die Möglichkeit zur Bezugnahme auf Urkunden in Besitz des Gegners oder Dritter eröffnet. Die bisherige Beschränkung, dass eine Vorlageanordnung nur gegenüber der Partei ergehen kann, die selbst auf die Urkunde Bezug genommen hat[321], lässt sich nicht mehr aufrechterhalten. Diese Beschränkung ergibt sich im Gegensatz zur alten Fassung von § 142 Abs. 1 ZPO gerade nicht mehr aus dem Wortlaut und war auch vom Gesetzgeber nicht mehr intendiert. Dieser wollte nach der amtlichen Begründung gerade die „prozessualen Aufklärungs- und Vorlagepflichten in dem Bereich (...) des Urkundenbeweises“[322] erweitern. Dies bezieht sich zum einen auf die Erstreckung der Verpflichtung zur Urkundsvorlage auf Dritte; zum anderen aber auch auf die Parteien, die als einzige im Prozess eine *Aufklärungs*pflicht treffen kann. Ginge man mit der bislang zu § 142 ZPO a. F. vertretenen Ansicht davon aus, der Prozessgegner könne nur bei einer eigenen Bezugnahme zur Vorlage herangezogen werden, ergäben sich, trotz der bewussten Änderung des Wortlautes, keine maßgeblichen Veränderungen gegenüber der bisherigen Rechtslage[323].

Das Bezugnahmeerfordernis findet zudem nunmehr auch im vorbereitenden Verfahren Anwendung[324]. § 273 Abs. 2 Nr. 5 ZPO n. F. verweist unmittelbar auf § 142 ZPO, und damit auch auf das Bezugnahmeerfordernis. Das Gericht kann somit sowohl nach § 142 Abs. 1 ZPO, als auch nach § 273 Abs. 2 Nr. 5 ZPO, die Vorlage einer Urkunde nur noch bei Bezugnahme durch eine der Parteien anordnen[325]. Liegt eine solche nicht vor, scheidet eine Anordnung auch dann aus, wenn sich das Gericht mit der Anordnung innerhalb des von den Parteien vorgetragenen Streitstandes bewegen würde.

---

321 So aber weiterhin Baumbach/Lauterbach/Albers/*Hartmann*, ZPO[64], § 142 Rn. 6, 9, wonach die Partei auf eine Urkunde in ihrem Besitz oder dem eines Dritten Bezug genommen haben muss.

322 BT-Dr. 14/4722, S. 61.

323 Dass die Norm auch im Rahmen des Gesetzgebungsverfahren so verstanden wurde, ergibt sich zudem daraus, dass die FDP-Fraktion in ihrem Änderungsantrag zum Schutz des Prozessgegners ebenfalls einen Weigerungsgrund für den Fall der Unzumutbarkeit der Vorlegung in den Wortlaut einfügen wollte, BT-Dr. 14/6061. Dies wäre aber nicht notwendig gewesen, wenn der Prozessgegner ohnehin nur bei eigener Bezugnahme zur Vorlage verpflichtet gewesen wäre. Der Antrag wurde ohne einen dahingehenden Hinweis abgelehnt. In der Begründung der Bundesregierung heißt es vielmehr, „den Interessen der Parteien an der Wahrung ihrer Geheimnisse trägt der Richter dadurch Rechnung, dass er von dem ihm eingeräumten Ermessen entsprechend Gebrauch macht, BT-Dr. 14/4722, S. 120.

324 So ausdrücklich die Gesetzesbegründung, BT-Dr. 14/4722, S. 78.

325 Rosenberg/Schwab/*Gottwald*, Zivilprozessrecht[16], § 118 IV 2; Musielak/*Stadler*, ZPO[4], § 142 Rn. 4.

(2) Bedeutung der Bezugnahme

(a) Bezeugung des „Gebrauchswillens"

Die Bedeutung der Bezugnahme liegt vornehmlich darin, dass für die Entstehung der Vorlegungslast der Hinweis auf eine Urkunde von dem Willen der Bezug nehmenden Partei getragen sein muss, diese Urkunde zu benutzen[326].

(aa) Wortlaut

Dies ergibt sich, wenn auch nicht mit aller Deutlichkeit, bereits aus dem Wortlaut. Der Gesetzgeber stellt gerade nicht darauf ab, dass die Partei die Urkunde lediglich „erwähnt" haben muss oder dass sich deren Relevanz aus dem Vorbringen der Parteien ergibt. Stattdessen fordert das Gesetz einen bewussten Akt der Parteien, nämlich das Herstellen einer sachlichen Verbindung zwischen ihrem Tatsachenvortrag und einer Urkunde.

(bb) Entstehung der Norm und Reformen

Theoretisch könnte die Herstellung dieser Verbindung auch beiläufig erfolgen oder sich erst bei Würdigung des gesamten Vortrages einer Partei ergeben. Jedoch zeigt die Entwicklung der Norm über die Jahrzehnte deutlich, dass der Gesetzgeber mit dem Bezugnahmeerfordernis maßgeblich die Dispositionsbefugnis der Partei über das Beweismittel Urkunde absichern wollte. Bereits der Vorläufer von § 273 ZPO, dessen Ausdehnung auch auf das landgerichtliche Verfahren[327] zu dem Verzicht auf die Anwendung des Bezugnahmeerfordernisses im Rahmen von § 142 ZPO geführt hatte, enthielt in seiner ursprünglichen Fassung ebenfalls das Erfordernis, dass die Partei sich auf die in ihren Händen befindlichen Urkunden bezogen haben mussten[328]. Die Regelbeispiele des § 501 ZPO, die eine Be-

---

326 So bereits RGZ 35, 105, 109; 69, 401, 405, beide zur Bezugnahme zum Beweis im Rahmen von § 388 CPO bzw. § 422 ZPO; *Planck*, S. 107; *Schreiber*, S. 77; weitere Nachweise auch bei *Damrau*, S. 148, 245, 314. Zur Neufassung von § 142 ZPO so wohl auch *Gruber/Kießling*, ZZP 116 (2003), 305, 309, allerdings ohne nähere Begründung.

327 Verordnung zur Beschleunigung des Verfahrens in bürgerlichen Rechtsstreitigkeiten vom 22. Dezember 1923, RGBl. I, S. 1239.

328 § 510 ZPO: "Das Gericht kann Anordnungen, die nach der Klageschrift oder den vorbereitenden Schriftsätzen zur Aufklärung des Sachverhaltes dienlich erscheinen, schon vor der mündlichen Verhandlung treffen. Das Gericht kann insbesondere: 1. den Parteien die Vorlegung der sich in ihren Händen befindlichen Urkunden, *auf welche sie sich bezogen haben*, sowie die Vorlegung von Stammbäumen, Plänen,

grenzung durch ein Bezugnahmeerfordernis nicht vorsahen, bzw. die Möglichkeit zur gerichtlichen Beweisaufnahme ohne den erkenntlichen Willen der Parteien, wurden stark kritisiert und es wurde gefordert, es müsse der Partei überlassen bleiben, ob sie sich eines Beweismittels bedienen wolle[329]. Dennoch hat der Reformgesetzgeber 1926 die Prozessbeschleunigung in den Vordergrund gestellt und das Bezugnahmeerfordernis in § 272 b ZPO entfallen lassen[330]. Während diese Ausdehnung des Anwendungsbereichs zum Teil kritiklos auch auf § 142 ZPO übertragen wurde[331], hat ein Teil der Literatur den Verzicht auf das Bezugnahmeerfordernis stets als problematisch angesehen[332]. Da zum Inhalt des Beibringungsgrundsatzes auch zähle, dass die Partei über die Brauchbarkeit von Beweismitteln bestimme, sei bei Verzicht auf das Bezugnahmeerfordernis der Beibringungsgrundsatz verlassen[333]. Auch hier wurde die Bedeutung des Bezug-

---

Rissen und sonstigen Zeichnungen aufgeben....“; siehe *Volkmar*, VO zur Beschleunigung des Verfahrens in bürgerlichen Rechtsstreitigkeiten (1924), S. 24.

329 Siehe *Dittenberger*, S. 58, mwN. Auch vor dem Amtsgericht solle keine „Fürsorgepolizei“ in die Interessen der Parteien gegen deren Willen eingreifen. Zur Bezugnahme zum Beweis auch *Siegel*, S. 92 f.

330 Zwar wurde § 510 ZPO auf das landgerichtliche Verfahren ausgedehnt, da er sich angeblich zur „Belebung und Beschleunigung“ des Verfahrens bewährt hatte, *Volkmar*, aaO., S. 25; allerdings wurde die Regelung auch danach kaum angewendet, siehe *Laubhardt*, JW 1910, 1024, 1026; *Volkmar*, JW 1924, 345, 347: Im Rahmen der Verordnung über das Verfahren in bürgerlichen Rechtsstreitigkeiten vom 13. Februar 1924 (RGBl. I, S. 135 ff.) wurde die Norm daher weiter ausgebaut und so gefasst, dass das Gericht angehalten sei, von dem Termine an alle Anordnungen zu treffen, die angebracht erschienen, damit der Rechtsstreit tunlichst in einer Verhandlung erledigt werde. § 501 ZPO sei ein Fremdkörper in der ZPO gewesen. Demgegenüber stärke die Neuregelung die Prozessleitung des Gerichts so weitgehend und lasse sie so frühzeitig eintreten, dass bei sachgemäßer Anwendung der Gedanke von § 501 ZPO weit fruchtbarer gemacht werden könne, als im bisherigen Recht.

331 AllgM: BAG DB 1976, 1020 = AP Nr. 24 zu § 1 TVG Tarifverträge Bau; Stein/Jonas/*Leipold*, ZPO[21], § 142 Rn. 2; *Wieczorek*, ZPO, § 142 Anm. A I; *Brüggemann*, S. 362; zurückhaltend: Zöller/*Greger* [22], § 142 Rn. 1.

332 Baumbach/Lauterbach/Albers/*Hartmann*, ZPO[59], § 142 Rn. 9; Rosenberg/Schwab/*Gottwald*, Zivilprozeßrecht[15], §§ 121 IV 1, 78 III 3, *Schreiber*, 71 f.; weitere Nachweise bei *Damrau*, S. 148, 245.

333 Der partiellen Fortfall des Bezugnahmeerfordernisses in § 142 ZPO als Folge der Novelle von 1924 habe einen Wendepunkt in der dogmatischen Einordnung des § 142 ZPO markiert. Habe man bis dahin § 142 ZPO wegen des Erfordernisses der Bezugnahme noch als Ausprägung des Verhandlungsgrundsatzes ansehen können, sei diese Möglichkeit mit der inhaltlichen Anpassung an § 272 b ZPO entfallen, *Schreiber*, aaO. Wie dargestellt wurde diese Problematik durch eine einschränkende Auslegung der gerichtlichen Befugnisse und die Notwendigkeit des gerichtlichen Hinweises vor einer Anordnung aufgefangen. Ebenso aber der DAV zum Referentenentwurf zum ZPO-RG, www.anwaltverein.de/03/05/2000, Justizreformausschuß,

nahmeerfordernisses maßgeblich im Schutz der Dispositionsbefugnis der Parteien gesehen. Diese Sichtweise wird auch aus den Materialien der jetzigen Reform deutlich. So zielte der Vorschlag der Opposition im Gesetzgebungsverfahren auf eine gegenüber dem bisherigen § 142 ZPO noch eingeschränktere gerichtliche Befugnis ab. Statt bereits bei Bezugnahme, sollte das Gericht nur „auf Antrag" einer der Parteien die Vorlage von Unterlagen anordnen können, um die gerichtlichen Befugnisse, wie nach der Begründung der Bundesregierung intendiert, nur „behutsam" auszuweiten[334].

(cc) Zweck der Regelung

Das Erfordernis, dass der Hinweis auf eine Urkunde von dem Willen getragen sein muss, diese Urkunde zu benutzen, ergibt sich auch aus Sinn und Zweck der Vorschrift. Dem Gericht wird durch § 142 ZPO die Möglichkeit gegeben, einen von sich aus nicht eindeutigen Sachvortrag der Parteien durch amtswegige Herbeiziehung bislang nicht vorgelegter, aber möglicherweise klärender Unterlagen aufzuhellen. § 142 ZPO stellt damit auch weiterhin eine Konkretisierung der allgemeinen materiellen Prozessleitungsbefugnis und Prozessleitungspflicht des Gerichts nach § 139 ZPO dar. Durch die §§ 139, 142 ZPO soll das Gericht die Parteien in die Lage versetzen, *ihren* Vortrag sinnvoll zu ordnen, zu beschränken und zu präzisieren, indem sie frühzeitig erfahren, was entscheidungserheblich ist und was nicht[335]. Das Gericht soll aber weder im Rahmen von § 139 ZPO, noch von Amts wegen durch seine Befugnis sich nach § 142 ZPO Urkunden vorlegen lassen zu können, eigenständige Sachverhaltsermittlung betreiben[336]. Deshalb hat es der Gesetzgeber für notwendig erachtet, neben der bereits bestehenden Beschränkung auf den Streitgegenstand, *zusätzlich* eine Bezugnahme der Partei zu fordern. Diese zusätzliche Beschränkung kann allein bezwecken, den Parteien außer auf die Tatsachengrundlage auch Einfluss darauf einzuräumen, ob Urkunden, die die Parteien oder Dritte in Händen halten, in das Verfahren eingeführt

---

C. IV: „Eine Ermächtigung des Gerichts, von Amts wegen die Vorlegung von Urkunden, auch solcher, auf die sich die Partei nicht bezogen hat, anzuordnen, ist ein Schritt zur Abschaffung des zivilprozessualen Beibringungsgrundsatzes zugunsten eines systemfremden Amtsermittlungsgrundsatzes."

334 BT-Dr. 14/6061, S. 1 f.

335 BT-Dr. 14/4722, S. 62.

336 Zöller/*Greger*, ZPO[25], § 142 Rn. 1; Musielak/*Stadler*, ZPO[4], § 142 Rn. 1, 4; im Ergebnis auch MünchKommZPO/*Peters*[2], §§ 142-144 Rn. 11; *Baur*, ZZP 66 (1953), 209, 213; *v. Wilmowski/Levy*, ZPO, Bem. 4 vor § 119.

werden. Die Gebrauchsabsicht ist daher als subjektive Komponente der Bezugnahme anzusehen[337].

Die Partei hat sowohl über die Beweismittel, als auch insbesondere darüber zu bestimmen, was Inhalt ihres Sachvortrages ist, und wie dieser im Falle der Unklarheit zu untersuchen ist. Könnte das Gericht auch ohne den Willen einer der Parteien zur Präzisierung von bisherigem Vortrag Urkunden anfordern, hätte dies zwangsläufig zur Folge, dass dadurch alle, auch für die vorlegende Partei nachteilige Tatsachen, die in der Urkunde enthalten sind, im Verfahren bekannt würden. Die Partei soll durch die Bezugnahme die Möglichkeit haben, darüber zu entscheiden, ob sie von der Urkunde im Verfahren Gebrauch machen will. Es steht ihr frei, in Urkunden enthaltene Tatsachen in das Verfahren als Tatsachenbehauptung einzubringen, ohne die Urkunde zu erwähnen. Bezieht sie sich aber auf eine Urkunde, und trägt nicht lediglich deren Inhalt vor, gibt sie damit in der Regel auch zu verstehen, dass sie von dieser Urkunde zum Zwecke des Tatsachenvortrages oder zum Zwecke des Beweises Gebrauch machen will. In diesem Fall kann das Gericht eine Anordnung erlassen.

(dd) Ähnliche Regelung in § 423 ZPO

Dies ergibt sich letztlich auch aus der Systematik der Norm. Der Beweisgegner hatte bereits bislang eine Urkunde dann vorzulegen, wenn er selbst „zur Beweisführung[338] Bezug genommen hatte“, § 423 ZPO. Diese Ausnahme von dem Grundsatz, dass jede Partei selbst das Risiko trägt bestimmte Beweismittel nicht in der Hand zu haben, beruhte auf dem Gedanken, dass es den Grundzügen „prozessualen Anstandes entspricht, dass die Partei diejenigen Urkunden, mit denen sie sich „gebrüstet“ hat, auch ihrerseits vorlegt[339]. Diese Ausnahme vom Beweisrisiko war aber nicht bereits bei jeder Erwähnung der Urkunde gerechtfertigt, sondern erst, wenn der Beweisgegner eine Urkunde ohnehin zu seinen Gunsten als Beweismittel in das Verfahren einführen wollte[340].

(ee) Hinweispflicht des Gerichts

Eine der Parteien muss sich daher auf die Urkunde als Mittel des Nachweises oder Beweises berufen haben, damit die Anordnung ergehen kann. Ist dem Vor-

---

337 *Schreiber*, S. 99.
338 MünchKommZPO/Schreiber^2, § 423 ZPO Rn. 1; Baumbach/Lauterbach/Albers/*Hartmann*, ZPO^{59}, § 423 Rn. 1; Musielak/*Huber*, ZPO^2, § 423 Rn. 1; Schreiber, S. 97.
339 *Siegel*, S. 92.
340 RGZ 35, 105, 109; *Siegel*, S. 92.

der Partei die Gebrauchsabsicht nicht eindeutig zu entnehmen, hat das Gericht im Rahmen von § 139 Abs. 1 ZPO zu klären, ob eine Bezugnahme vorliegt, bevor es eine Anordnung erlassen kann. Über den notwendigen Inhalt und die Form der Bezugnahme sagt dies allerdings nichts aus, außer, dass für die Bezugnahme auf eine Urkunde nicht jede beiläufige Erwähnung einer Urkunde im Zusammenhang mit Tatsachenbehauptungen der Parteien[341] ausreicht. Auch genügt es nicht, dass sich lediglich aus eingereichten Unterlagen, wie etwa dem vorprozessualen Schriftverkehr, die Entscheidungserheblichkeit einer bestimmten Urkunde ergibt[342]. Hinzukommen muss immer auch der erkennbare subjektive Wille der Partei die Urkunde in das Verfahren einzubringen. Unzulässig ist eine Anordnung dann, wenn sich die Partei – aus welchen Gründen auch immer – bewusst gegen eine Bezugnahme entscheidet[343], es sei denn die andere Partei hat auf die Urkunde Bezug genommen.

(ff) Begrenzung der Anordnungsmöglichkeit

Nach dem Wortlaut von § 142 Abs. 1 ZPO n. F. wird nicht zwischen einer Bezugnahme zu Beweiszwecken, wie sie z. B. auch § 423 ZPO fordert, und einer Bezugnahme zum Zwecke des Tatsachenvorbringens bzw. der Präzisierung bisherigen Vorbringens unterschieden. Grundsätzlich muss daher davon ausgegangen werden, dass die „Bezugnahme" im Sinne von § 142 Abs. 1 ZPO als Oberbegriff beide Zwecke der Bezugnahme erfasst[344]. Dabei wird es in der Praxis regelmäßig Probleme bereiten, zu differenzieren, zu welchem Zeck die Bezugnahme erfolgt. So kann z. B. der Vortrag des Inhaltes einer bestimmten Urkunde sowohl zur Präzisierung des bisherigen Vortrages erfolgen, als auch bereits den Beginn der Beweisführung darstellen. Andersherum kann die Bezugnahme auf die Urkunde als solche sowohl zur Einleitung der Beweisaufnahme als auch zur Vermeidung der Wiederholung von Tatsachenvortrag erfolgen. Der Zweck der Bezugnahme ist daher durch Auslegung der Erklärung zu ermitteln[345].

---

341 Dem Begriff nach bezeichnet die Bezugnahme das Herstellen einer Verbindung bzw. eines sachlichen Zusammenhanges zwischen zwei Sachen. „Urkunden, auf die sie (die Partei) sich bezogen hat", sind somit solche, zu denen die Partei in ihrem Tatsachenvortrag einen sachlichen Zusammenhang hergestellt hat.

342 AA. wohl Zöller/*Greger*, ZPO[25], § 142 Rn. 2.

343 *Gruber/Kießling*, ZZP 116 (2003), 205, 209.

344 *Schreiber*, S. 120.

345 Ob man die Auslegung grundsätzlich in einem Bereich zulässt, in dem auch eine Klärung durch die Parteien nach § 139 ZPO herbeigeführt werden kann, ist fraglich. Im Einzelnen dazu *Schreiber*, S. 138 f.

Unterstellt man schon die Berücksichtigung von Urkunden dem Parteiwillen, indem man sie von einer Bezugnahme der Partei abhängig macht, so müssen die Unterscheidungen innerhalb des Bezugnahmebegriffs auch fortwirken. Das Gericht kann die Vorlage der Urkunde nur in einem Umfang anordnen, der die durch die Bezugnahme gesetzten Grenzen nicht überschreitet[346]. Ist eine Bezugnahme von ihrer Zielrichtung her eindeutig, aber nicht sachgemäß, hat das Gericht im Rahmen von § 139 Abs. 1 ZPO darauf hinzuweisen, da dieser den Vorsitzenden unter anderem dazu verpflichtet, auf die Unschlüssigkeit der Klage hinzuweisen bzw. die Beweislosigkeit aufzuklären[347]. In der Regel wird die Partei, die eine Urkunde zum Zwecke des Tatsachenvortrages gebrauchen würde, diese bei Bestreiten des Inhaltes durch den Gegner aber wohl auch zum Beweis gebrauchen wollen[348].

(b) Begrenzung auf den Streitgegenstand

Wie dargestellt, wurde unter dem alten Recht das Bezugnahmeerfordernis in der Praxis zwar nicht angewandt; das Gericht konnte sich aber auch nicht jede Urkunde vorlegen lassen. Vielmehr war die Befugnis des Gerichts darauf beschränkt, sich Urkunden vorlegen zu lassen, deren Inhalt die Parteien bereits zum Streitgegenstand gemacht hatten[349]. Durch die materielle Prozessleitung sollte das Gericht die Parteien nur bei der Bewältigung ihrer prozessualen Rollen unterstützen.

Daran hat sich nichts geändert. Auch nach der Reform soll das Gericht weder durch Fragen oder Hinweise nach § 139 Abs. 1 ZPO neue Anspruchsgrundlagen, Einreden oder Anträge einführen, die in dem streitigen Vorbringen der Parteien nicht zumindest andeutungsweise bereits eine Grundlage haben[350], noch über die §§ 142, 273 ZPO, die diese materielle Prozessleitungsbefugnis ergänzen, Urkunden anfordern, deren Tatsacheninhalt und Bedeutung bislang gar nicht streitgegenständlich war.

---

346 *Schreiber*, S. 104.
347 *Schreiber*, S. 139.
348 Ausnahmen sind im Regelfall eindeutig erkennbar, so z. B. in RGZ 35, 105, 109 in der die Partei sich zwar auf die Urkunde berief und diese auch vorlegte, zuvor aber den Aussteller unkenntlich machte. Da die Erkennbarkeit des Ausstellers für die Beweiswirkung der Urkunde von maßgeblicher Bedeutung ist, konnte daher nicht von einer Bezugnahme zum Beweis ausgegangen werden.
349 Zöller/*Greger*, ZPO[25], Vor § 284 Rn. 5.
350 BT-Dr. 14/4722, S. 77 zu § 139; Zöller/*Greger*, ZPO[25], § 139 Rn. 15, 17; Thomas/Putzo/*Reichold*, ZPO[27], § 139 Rn. 10.

Diese Begrenzung wird durch die Wiederbelebung des Bezugnahmeerfordernisses als Anordnungsvoraussetzung unterstrichen. Das Gericht kann die Parteien zwar dabei unterstützen, die Urteilsgrundlage beizubringen. Die Partei muss aber, bevor das Gericht die Anordnung treffen kann, selbst Tatsachen vorgetragen und – wenn auch nur konkludent – behauptet haben, diese ergäben sich aus einer bestimmten Urkunde (Bezugnahme)[351].

Die Bezugnahme besteht im Herstellen eines Sachzusammenhanges zwischen bereits erfolgtem oder gleichzeitig aufgestelltem Tatsachenvortrag der Partei und einer durch die Bezugnahme bestimmten Urkunde, somit in einem Hinweis auf eine Urkunde zum Vortrag bzw. zum Nachweis bestimmter Tatsachen[352]. Die Bezugnahme schafft damit einen „tatbestandlichen Anknüpfungspunkt"[353] für die Einbringung der Urkunde und ihres Inhaltes in das Verfahren. Damit ist bereits nach dem Wortlaut gewährleistet, was, wie dargestellt, nach der alten Fassung der herrschenden Meinung entsprach: Das Gericht muss sich bei der amtswegigen Anordnung im Rahmen des Parteivortrages bewegen. § 142 ZPO darf nicht dazu missbraucht werden, von Amts wegen Tatsachen zu erforschen, die von den Parteien bislang gar nicht vorgebracht worden sind.[354]

(c) Form und Inhalt der Bezugnahme

An die Bezugnahme sind jedoch keine allzu strengen Anforderungen zu stellen[355]. Maßstab ist die Funktion des Tatbestandmerkmals: Es dient der Erhaltung des Parteieinflusses auf die Tatsachengrundlage und auf die Beweisaufnahme und damit der Wahrung des Beibringungsgrundsatzes. Dazu genügt es aber, dass eine der Parteien einen inneren Sachzusammenhang zwischen einer ihrer Tatsachenbehauptungen und einer Urkunde hergestellt hat, indem sie die Urkunde und deren vermeintlichen Inhalt an irgendeiner Stelle ausdrücklich oder dem Sinne nach

---

351 BGH WM 2000, 2253, 2255; Musielak/*Stadler*, ZPO[4], § 142 Rn. 4; zur alten Rechtslage bereits: Zöller/*Greger*, ZPO[22], § 142 Rn. 1; Baumbach/Lauterbach/Albers/*Hartmann*, ZPO[59], § 142 Rn.9.

352 Duden, Bedeutungswörterbuch, beziehen <+ sich> sich auf etwas stützen, berufen, etwas als Anknüpfungspunkt nehmen, S. 215; Bezug, sachliche Verknüpftheit, Zusammenhang, Verbindung, S. 216. Duden, Herkunftswörterbuch, Bezug, bezüglich> ziehen, „beziehen" seit dem 17. Jahrhundert reflexiv für beweisend anführen, S. 947.

353 *Gruber/Kießling*, ZZP 116 (2003), S. 205, 208.

354 Rosenberg/Schwab/*Gottwald*, Zivilprozessrecht[16], § 118 IV 2; Zöller/*Greger*, ZPO[25], § 142 Rn. 1; Baumbach/Lauterbach/Albers/*Hartmann*, ZPO[64], § 142 Rn. 2, 5; *Stadler*, in: FS Beys, S. 1639.

355 So auch *Gruber/Kießling*, ZZP 116 (2003), S. 205, 208; *Stadler*, in: FS Beys, S. 1639; *Greger*, BRAK-Mitt. 2005, 150, 151.

erwähnt hat[356]; dies muss nicht ausdrücklich geschehen, sondern kann sich auch sinngemäß aus dem Sachvortrag oder aus anderen eingereichten Urkunden ergeben[357], sofern dabei eindeutig zum Ausdruck kommt, dass die Partei von der Urkunde im Prozess Gebrauch machen will. Maßgeblich ist der „auslegbare Gesamtinhalt des Parteivortrages“[358].

Dabei ist nicht erforderlich, dass die Urkunde im Einzelnen konkret bezeichnet wird[359]; vielmehr genügt, dass sie hinsichtlich ihres Inhaltes individualisierbar ist, so dass ihre Beweiseignung[360] beurteilt und ihre Vorlage angeordnet werden kann[361].

Für die Individualisierbarkeit kann auch eine allgemeine Bezeichnung ausreichen, wenn zumindest Anhaltspunkte zu Parteien sowie Ausstellungszeitpunkt und Ort, vorgebracht werden, um dem Gericht eine Grundlage für die Vorlagean-

---

356 Zöller/*Greger*, ZPO[25], § 142 Rn. 2, wonach sich die Bezugnahme auch sinngemäß aus dem Sachvortrag ergeben könne; Baumbach/Lauterbach/Albers/*Hartmann*, ZPO[64], § 142 Rn. 9, wonach die Bezugnahme auch stillschweigend erfolgen könne; *Zekoll/Bolt*, NJW 2002, 3129, 3130.

357 Zöller/*Greger*, ZPO[25], § 142 Rn. 2; *Zekoll/Bolt*, aaO.

358 So Baumbach/Lauterbach/Albers/*Hartmann*, ZPO[64], § 142 Rn. 9.

359 Im Ergebnis auch *Greger*, DStR 2005, 467, 482; NJW 2002, 3049, 3050; *Steuer*, WM 2000, 1889; *Zekoll/Bolt*, NJW 2002, 3129, 3130; *Hinz*, SchlHA, 2003, 53, 56; nach Zöller/*Greger*, NJW 2002, 3129, 3130, müsse wegen § 138 ZPO die Bezugnahme den Anforderungen an die Substantiierungspflicht entsprechen. In diese Richtung geht auch die Forderung von *Leipold*, in: FS Gerhardt, S. 563, 570, die Anforderungen an die Substantiierung der Tatsachen auch auf die Bezeichnung der Urkunde zu erstrecken. § 138 ZPO bezieht sich zum einen jedoch auf die Erklärung von Tatsachen. Gerade diese werden durch die Bezugnahme aber bereits vorausgesetzt, und müssen nicht bei der Bezugnahme als behaupteter Urkundsinhalt nochmals wiederholt werden. Zum anderen greift auch im Rahmen von § 138 ZPO nach der Rechtsprechung zur sekundären Behauptungslast eine Erleichterung bei der Substantiierungspflicht, wenn die darlegungsbelastete Partei von den entscheidenden Tatsachen keine Kenntnis hat und sie sich auch nicht verschaffen kann, während der Gegner die erforderliche Aufklärung ohne weiteres geben kann und ihm dies zumutbar ist, BGH NJW 1994, 2292; BGH ZZP 104 (1991), 203; MünchKommZPO/*Peters*[2], § 138 Rn. 21 mwN. Eine Substantiierung hinsichtlich der Bezeichnung der Urkunde ist nur soweit erforderlich, wie zur Individualisierung notwendig; aA. Rosenberg/Schwab/*Gottwald*[16], § 118 IV 2.

360 Thomas/Putzo/*Reichold*, ZPO[27], § 142 Rn. 1.

361 So wohl auch bereits *Wieczorek*, ZPO, § 131 Anm. A I a, wonach eine Bezugnahme stets bei Kennzeichnung der Urkunde vorliegt; wohl auch *Kraayvanger/Hilgard*, NJ 2003, 572, 573.

ordnung zu geben[362]. Beim Gegner darf lediglich kein Zweifel bestehen, welche Urkunde gemeint ist, damit er der Vorlageanordnung Folge leisten kann.

Dies sei an dem Eingangs dargestellten Rechtsstreit vor dem LG Ingolstadt[363] verdeutlicht:

Die Beklagte hatte in diesem Rechtsstreit zur Abwendung der auf Mietzahlungen gerichteten Klage vorgebracht, werterhöhende Leistungen erbracht zu haben, die mit den Mietforderungen zu verrechnen gewesen seien. Zum Beweis berief sie sich darauf, „entsprechende Unterlagen" seien in einem Leitzordner der X mit der Aufschrift "Bürogebäude" enthalten. Das LG gab daraufhin dem Insolvenzverwalter G der X auf, den bei Sicherstellung der Insolvenzmasse in Verwahrung genommenen Ordner mit der Aufschrift „Bürogebäude" zu den Akten zu reichen.

Eine Vorlageanordnung auf Grundlage eines derartigen Vortrages ist unzulässig. Die Beklagte hat die Urkunde, die ihre, ohne nähere Angaben zu Zeitpunkt und Umfang der Leistungen unsubstantiierte Behauptung, es seien werterhöhende Leistungen erbracht worden, stützen soll, keineswegs individualisiert. Vielmehr hat sie auf eine unbestimmte Vielzahl von Urkunden verwiesen, die sich in dem Ordner befinden sollten. Im Beschwerdeverfahren stellte sich zudem heraus, dass bei der Sicherstellung der Insolvenzmasse mehr als nur ein Ordner mit der Aufschrift „Bürogebäude" in Besitz genommen worden war. Das OLG München stellte fest, G habe auf Grund der tenorierten Feststellung nicht ermitteln können, welcher Leitzordner vorgelegt werden sollte, und hob die Entscheidung auf[364].

Letztlich ist damit jedoch noch nicht einmal notwendig, dass der Bezugnehmende positive Kenntnis von Existenz oder Verbleib einer Urkunde hat[365]. Sobald typischerweise aufgrund der Umstände von dem Vorhandensein und Besitz an einer Urkunde ausgegangen werden kann oder der Bezugnehmende zumindest plausible Anhaltspunkte für das Vorhandensein einer solchen Urkunde vorbringt, die zu einer Individualisierbarkeit der Urkunde führen, und der vermeintliche In-

---

362 Zugegebenermaßen kann dies bei Urkunden, die sich ausschließlich im Bereich des Gegners befinden und befunden haben, so z.B. bei betriebsinternen Unterlagen, bereits Probleme bereiten.

363 LG Ingolstadt, NZI 2002, 390.

364 Wenn die Entscheidung im Ergebnis auch zum richtigen Ergebnis kommt, war die Begründung allerdings falsch. Das OLG München hatte genauer festgestellt, die Vorlage sei dem G gemäß § 142 Abs. 2 ZPO n. F. „unzumutbar", weil er nicht habe ermitteln können, welcher Leitzordner vorgelegt werden sollte. Es handelt sich bei der fehlenden Individualisierbarkeit nicht um eine Besonderheit des § 142 ZPO, die über das Unzumutbarkeitskriterium zu lösen ist, sondern um ein allgemeines Problem des Beweisrechts. Das Beweismittel ist so ungenau benannt worden, dass es nicht individualisierbar ist. Beschluss des OLG München vom 20.11.2002 – 31 W 2565/02.

365 So im Ergebnis wohl auch *Zekoll/Bolt,* NJW 2002, 3129, 3130; *Greger*, NJW 2002, 3049, 3050.

halt der Urkunde und damit das in Bezug genommene Tatsachenvorbringen möglicherweise entscheidungserheblich ist, kann das Gericht die Vorlage anordnen[366]. Ähnlich wie bei § 424 ZPO[367] und bei der sekundären Behauptungslast[368] wird man diese Abstriche von der Substantiierung allerdings nur hinnehmen, wenn es der Partei tatsächlich nicht zumutbar ist, weitere Angaben zu machen, z. B. weil es sich um eine Urkunde handelt, an deren Errichtung sie nicht beteiligt war und die Urkunde sich nun im Besitz des Beweisgegners befindet[369].

(d) Handelsrechtliche Vorschriften

Auch nach der Reform setzen die eine Vorlagepflicht begründenden Spezialvorschriften der §§ 102, 258 HBG nach ihrem Wortlaut keine Bezugnahme voraus. Der Sache nach ist dieser Unterschied zu § 142 ZPO jedoch nicht gerechtfertigt. Den insoweit bestehenden Widerspruch wird man wie zuvor nur dadurch lösen können, dass man auch für diese Vorschriften eine Bezugnahme als ungeschriebenes Tatbestandsmerkmal verlangt[370].

---

366 So auch Stein/Jonas/*Leipold*, ZPO[22], § 142 Rn. 11; *Leipold*, in: FS Gerhardt, S. 563, 574; *Hinz*, SchlHA, 2003, 53, 56; *Greger*, DStR 2005, 467, 482; *ders.*, NJW 2002, 3049, 3050.; inzwischen aber wohl aA. in Zöller/*Greger*, ZPO[25], § 142 Rn. 2.

367 Nach hA. lässt man bei § 424 Abs. 1 Nr. 3 die Einschränkungen der Konkretisierungspflicht bei der Bezeichnung des Inhaltes der Urkunde auch für die Bezeichnung der Urkunde gelten, RGZ 166, 240; MünchKommZPO/*Schreiber*[2], § 424 Rn. 2.

368 Nach der Rechtsprechung zur sekundären Behauptungslast ist der beweisbelasteten Partei eine Erleichterung bei der Substantiierungspflicht zu gewähren, wenn sie von den entscheidenden Tatsachen keine Kenntnis hat und sie sich auch nicht verschaffen kann, während der Gegner die erforderliche Aufklärung ohne weiteres geben kann und ihm dies zumutbar ist, BGH NJW 1994, 2292; BGH ZZP 104 (1991), 203; MünchKommZPO/*Peters*[2], § 138 Rn. 21 mwN.; Thomas/Putzo/*Reichold*, ZPO[27], § 138 Rn. 12.

369 Allerdings verbleibt dem Gericht ein Ermessensspielraum. Eine vollständige Orientierung an § 424 ZPO würde zur Struktur von § 142 ZPO nicht passen, so auch *Konrad*, NJW 2004, 710. § 424 ZPO regelt die Anforderungen an einen Beweisantrag, dem gemäß § 425 ZPO stattzugeben ist, wenn dessen Voraussetzungen vorliegen. Dem Richter steht dabei lediglich einen Beurteilungs-, nicht aber einen Ermessensspielraum, wie im Rahmen von § 142 Abs. 1 ZPO zu.

370 So im Ergebnis auch *Gruber/Kießling*, ZZP 116 (2003), 305, 308; aA. Stein/Jonas/*Leipold*, ZPO[22], § 142 Rn. 23; *Greger*, DStR 2005, 479, 482; *Stein*, S. 139 mit dem Hinweis, die Vorschriften verfolgten unterschiedliche Regelungszwecke. Dies ist jedoch nicht der Fall, siehe Teil II., A.II.2.

(e) Sonstige Unterlagen

Der zu Recht kritisierte Mangel, dass das Bezugnahmeerfordernis lediglich Urkunden erfasste, nicht aber Stammbäume, Risse, Pläne und sonstige Zeichnungen, hat sich durch die Neufassung, die das Bezugnahmeerfordernis auch auf sonstige Unterlagen erstreckt, erledigt.

b) Allgemeine Voraussetzungen der Vorlageanordnung

aa) Vorlageanordnung zur Information des Gerichts

(1) Anordnung gegenüber der darlegungs- und beweisbelasteten Partei

Die Anordnung zur Urkundsvorlage, um dem Gericht einen besseren Überblick über den Prozessstoff zu verschaffen oder um bisherigen Vortrag zu präzisieren, kann gegenüber der darlegungs- und beweisbelasteten Partei ohne weiteres ergehen, sobald eine Bezugnahme auf eine Urkunde erfolgt ist, die sie in Besitz hat.

(2) Anordnung gegenüber der nicht darlegungsbelasteten Partei ohne Begrenzung durch §§ 422, 423 ZPO

Nach der Neufassung von § 142 ZPO kann das Gericht aber wie dargelegt auch gegenüber dem Gegner der darlegungs- und beweisbelasteten Partei[371] von seiner materiellen Prozessleitungsbefugnis Gebrauch machen, wenn dieser die Urkunde in Besitz hat und sich die darlegungs- und beweisbelastete Partei oder er selbst darauf bezogen haben. Dies führt dazu, dass die Vorlageanordnung unabhängig von der Darlegungs- und Beweislast ergehen kann[372]. Dies allein würde gegenüber der bisherigen Rechtslage allerdings noch keine wesentliche Veränderung bedeuten, da eine Anordnung wie dargestellt nach h. A. auch vor der Reform gegenüber dem Beweisgegner möglich war, sofern die Voraussetzungen der §§ 422, 423 ZPO vorlagen[373].

---

371 Rosenberg/Schwab/*Gottwald*, Zivilprozessrecht[16], § 118 IV 2; MünchKommZPO/*Peters*[Akt.], § 142 Rn. 3; Zöller/*Greger*, ZPO[25], § 142 Rn. 3; Musielak/*Stadler*, ZPO[4], § 142 Rn. 7; Thomas/Putzo/*Reichold*, ZPO[27], § 142 Rn. 1; *Greger*, NJW 2002, 1477; *Stadler*, in: FS Beys, S. 1625; *Zekoll/Bolt*, NJW 2002, 3129, 3130.

372 Zöller/*Greger*, ZPO[25], § 142 Rn. 3; Thomas/Putzo/*Reichold*, ZPO[27], § 142 Rn. 1; *Greger*, DStR 2005, 479, 481; *Ebke*, S. 56; aA. Stein/Jonas/*Leipold*, ZPO[22], § 142 Rn. 3; *Leipold*, in: FS Gerhardt, S. 563, 582.

373 AllgM.: Stein/Jonas/*Leipold*, ZPO[22], § 142 Rn. 3; MünchKommZPO/Peters[2], §§ 142-144 ZPO Rn. 10; MünchKommZPO/*Prütting*[2], § 273 Rn. 19; Zöller/*Greger*,

Die Beschränkung der Vorlagepflicht des Gegners der beweisbelasteten Partei auf die Fälle der §§ 422, 423 ZPO lässt sich jedoch nicht mehr vertreten[374]. Eine derartige Beschränkung der Anordnungsbefugnis des Gerichts sieht weder der Wortlaut von § 142 ZPO n. F. vor, der lediglich Besitz und Bezugnahme fordert, noch würde dies der von der Reform verfolgten Intention, die Aufklärungspflichten der Parteien auszuweiten, gerecht werden:

(a) Entfallen des Regelungszwecks

Zweck der Einschränkung der materiellen Prozessleitungsbefugnis des Gerichts durch die §§ 422, 423 ZPO war, sicherzustellen, dass auch bei der Vorlageanordnung von Amts wegen die Verteilung der Beweislast nicht umgangen wird, indem entgegen dem Wortlaut von § 142 ZPO auf eine Urkunde Zugriff genommen wird, die sich weder im Besitz des bezugnehmenden Beweisführers befindet, noch auf normalem Wege als Beweismittel hätte erlangt werden können[375]. Das Risiko ein Beweismittel nicht zur Verfügung zu haben, wurde der Partei nur ausnahmsweise in den in §§ 422, 423 ZPO geregelten Fällen abgenommen[376]. Nach dem neugefassten Wortlaut von § 142 ZPO spielt jedoch die Beweislast bei der Sachverhaltsklärung und der Beweisaufnahme von Amts wegen keine Rolle mehr[377]. Insofern ist auch die Grundlage für die Beschränkung der gerichtlichen Befugnisse entfallen.

ZPO[22], § 142 Rn. 2; Musielak/*Stadler*, ZPO[2], § 142 Rn. 3; *Schreiber*, S. 75 f.; uneindeutig: Baumbach/Lauterbach/Albers/*Hartmann*, ZPO[59], § 142 Rn. 6.

374 Rosenberg/Schwab/*Gottwald*, Zivilprozessrecht[16], § 118 IV 2; Musielak/*Stadler*, ZPO[4], § 142 Rn. 7; Hannich/Meyer-Seitz/*Schwartze*, § 142 Rn. 3, 5; *Kraayvanger/Hilgard*, NJ 2003, 572; im Ergebnis wohl auch MünchKommZPO/*Peters*[Akt.], § 142 Rn. 3; *Huber*, JuS 2002, 690, 693; aA. *Ebke*, S. 61, der davon ausgehen, das Gericht dürfe in den Fällen, in denen der beweisbelasteten Partei förmlich die Hände gebunden sind, auch keine Urkundsvorlage anordnen. Ebenso Baumbach/Lauterbach/Albers/*Hartmann*, ZPO[64], § 142 Rn. 6, der davon ausgeht, der Prozessgegner sei auch weiterhin im Rahmen von § 142 Abs. 1 ZPO nur unter den Voraussetzungen der §§ 422, 423 ZPO vorlegungspflichtig.

375 *Baur*, ZZP 66 (1953), 209, 216; *Stürner*, Richterliche Aufklärung, S. 16 f.; *ders.*, Aufklärungspflicht der Parteien, S. 67 f.

376 *Schreiber*, S. 75 f.

377 Zöller/*Greger*, ZPO[25], § 142 Rn. 3; Thomas/Putzo/*Reichold*, ZPO[27], § 142 Rn. 1; *Ebke*, S. 56.

(b) Erweiterung der prozessualen Aufklärungs- und Vorlagepflichten der Parteien als Reformziel

Ginge man mit der bislang zu § 142 ZPO a. F. vertretenen Ansicht davon aus, der Prozessgegner könne nur im Rahmen seiner durch die §§ 422, 423 ZPO festgelegten Mitwirkungspflichten zur Vorlage herangezogen werden, ergäbe sich trotz der Erweiterung des Wortlautes des § 142 ZPO keine maßgebliche Verbesserung der Lage des Beweisführers gegenüber der bisherigen Rechtslage. Ziel der Neufassung des § 142 ZPO war aber, wie bereits dargestellt, eine Effektivierung der Prozessleitung durch den Richter und die Erleichterung einer möglichst frühzeitigen Klärung eines unklaren oder streitigen Sachverhaltes[378]. Dem Richter sollte ermöglicht werden, „sich im Interesse der Sachaufklärung möglichst früh einen umfassenden Überblick über den dem Rechtsstreit zugrunde liegenden Sachverhalt zu verschaffen“[379]. Diesem Ziel entspricht die nach der amtlichen Begründung gewollte Erweiterung der „prozessualen Aufklärungs- und Vorlagepflichten in dem Bereich (...) des Urkundenbeweises“[380]. Diese bezieht sich zum einen auf die Erstreckung der Verpflichtung zur Urkundsvorlage auf Dritte; zum anderen aber auch und gerade auf die Erweiterung der Mitwirkungspflicht der Parteien, die als einzige im Prozess eine *Aufklärungs*pflicht treffen kann. Insofern ist die jetzige Änderung des § 142 ZPO als Abschluss einer jahrzehntelangen Bemühung um die Erweiterung der parteilichen Aufklärungspflichten zu sehen. Zur umfassenden Sachverhaltsermittlung ist es auch bei vergangenen Reformentwürfen stets als unverzichtbar angesehen worden, auch die Gegenseite zur Mitwirkung zu verpflichten, wenn dem keine berechtigten Interessen entgegenstehen:

So ist im Entwurf zur ZPO von 1931, der bereits damals den Schwerpunkt des Verfahrens hinsichtlich der Tatsachenfeststellung in die erste Instanz legen wollte[381], § 142 ZPO mit seinen engen Voraussetzungen mit Rücksicht auf den damaligen § 272 b ZPO, der dem weiten § 273 ZPO a. F. entsprach, gänzlich als entbehrlich angesehen worden[382]. Im Zusammenwirken mit den damals zudem vorgeschlagenen Änderungen des Beweisrechts, durch die der Gegner grundsätzlich

---

378 Siehe S. 81 f.

379 BT-Dr. 14/4722, S. 78.

380 BT-Dr. 14/4722, S. 61.

381 Entwurf ZPO 1931, S. 345; wie in der jetzigen ZPO-Reform umgesetzt, war dies im damaligen Entwurf im Zusammenhang mit einer Beschränkung der Berufungsinstanz auf Rechtsfragen angedacht worden. Damals wurde jedoch bereits im Entwurf davon Abstand genommen, da man davon ausging, dass die Bevölkerung, die seit Einführung der ZPO gewohnt sei, die Berufung zur Ausführung neuer Tatsachen zu nutzen, die Beschränkung als unbillige Rechtsverkürzung empfinden werde.

382 Entwurf ZPO 1931, S. 56, 318.

zur Vorlage verpflichtet werden sollte, sofern er nicht glaubhaft machte, dass er ein berechtigtes Interesse daran hatte, die Vorlage zu verweigern[383], hätte dies bereits damals zu der nun eingeführten weiten Vorlagepflicht des Gegners auf Anordnung des Gerichts geführt.

Der Grundgedanke der Ausweitung der Aufklärungspflichten der Parteien wurde im Reformvorschlag von 1977 wieder aufgegriffen. Zum einen sah das Beweisrecht eine Verpflichtung des Gegners zur Vorlage über die Fälle der §§ 422, 423 ZPO hinaus vor, sofern die Vorlage nicht unzumutbar war und keine überwiegend schutzwürdigen Belange Dritter verletzt wurden[384], zum anderen sollte nach § 142 ZPO eine Vorlageanordnung gegenüber jeder der Parteien ohne Einschränkungen möglich sein, „wenn dies zur Aufklärung des Sachverhaltes erforderlich erscheint"[385].

Aus den bisherigen Reformvorschlägen wird die Bestrebung deutlich, die Aufklärungspflichten der Parteien über die Fälle der §§ 422, 423 ZPO zu erweitern. Dieses Vorhaben ist im neuen Wortlaut von § 142 ZPO n. F. nunmehr umgesetzt worden. Eine Regelung die an der bisherigen Beschränkung auch bei Inanspruchnahme des Gegners festhält, wie z. B. „Die §§ 422, 423 ZPO bleiben unberührt.", ist gerade nicht getroffen worden.

bb) Vorlageanordnung zum Beweis

(1) Zweck von § 142 ZPO weiter auch Vorbereitung der Beweisaufnahme/ Beweisaufnahme von Amts wegen

Die Vorlage von Urkunden kann durch das Gericht auch weiterhin zur Vorbereitung einer Beweisaufnahme angeordnet werden[386]. Werden die streitigen Tatsachen nicht bereits aufgrund der vorbereitenden Urkundsvorlage unstreitig gestellt und damit eine förmliche Beweisaufnahme verzichtbar, können die Unterlagen in der mündlichen Verhandlung auch als Beweismittel verwendet werden[387]. Das Gericht ist auch weiterhin zur Beweiserhebung von Amts wegen durch Einsichtnahme in die vorgelegten Urkunden berechtigt[388].

---

383 Entwurf ZPO 1931, S. 97, 336.
384 Bericht der Kommission 1977, S. 146.
385 Bericht der Kommission 1977, S. 332 (Anlage 10).
386 So auch *Leipold*, in: FS Gerhardt, S. 563, 567 f.; *Greger*, DStR 2005, 479, 481.
387 *Stadler*, in: FS Beys, S. 1641; wohl auch Zöller/*Greger*, ZPO[25], § 142 Rn. 1.
388 Musielak/*Stadler*, ZPO[4], § 142 Rn. 1; wohl auch Zöller/*Greger*, ZPO[25], § 142 Rn. 1; Baumbach/Lauterbach/Albers/*Hartmann*, ZPO[64], nicht eindeutig in § 142 Rn. 2, aber in § 144 Rn. 3; *Zekoll/Bolt*, NJW 2002, 3129, 3130; Thomas/Putzo/*Reichold*, ZPO[27], § 142 Rn. 1 setzt für die Anordnung Beweiseignung der Urkunde voraus, geht damit

(a) Bisher Klärung streitiger und unstreitiger Tatsachen

Dies war bislang allgemeine Ansicht[389], sollte das Gericht doch über § 139 ZPO die Parteien bei ihrer gesamten Prozessführung unterstützen.

Daran hat sich auch durch die Neufassung nichts geändert[390]. Allerdings verbietet sich eine Beweisaufnahme von Amts wegen nun mangels Bezugnahme, wenn die Partei lediglich zur Ergänzung des Tatsachenvortrages auf die Urkunde Bezug genommen hat und diese erkennbar nicht als Beweismittel in das Verfahren einführen wollte[391]. Ist dies nicht eindeutig erkennbar, hat das Gericht im Rahmen von § 139 Abs. 1 ZPO nachzufragen[392].

(b) Auch jetzt keine Beschränkung auf Unstreitiges

Soweit die Literatur nun den Zweck von § 142 ZPO auf die Klarstellung bzw. die Ergänzung undeutlichen oder lückenhaften[393] Tatsachenvorbringens durch die Partei begrenzen will, da ansonsten eine grundlegende Änderung des Beweisrechts eintrete[394], kann dem nicht gefolgt werden. Zwar ist die kritisierte Konsequenz richtig: Durch die Möglichkeit des Gerichts, beide Parteien unabhängig von der Darlegungs- und Beweislast und unabhängig vom Vorliegen der Voraussetzungen der §§ 422, 423 ZPO zur Vorlage von Urkunden veranlassen zu kön-

---

auch zumindest davon aus, dass die Anordnung nach § 142 ZPO der Klärung streitiger Tatsachen dienen kann; ebenso Hannich/Meyer-Seitz/*Schwartze*, § 142 Rn. 10; aA. *Gruber/Kießling*, ZZP 116 (2003), 305, 311 ff.

389 Stein/Jonas/*Leipold*, ZPO[21], § 142 Rn. 1; MünchKommZPO/*Peters*[2], §§ 142-144 Rn. 1; Zöller/*Greger*, ZPO[22], § 142 Rn. 1; *Baur*, ZZP 66 (1953), 209, 212; *Peters*, Richterliche Hinweispflichten, S. 15 f., 37 f., 51, 145; *ders.*, in: FS Schwab, S. 399, 402; aA. Baumbach/Lauterbach/Albers/*Hartmann*, ZPO[59], § 142 Rn. 1, der jedoch zumindest auch davon ausging, dass die Anordnung bei streitigen Tatsachen zur Vorbereitung der Beweisaufnahme zulässig sei.

390 Nach *Stein*, S.93, dient § 142 ZPO nicht nur der Sachaufklärung, sondern vor allem der Bereitstellung von Beweismitteln zur Aufklärung eines streitigen Sachverhaltes.

391 Siehe S. 97 f. zum Umfang der Bezugnahme.

392 Eine scharfe Trennung zwischen dem Vortrag zur Klärung des Tatsachenvortrages und dem Vortrag zum Beweis wird in der Regel allein auf Grundlage dessen, was die Partei vorbringt, nicht durchzuführen sein. Auch können Urkunden, die zunächst vorgelegt werden, um den Parteivortrag in tatsächlicher Hinsicht zu präzisieren, häufig auch bereits der Vorbereitung der Beweisaufnahme dienen, falls im Falle des Bestreitens des Inhaltes der Urkunde Beweis angetreten werden soll; dennoch ist im jedem Einzelfall zu prüfen und nachzufragen, ob die jeweilige Verwertung zur Präzisierung von Tatsachen oder zum Beweis vom Gebrauchswillen der Partei gedeckt ist.

393 Zur Fraglichkeit der Möglichkeit des Gerichts über die §§ 139, 142 ZPO Lücken im Parteivortrag ergänzen zu können, siehe S. 27 f., 35.

394 *Gruber/Kießling*, ZZP 116 (2003), 305, 315.

nen[395], kann das Gericht nunmehr von Amts wegen in einem Umfang Beweis erheben, der deutlich über die §§ 420 ff. ZPO hinausgeht. Die Partei kann nach den unveränderten Bestimmungen des formellen Beweisverfahrens vom Prozessgegner die Vorlage der Urkunde nämlich auch weiterhin nur bei Vorliegen der Voraussetzungen der §§ 422, 423 ZPO verlangen. Diese weitreichende Folge der Änderung des § 142 Abs. 1 ZPO rechtfertigt aber noch nicht, eine Zielsetzung der Bestimmung einfach zu übergehen.

(aa) Entgegenstehender Wille des Reformgesetzgebers

Dies lässt sich insbesondere nicht wie *Gruber/Kießling* meinen, mit dem Willen des Gesetzgebers begründen. Zwar ist die Norm zugegebenermaßen seit der CPO von 1877 nahezu unverändert[396]; der Gesetzgeber hat sich jedoch wie soeben dargestellt im Zuge mehrerer Reformen mit der Reichweite des § 142 und der §§ 420 ff. ZPO auseinandergesetzt. Zu keiner Zeit ist er dabei der allgemeinen Ansicht entgegengetreten, § 142 ZPO ermögliche eine Beweisaufnahme von Amts wegen.

Dies gilt auch für den Gesetzgeber des ZPO-RG. Im Gegenteil: In der Gesetzesbegründung wird erkennbar davon ausgegangen, dass § 142 ZPO eine Beweisaufnahme von Amts wegen ermögliche. So heißt es unmittelbar im Zusammenhang mit der materiellen Prozessleitungspflicht des Gerichts nach § 139 ZPO, der Entwurf enthalte zudem Erweiterungen "prozessualer Aufklärungs- und Vorlagepflichten in den Bereichen des Urkunden- und Augenscheins*beweises*"[397]. Dem Argument, dies beziehe sich ausschließlich auf die Änderungen der §§ 371, 428 ZPO, ist entgegenzuhalten, dass der Satz in der Gesetzesbegründung, die sich erkennbar an der Reihenfolge der Bestimmungen im Gesetz orientiert, dann an das Ende der Ausführungen zur Stärkung der ersten Instanz gehört hätte. Darüber hinaus kann die Erweiterung der „prozessualen Aufklärungspflicht" sich schwerlich auf die Änderungen im formellen Beweisrecht beziehen, die nur die Vorlage durch den Dritten betreffen. Gestützt wird dies zudem dadurch, dass nach der Gesetzesbegründung bei Nichtvorlage der Urkunde im Rahmen von § 142 ZPO weiterhin die „*beweis*rechtliche" Folge des § 427 ZPO

395 Siehe S. 103 ff.

396 *Gruber/Kießling*, ZZP 116 (2003), 305, 318: Die bisherige Regelung des § 142 ZPO bestehe nahezu unverändert seit der CPO von 1877; die Annahme, § 142 ZPO ermögliche auch eine Beweiserhebung, widerspreche aber dem historischen Gesetzgeber. In der Begründung zur CPO werden dem Gericht lediglich weitere Befugnisse in Ergänzung zum Fragerecht (heute § 139 ZPO) beigelegt, welche darauf abzielen, dem Gericht die für seine Entscheidung notwendigen Grundlage zu verschaffen.

397 BT-Dr. 14/4722, S. 61.

zur Anwendung kommen kann[398]. Dies macht bei einer lediglich aufklärenden Anordnung über unstreitige Tatsachen aber keinen Sinn.

(bb) Systematische Stellung

Damit entfällt auch das systematische Argument, § 142 ZPO stünde als Ermächtigungsgrundlage für eine Beweiserhebung von Amts wegen an der falschen Stelle, denn Normen, die eine Beweisaufnahme von Amts wegen ermöglichten befänden sich entweder im Beweisrecht (§ 448) oder in den betreffenden besonderen Verfahrensarten (etwa § 616 Abs. 1 ZPO)[399]. § 142 ZPO steht unmittelbar vor § 144 ZPO, der aus den soeben dargestellten Gründen ebenfalls die Einnahme des Augenscheins von Amts wegen zur Beweiserhebung und – dies dürfte wohl unstreitig sein – die Begutachtung durch Sachverständige von Amts wegen[400] ermöglicht.

(cc) Kein Widerspruch zu § 358 a ZPO

Sofern von *Gruber/Kießling* letztlich ein vermeintlich auftretender Widerspruch zu § 358 a ZPO herangezogen wird, um eine Beschränkung der Anordnungsmöglichkeit auf die Klärung unstreitiger Tatsachen zu begründen[401], hätte dieser zum einen auch vor der Reform bestanden. Zum anderen regeln § 273 Abs. 2 ZPO und § 358 a ZPO unterschiedliche Fälle: § 273 ZPO erlaubt dem Vorsitzenden vor dem Termin Anordnungen zur Vorbereitung der Beweisaufnahme *im Termin* zu treffen[402]. § 358 a ZPO gibt dem Gericht darüber hinaus die Möglichkeit, Beweiserhebungen bereits *vor* jedem, insbesondere dem frühen ersten *Termin* anzuordnen und auch durchzuführen. Eine Umgehung durch die §§ 273 Abs. 2 Nr. 5, 142 ZPO kann damit gar nicht vorliegen.

---

398 BT-Dr. 14/4722, S. 78.

399 So *Gruber Kießling*, ZZP 116 (2003), 305, 314.

400 Baumbach/Lauterbach/Albers/*Hartmann*, ZPO[64], § 144 Rn. 13; Thomas/Putzo/*Reichold*, ZPO[27], § 144 Rn. 1.

401 Die allgemeine Vorschrift des § 358 a ZPO, die von seiner Stellung im Gesetz auf die amtswegige und die von der Partei beantragte Beweisaufnahme gleichermaßen Anwendung finden müsse, erlaube den Erlass eines Beweisbeschlusses und die Beweisaufnahme vor der mündlichen Verhandlung nur in vereinzelten, abschließend aufgeführten Fällen. Durch die Verweisung in § 273 Abs. 2 Nr. 5 ZPO würde dies bei Anwendung des § 142 ZPO auf streitige Tatsachen umgangen, *Gruber/Kießling*, ZZP 116 (2003), 305, 314.

402 Thomas/Putzo/*Reichold*, ZPO[26], § 358 a Rn. 1.

(2) Allgemeine Voraussetzungen der Beweisaufnahme

Dient § 142 Abs. 1 ZPO damit weiter auch der Klärung streitiger Tatsachen, ist zusätzlich zu den besonderen Voraussetzungen der Vorlageanordnung auch weiterhin erforderlich, dass die Voraussetzungen für eine Beweisaufnahme vorliegen, d.h. dass die Urkundsvorlage zum Beweis beweisbedürftiger, möglicherweise entscheidungserheblicher Tatsachen durchgeführt wird.

(a) Substantiierungserfordernis zur Vermeidung einer Ausforschung

Dabei hat der Gesetzgeber vor die amtswegige Anordnung nach wie vor die Substantiiertheit des Tatsachenvortrages gestellt, zu dessen Präzisierung oder Beweis die Vorlage dienen soll[403]. In der Beschlussempfehlung des Rechtsausschusses wird ausdrücklich darauf hingewiesen, dass die Vorschrift des § 142 ZPO die bezugnehmende Partei nicht von ihren Darlegungs- und Substantiierungspflichten befreien soll. Damit gilt bei § 142 Abs. 1 ZPO n. F. grundsätzlich auch weiterhin das Ausforschungsverbot[404], das, wie dargestellt, grundsätzlich bei jeder Beweiserhebung zu beachten ist, um zu verhindern, dass der Gegner unberechtigterweise oder gar missbräuchlich mit einer Beweisaufnahme überzogen und damit in seine Privatsphäre und bei der Urkundsvorlage in sein Verfügungsrecht eingegriffen wird[405].

Vor jeder Beweisaufnahme, die den Gegner verpflichtet, an der Sachverhaltsaufklärung, eventuell auch zu seinen Lasten, mitzuwirken, muss daher die beweisbelastete Partei substantiiert beweiserhebliche *Tatsachen* vorgebracht haben, die im Rahmen der Beweisaufnahme bestätigt werden sollen[406], oder zumindest durch Anhaltspunkte belegte Vermutungen aufgestellt haben. Auch die Neu-

---

403 BT-Dr. 14/6036, S. 121. Davon abzugrenzen ist die Bezeichnung der Urkunde. Wie bereits dargestellt, ist die ungenaue Bezeichnung des Beweis*mittels*, z. B. im Rahmen der Bezugnahme, hingegen kein Fall der Ausforschung. Ist die Angabe des Beweismittels zu ungenau, kann bereits die Ladung bzw. die Vorlageanordnung nicht ergehen. Ist das Beweismittel individualisierbar bezeichnet, und sind die sich vermeintlich aus dem Beweismittel ergebenden Tatsachen hinreichend bestimmt, hat der Beweisführer ausreichend substantiiert. Zu Einzelheiten siehe S. 35 und Stein/Jonas/*Leipold*, ZPO[22], § 142 Rn. 10.

404 LAG Berlin, EzA-SD 2003, Nr. 4, 13; Zöller/*Greger*, ZPO[25], § 142 Rn. 1 mwN; Baumbach/Lauterbach/Albers/*Hartmann*, ZPO[64], § 142 Rn. 2; Musielak/*Stadler*, ZPO[4], § 142 Rn. 1; *Zekoll/Bolt*, NJW 2002, 3129, 3130; *Stadler*, in: FS Beys, S. 1639; *Ebke*, S. 57; aA. scheinbar *Schlosser*, Anm. zu BGH I ZR 45/01, JZ 2003, S. 427, 428.

405 Siehe S. 43 ff.

406 BT-Dr. 14/6036, S. 121; LAG Berlin EzA-SD 2003, Nr. 4, 13.

fassung von § 142 ZPO soll dem Gericht nicht die Befugnis geben, unabhängig von einem schlüssigen Vortrag zum Zwecke der Informationsgewinnung Urkunden anzufordern[407]. „Eine solche Ausforschung der Parteien (..) war und ist prozessordnungswidrig“[408].

(b) Verstärkte Bedeutung des Ausforschungsverbotes nach der ZPO-Reform

Dem Ausforschungsverbot kommt im Rahmen von § 142 ZPO aber eine ganz neue Bedeutung zu. Bislang konnten sowohl das Gericht, als auch die darlegungs- und beweisbelastete Partei die Vorlage der Urkunde durch den Prozessgegner nur dann veranlassen, wenn der darlegungs- und beweisbelasteten Partei ein Anspruch nach § 422, 423 ZPO zustand. In diesem Falle hatte aber entweder bereits der Gegner selbst zum Beweis auf die Urkunde Bezug genommen und meist die Tatsachen, die sich aus ihrem Inhalt ergeben sollen vorgetragen oder es handelte sich um eine Urkunde, die im Interesse der Partei oder für ein Rechtsgeschäft an dem sie beteiligt war, erstellt worden war. Zudem war in diesen Fällen ein substantiierter Vortrag von Tatsachen in der Regel unproblematisch möglich oder gar verzichtbar, wenn der materielle Vorlagegrund nach § 422 ZPO gerade dem Ziel diente, dem Beweisführer konkrete Informationen zu liefern[409]. Die

---

407 Zutreffend LG Bonn DB 2005, 994; Darmstadt 6.2.2003 -12 W 12/03-, n. v.; Düsseldorf InstE 2, 231. Siehe auch Stein/Jonas/*Leipold*, ZPO[22], §142 Rn. 9; *Stein*, S. 102 f.

408 BT-Dr. 14/6036, S. 121. Danach hätte die Eingangs dargestellte Anordnung des LG Ingolstadt (NZI 2002, 390) auch wegen Unsubstantiiertheit des Tatsachenvortrages der beweisbelasteten Partei nicht ergehen dürfen. Das LG hatte dem Insolvenzverwalter G aufgegeben, den bei Sicherstellung der Insolvenzmasse in Verwahrung genommenen Ordner mit der Aufschrift „Bürogebäude“ zu den Akten zu reichen, da er nach Angabe des beweisbelasteten Beklagten „Unterlagen enthalte, deren Inhalt für die Entscheidungsfindung und rechtliche Beurteilung von Bedeutung sei“. Die beweisbelastete Partei hatte jedoch zuvor keineswegs substantiiert dargelegt, wann Zahlung in welcher Höhe erfolgt sein sollten und durch was für Unterlagen dies bewiesen werden sollte. Stattdessen hatte sie lediglich Bezug genommen auf „entsprechende“ Unterlagen, die sich in dem bezeichneten Ordner befänden. Es fehlte damit bereits an einer hinreichend konkreten Tatsachenbehauptung. Mangels bestimmter Tatsachenbehauptung wäre eine hierauf gestützte Beweisaufnahme auf eine Ausforschung hinauslaufen. Die beweisbelastete Partei, die Kenntnis vom Inhalt der Urkunde erlangt, könnte sich aus der oder den Urkunden, die Tatsachen heraussuchen, die für das Verfahren relevant sein könnten. Damit hätte aber der Gegner den Beweis erbracht für das, was die beweisbelastete Partei hätte beweisen müssen. Die Entscheidung ist vom OLG München durch Beschluss vom 20.11.2002 – 31 W 2565/02 zwar aufgehoben worden. Die Begründung der Entscheidung nimmt zu der Unsubstantiiertheit des Antrages des Beklagten jedoch nicht Stellung.

409 Stein/Jonas/*Leipold*, ZPO[21], § 422 Rn. 5; MünchKommZPO/*Schreiber*[2], § 422 Rn. 5.

Grenzziehung zwischen erlaubtem allgemeinen Vortrag von Tatsachen und verbotenem Ausforschungsbeweis bestimmte sich im Bereich der Urkundsvorlage somit weniger nach prozessualen Grundsätzen, als nach dem Umfang der materiell-rechtlichen Pflicht zur Vorlage und Einsichtgewährung durch den Gegner.

Dies wird zukünftig nicht mehr der Fall sein. Da die Partei nun auch auf Urkunden Bezug nehmen kann, die nur typischerweise vorhanden sind, von denen sie also gar nicht sicher weiß, ob sie existieren, wird auch der Tatsachenvortrag, der durch die Vorlage gerade dieser Urkunde bewiesen werden soll, oft eher vermutet, als tatsächlich bekannt sein. Hier wird das Gericht erheblich häufiger als bislang prüfen müssen, ob es auf eine Anordnung verzichten muss, weil diese unter Umgehung der Beweislastverteilung auf eine Ausforschung bislang nicht vorgetragener Sachverhaltselemente bei der Gegenseite hinausliefe[410]. Dies ist gerade bei der Fallgruppe der „ins Blaue hinein" aufgestellten Tatsachenvermutung außerordentlich schwierig, da zwischen berechtigter Vermutung und missbräuchlicher Mutmaßung nur ein schmaler Grat verläuft.

Zudem ist nach der Rechtsprechung im Zweifel bei der Annahme von Willkür und Missbrauch Zurückhaltung geboten[411] und zunächst von einer „wahrheitsgemäßen" Behauptung auszugehen. Die beweisbelastete Partei wird daher durch substantiiert vorgetragene Vermutungen, die nicht völlig aus der Luft gegriffen sind, im Rahmen eines ansonsten schlüssigen Vortrages, meist erreichen können, dass das Gericht die Vorlage von Urkunden anordnet, die nach der alten Rechtslage nicht hätten erlangt werden können[412].

(c) Keine „discovery" im Zivilprozess

Im Rahmen der Diskussion über das Erfordernis der Substantiiertheit des Vortrages und über die Möglichkeit, nun auch den Gegner der beweisbelasteten Partei zur Urkundsvorlage verpflichten zu können, wird der Vorwurf der Ausforschung häufig zudem in einem Atemzug mit dem US-amerikanischen „pre-trial discovery"-Verfahren genannt[413].

Bei näherer, selbst oberflächlicher, Betrachtung der verfahrensrechtlichen Stellung der „discovery" im amerikanischen Zivilprozess und bei Betrachtung ihrer Voraussetzungen im Gegensatz zur Urkundsvorlage nach § 142 ZPO wird je-

410 Zöller/*Greger*, ZPO[25], § 142 Rn. 1; *Ebke*, S. 57; bereits zur alten Fassung von § 142 ZPO Stein/Jonas/*Leipold*, ZPO[21], § 142 Rn. 1; *Prütting*, NJW 1980, 361, 363.

411 BGH NJW 1995, 2111 = MDR 1995, 738.

412 So wohl auch *Kraayvanger/Hilgard*, NJ 2003, 572, 574.

413 *Dombek*, BRAK-Mitt. 2001, 122, 124; *Lüpke/Müller*, NZI 2002, 588; *Kraayvanger/Hilgard*, NJ 2003, 572, 573.

doch schnell deutlich, dass § 142 ZPO keineswegs eine der „discovery" vergleichbare Möglichkeit der Informationserlangung bietet.

(aa) Die „discovery" im Verfahren vor amerikanischen Gerichten

Der amerikanische Zivilprozess besteht, anders als das Erkenntnisverfahren nach der ZPO, aus zwei Abschnitten: Der Vorbereitung der Hauptverhandlung (pretrial, FRCP 3-37[414]), und einer einzigen, konzentrierten und ununterbrochenen Hauptverhandlung (trial, FRCP 38-53), in der die im „pre-trial" ermittelten Tatsachen und Beweismittel vor Richter und Jury zur Entscheidung präsentiert werden[415].

Zentraler Bestandteil des „pre-trials", der der Eingrenzung und Aufarbeitung des Streitstoffes dient[416], ist die Beweisermittlung und –beschaffung im Rahmen der „discovery"[417].

Dabei sind die Parteien zunächst im Rahmen der „initial disclosure" verpflichtet, den Rechtsstreit gemeinsam zu besprechen, einen „discovery"-Plan zu

---

414 Im Folgenden werden als Rechtsgrundlage ausschließlich die vor den Bundesgerichten (Federal Courts) anwendbaren bundesgesetzlichen Regelungen in den Federal Rules of Civil Procedure (FRCP) angegeben, da ein einheitliches Zivilprozessrecht wegen der Kompetenz der Bundesstaaten nicht existiert. Die FRCP sind die wichtigste gesetzliche Grundlage für den Zivilprozess. Daneben kann aber jeder District Court als unterste Instanz im Federal Court System in Ergänzung zu den FRCP local rules erlassen sowie einzelne Richter standing orders. Für die State Courts, die von den Federal Courts unabhängigen Gerichte der Bundesstaaten, die außer für verfassungsrechtliche, völkerrechtliche und auf Bundesrecht beruhende Streitigkeiten, sowie für zwischenstaatliche Streitigkeiten, eine ausschließliche Kompetenz haben, gelten, was das discovery-Verfahren angeht, dieselben Grundsätze: s. auch *Junker*, S. 98; *Stadler*, Schutz des Unternehmensgeheimnisses, S. 59 Fn. 17.

415 *Stadler*, aaO., S. 64.

416 *Junker*, S. 98, 111 mwN.; *Schack*, Einführung in das US-amerikanische Zivilprozessrecht, S. 41, 45; die vorliegende Darstellung bezieht sich nur auf die erste Instanz. In höheren Instanzen entfällt das discovery-Verfahren.

417 Die grundlegende Bestimmung ist dabei 26 (b)(1) FRCP. Sie enthält den allgemeinen Teil, auf den die nachfolgenden Normen verweisen: "*Parties may obtain discovery regarding any matter, not privileged, that is relevant to the claim or defence of any party, including the existence, description, nature, custody, condition, and location of any books, documents, or other tangible things and the identity and location of persons having knowledge of any discoverable matter. For good cause, the court may order discovery of any matter relevant to the subject matter involved in the action. Relevant information need not be admissible at the trial if the discovery appears reasonably calculated to lead to the discovery of admissible evidence.*"

entwerfen[418] und unaufgefordert sämtliches relevante Beweismaterial, auch Urkunden, an die Gegenseite herauszugeben oder zu benennen[419].

Diese Offenbarungspflicht besteht allerdings nur hinsichtlich solcher Beweismittel, die für die Unterstützung der eigenen Klage oder eigener Einwendungen in Betracht kommen[420]. Eine Verpflichtung der Partei, Nachforschungen auch zu Gunsten des Prozessgegners anzustellen, besteht nicht[421].

Im danach folgenden „pre-trial discovery"-Verfahren, das fast ausschließlich ohne Beteiligung des Gerichts[422] in alleiniger Verantwortung der Parteien ebenfalls im Vorfeld der Hauptverhandlung stattfindet, kann jedoch jede Seite gegenüber dem Gegner umfangreiche Informations- und Auskunftsansprüche geltend machen und auch durchsetzen[423]. Den Parteien stehen dabei verschiedene Mittel zur Verfügung, unter anderem auch die Urkundsvorlage (production of documents [and things])[424].

(bb) Voraussetzungen der „discovery"

Voraussetzung für die Durchführung der „discovery" ist lediglich, dass ein Verfahren vor einem Gericht durch Einreichung einer Klage (filing of a complaint,

---

418 Rule 26 (f) FRCP.

419 Rule 26 (a) FRCP. Nachdem die Regelung Anfangs noch unter dem Vorbehalt einer abweichenden Vereinbarung der Parteien stand und den einzelnen Bundesgerichten zudem ermöglichte, in ihren Distrikten durch örtliches Prozessregeln Abweichendes zu regeln, findet sie seit 2000 in jedem Zivilrechtsstreit (bestimmte Verfahren sind ausgenommen, siehe Rule 26 (a)(1)(E) FRCP) vorbehaltlich gegenteiliger Anordnung des Richters Anwendung, *Trittmann/Leitzen*, IPrax 2003, 7, 10.

420 Rule 26 (a)(1)(A) FRCP; *Trittmann/Leitzen*, aaO.

421 Sie ist im Rahmen der Reform im Jahre 2000 entfallen. Siehe zur Kritik bereits *Reimann*, IPrax 1994, 152.

422 Das Gericht wird in der Regel nur aktiv, um auf Antrag protective orders (Schutzanordnungen) zu erlassen, Rule 26 (c) FRCP.

423 Siehe hierzu die Darstellung bei *Schlosser*, JZ 1991, 599, 600, der diese den bis 1998 bestehenden Regelungen des englischen Rechts gegenüberstellt; *Wagner*, ZEuP 2001, 441, 463.

424 Rule 34 FRCP. Die Partei kann zudem im Rahmen der Zeugenvernehmung Urkunden erlangen; im Gegensatz zum deutschen Recht, umfasst die Zeugnispflicht im amerikanischen Recht stets auch eine Editionspflicht, *Stadler*, Schutz des Unternehmensgeheimnisses, S. 85, Fn. 104 mwN. Befinden sich relevante Unterlagen daher im Besitz einer nicht am Prozess beteiligten Person, kann dieser mittels „subpoena duces tecum" aufgegeben werden, diese zu ihrer mündlichen Vernehmung mitzubringen, *Lange/Black*, S. 74; *Schack*, Einführung in das US-amerikanische Zivilprozessrecht, S. 48; *ders.*, Internationales Zivilverfahrensrecht, Rn. 741; *Stadler*, aaO., S. 85, Fn. 106 mwN. wonach sich die Vernehmung gar auf eine einzige Frage beschränken kann.

Rule 3 FRCP) eingeleitet wurde und der Beklagte erwidert hat. Im Gegensatz zum deutschen Zivilprozess[425] ist jedoch, und dies stellt den maßgeblichen Unterschied dar, keine substantiierte Klagbegründung erforderlich. Die Klageschrift besteht im Wesentlichen nur aus einer Andeutung des Sachverhaltes und dem Klagantrag[426], Tatsachen sind kaum enthalten[427]. Der Beklagte soll lediglich grob über das Klagbegehren und seine Rechtfertigung informiert werden[428]. Entsprechend gering sind auch die Anforderungen an die Klageerwiderung. Der Beklagte muss den klägerischen Vortrag entweder zugestehen oder bestreiten und seine Einwendungen erheben[429]. Weil diese „pleadings" somit keine Eingrenzung des Streitstoffes vornehmen, erfolgt dies nun im Rahmen des „pre-trials".

Ein derartiges Vorgehen ist auch nach der Novellierung der Vorschriften zur Anordnung der Vorlage von Urkunden zum Beweis in Deutschland ausgeschlossen. Die Vorlageanordnung darf nur auf Grundlage eines schlüssigen Vortrages der beweisbelasteten Partei ergehen[430]. Rechtfertigt bereits der vom Kläger vorgetragene Sachverhalt den Klagantrag nicht, ist er also in Verbindung mit einem Rechtssatz nicht geeignet, das von ihm geltend gemachte Recht als in seiner Person entstanden erscheinen zu lassen[431], kann der Kläger hierauf zwar im Rahmen von § 139 ZPO hingewiesen werden; eine Anordnung nach § 142 ZPO kommt aber, auch wenn der Streitgegenstand hinreichend umrissen ist, anders als eine „discovery" nicht in Betracht. Dasselbe gilt, wenn der Beklagte keinen schlüssigen Vortrag zu etwaigen Einreden abgibt, sich aber Urkunden durch den Kläger vorlegen lassen will. Ganz anders der amerikanische Zivilprozess:

---

425 §§ 253, 130 ZPO.

426 Rule 8 (a) FRCP.

427 *Schack*, Einführung in das US-amerikanische Zivilprozessrecht, S. 40.

428 *Lorenz*, ZZP 111 (1998), 35, 45. Dabei bestehen nur zwei Grenzen: Die Klagschrift darf nicht zweifelsfrei erkennen lassen, dass der Kläger keinerlei Tatsachen vortragen kann, die sein Begehren stützen. Anderenfalls wäre ein Antrag auf Klagabweisung begründet; der Kläger muss daher den Sachverhalt zumindest mit wenigen Worten umreißen. Zudem muss der Schriftsatz zumindest so eindeutig sein, dass der Beklagte sich dazu äußern kann; ist er dies nicht, kann der Beklagte zunächst eine genauere Darlegung fordern. Dieser Antrag soll jedoch nur Unklarheiten beseitigen, nicht jedoch eine weitere Substantiierung ermöglichen, siehe dazu im Einzelnen *Junker*, S. 101 mwN.; ebenso *Stadler*, Schutz des Unternehmensgeheimnisses, S. 62.

429 Grundsätzlich genügt allgemeines Bestreiten, *Junker*, S. 102 mwN.

430 BT-Dr. 14/4722, S. 121; *Kraayvanger/Hilgard*, NJ 2003, 572, 573.

431 BGHZ 140, 156; BGH NJW 2000, 3286.

(cc) Umfang der „discovery" und der Urkundsvorlage

Die Erforschung darf sich – anders als nach der ZPO – unabhängig von der Beweislast[432] auf alles erstrecken, was für das Verfahren irgendwie „relevant"[433] sein könnte. Dafür genügt auch, dass die verlangte Information vernünftigerweise geeignet erscheint, zu verwertbarem Beweismaterial zu führen[434]. Da die Anforderungen an die Substantiierung in der Klage gering sind, und es, anders als in der Verhandlung nach der ZPO, noch keinen festgelegten „Streitgegenstand" gibt, ist die Menge relevanter Materie fast unbeschränkt. Damit ist der Ausforschungsbeweis, der bei § 142 ZPO wie soeben dargestellt nicht zulässig ist, Teil der „discovery": Die beweisbelastete Partei braucht keine konkreten Tatsachenbehauptungen aufzustellen, um die Mittel der „discovery" auszuschöpfen; auch braucht sie keine Anhaltspunkte für ihre Tatsachenbehauptungen darzulegen, denn letztlich muss sie noch nicht einmal angeben, wozu sie die Angaben benötigt[435]. Damit besteht, anders als nach der ZPO, auch die Möglichkeit, die Klage durch die in der „discovery" in Erfahrung gebrachten Tatsachen überhaupt erst schlüssig zu machen[436].

Rule 34 FRCP ermöglicht es dazu jeder Partei, den Gegner ohne gerichtliche Erlaubnis und ohne Darlegung plausibler Gründe zur Einsichtnahme in Unterlagen aufzufordern. Dabei sind über den deutschen Urkundsbegriff hinausgehend alle Dokumente und Aufzeichnungen, auch elektronische, erfasst[437]. Die Unterlagen sind in der Aufforderung einzeln oder nach Kategorien zu beschreiben. Die Präzisierungsanforderungen sind dabei nicht hoch („with reasonable particularity")[438]. Weigerungsrechte bestehen nur in sehr begrenztem Umfang[439]. Das Gericht kann jedoch auf Antrag Schutzmaßnahmen anordnen.

---

432 *Stadler*, Schutz des Unternehmensgeheimnisses, S. 95.

433 Rule 26 (b)(1):" *Parties may obtain discovery regarding any matter..., that is relevant to the claim or defence of any party*".

434 Rule 26 (b)(1) „*Relevant information need not be admissable at the trial if the discovery appears reasonably calculated to lead to the discovery of admissable evidence*"; *Junker*, S. 120; *Schack*, Einführung in das US-amerikanische Zivilprozessrecht, S. 45; *Zekoll/Bolt*, NJW 2002, 3129, 3133.

435 *Hök*, S. 88; *v. Hülsen*, RIW 1982, 225, 227 f.; *Stadler*, Schutz des Unternehmensgeheimnisses, S. 94.

436 *Zekoll/Bolt*, NJW 2002, 3130, 3133.

437 Rule 34 (a): "*writings, drawings, graphs, charts, photographs, phonorecords and other data compilations from which information can be obtained, translated, if necessary, by the respondent through detection devices into reasonably usable form*".

438 *Lange/Black*, S. 70; *Stadler*, Schutz des Unternehmensgeheimnisses, S. 76.

439 Sog. "privileges" sind z. B. das Anwaltsgeheimnis, die ärztliche Schweigepflicht, das Ehegattenprivileg und der Selbstbelastungsvorbehalt; dazu kommt der sog. Schutz von „work products" (Rule 26 (b) 3), der die Gedankenwelt des Anwaltes und z. T.

(dd) Nichtvorlage durch die Parteien

Kann die Partei als Adressat der Anordnung der Urkundsvorlage nach der ZPO zudem einigermaßen frei entscheiden, ob sie die Urkunde vorlegt oder den Nachteil der eventuellen Beweiserleichterung für die Gegenseite trägt, treffen die Parteien im amerikanischen Zivilprozess bei Verletzung ihrer Mitwirkungspflichten oft harte Strafen wegen „contempt of court"[440]. Anders als im deutschen Zivilprozess hat die Partei damit die Möglichkeit erheblich mehr Druck auf den Besitzer der Urkunde auszuüben und dadurch eine Vorlage geradezu zu erzwingen.

(ee) Ergebnis

Während nach den Regelungen des amerikanischen Prozessrechts damit jede Aufforderung zur Vorlage „relevanter" Unterlagen im Rahmen eines anhängigen Verfahrens Erfolg verspricht, darf das Gericht nach § 142 Abs. 1 ZPO „die Urkundenvorlage nur auf Grundlage eines schlüssigen Vortrages der Partei, die sich auf die Urkunde bezieht, anordnen"[441]. Zudem ist die Partei nicht von ihren Darlegungs- und Substantiierungspflichten befreit, sondern muss bereits die Tatsachen, die sich aus der Urkunde ergeben sollen, in das Verfahren eingebracht und lediglich zur Ergänzung oder zum Beweis auf die Urkunde Bezug genommen haben. Mit der Neuregelung von § 142 ZPO erfolgt damit keineswegs eine Abkehr vom traditionell restriktiven Beweisermittlungsverfahren und insbesondere keine Ermöglichung von „fishing expeditions". Pauschale Anträge auf Vorlage ganzer Aktenberge nach amerikanischem Muster werden auch zukünftig an den strengen Substantiierungserfordernissen und an der richterlichen Schlüssigkeitsprüfung scheitern. Die Befürchtungen, durch die Änderungen des § 142 ZPO sei zukünftig eine dem „pre-trial discovery"-Verfahren vergleichbare Ausforschung der

---

ermitteltes Material der discovery entzieht, s. *Junker*, S. 127 f.; *Schack*, Einführung in das US-amerikanische Zivilprozessrecht, S. 50; *Stürner*, ZVglRWiss 81 (1982), 159, 204. Private Geheimhaltungsinteressen dürfen der Aufklärung und Wahrheitsfindung nur ausnahmsweise entgegenstehen, *Stadler*, Schutz des Unternehmensgeheimnisses, S. 94, Fn. 142.

440 *Schack*, Einführung in das US-amerikanische Zivilprozessrecht, S. 51; *ders.*, Internationales Zivilverfahrensrecht, Rn. 741: In Frage kommen neben Geld- und Haftstrafen verfahrensbezogene Sanktionen, die nicht nur wie in Deutschland eine Wahrunterstellung der gegnerischen Behauptungen zulassen, sondern auch erlauben, bestimmte Beweismittel auszuschließen, zu Lasten der unwilligen Partei ein Versäumnisurteil zu erlassen oder gar, die Klage abzuweisen, Rule 37 (c) FRCP.

441 BT-Dr. 14/6036, S. 121.

Gegenseite und Dritter möglich, sind daher unbegründet[442]. Die Sachverhaltsaufklärung wird durch die Erweiterungen der Vorlagepflichten durch die Neufassung von § 142 ZPO n. F. zwar erleichtert; die Möglichkeit, mittels ausladender Beweisanträge den Gegner auszuforschen, besteht aber nach wie vor nicht[443].

(d) Hinweis bei mangelnder Substantiiertheit

Sollte der Vortrag der darlegungs- und beweisbelasteten Partei diesen Anforderungen nicht genügen, ist das Gericht nach wie vor nach § 139 Abs. 1 ZPO dazu aufgerufen, auf ergänzende Substantiierung hinzuweisen[444]. Dies war stets unstreitig, wenn Tatsachen nur angedeutet waren und möglicherweise entscheidungserheblich sein konnten[445], und muss daher im Hinblick auf die Zielsetzung von § 139 Abs. 1 ZPO[446] auch gelten, wenn das Gericht anhand der gemachten Angaben noch keine Anordnung zur Vorlage von Urkunden von Amts wegen zur Information oder zum Beweis treffen kann, weil die Tatsachenausführungen noch

---

442 So im Ergebnis auch: *Ebke*, S. 59; *Zekoll/Bolt*, NJW 2002, 3129, 3133; *Lüpke/Müller*, NZI 2002, 588, 589.

443 Damit bleibt aber auch der deutsche ordre-public nach § 14 Abs. 1 des Ausführungsgesetzes zum Haager Übereinkommen über die Beweisaufnahme im Ausland in Zivil- und Handelssachen (BGBl. 1977 I, S. 3105), im folgenden HBÜ, wonach die Bundesrepublik Deutschland Rechtshilfeersuchen, die ein Verfahren zum Gegenstand haben, dass in den Ländern des Common Law als pre-trial discovery of documents bekannt ist, nicht erledigt, von den Änderungen in § 142 ZPO unberührt. So auch BT-Dr. 14/6036, S. 120. Weder haben sich die tragenden Grundsätze deutschen Verfahrensrechts durch das ZPO-RG geändert, noch ist eine Urkundenvorlageverordnung nach § 14 Abs. 2 AufG zum HBÜ erlassen worden, die es ermöglichen würde, derartige Ersuchen unter Berücksichtigung der schutzwürdigen Interessen der Betroffenen zu erledigen. Allerdings ist durch die Ausweitung von § 142 ZPO auf den Gegner und Dritte der inländische Beweisführer gegenüber ausländischen Parteien nunmehr erheblich bessergestellt. Es dürfte damit an der Zeit sein, die Urkundenvorlageverordnung nach § 14 Abs. 2 AusfG zum HBÜ der neuen Gesetzeslage in Deutschland entsprechend umzusetzen, *Trittmann/Leitzen*, IPrax 2003, 7 ff., die zudem auch zum HBÜ, dessen Anwendung im amerikanischen Zivilprozess und den Auswirkungen der Änderungen des § 142 ZPO ausführlich Stellung nehmen. Ausführlich zur bisherigen Rechtslage: *Stadler*, Schutz des Unternehmensgeheimnisses, S. 304 ff.

444 MünchKommZPO/*Peters*², § 139 Rn. 28 ff., 49; Baumbach/Lauterbach/Albers/*Hartmann*, ZPO⁶⁴, § 139 Rn. 28; Thomas/Putzo/*Reichold*, ZPO²⁷, § 139 Rn. 3 ff.; bislang bereits *Wieczorek*, ZPO, § 142 Rn. B III; *Stürner*, Richterliche Aufklärung, S. 18.

445 BGHZ 7, 208, 212; 31, 384, 387; BAG NJW 1967, 1631.

446 Das Gericht hat darauf hinzuwirken, dass sich die Parteien über alle erheblichen Tatsachen vollständig erklären und die Beweismittel bezeichnen.

zu unsubstantiiert sind. Wenn das Gericht schon die parteibetriebene Beweisaufnahme durch ein Vorgehen von Amts wegen ersetzt, trifft es dennoch dieselben Hinweispflichten, wie wenn die Partei im Rahmen dieser gewollten parteibetriebenen Beweisaufnahme unsubstantiiert vorträgt oder die Beweismittel nicht hinreichend bezeichnet hätte. Dies überschreitet auch nicht die Grenzen der richterlichen Hinweispflicht, da die Partei die Tatsachen selbst, die Urkunde sowie deren Zusammenhang wie dargestellt bereits in das Verfahren eingebracht haben muss. Der Hinweis führt damit nicht zu einer quantitativen oder qualitativen Änderung des Prozessziels oder zur Auswechslung des vorgebrachten Lebenssachverhaltes; vielmehr unterstützt das Gericht die Partei lediglich in dem Bemühen zur Aufklärung des Sachverhaltes, indem es den Parteiwillen in die prozessual beste Form einpasst und so zur hinreichenden Berücksichtigung aller möglicherweise entscheidungserheblichen Tatsachen gelangt.

Allerdings lässt sich nicht leugnen, dass dem Gericht damit eine erheblich tragendere Rolle bei der Sachverhaltsaufklärung zukommt, als bislang. Erfährt das Gericht von der Existenz einer möglicherweise streiterheblichen Urkunde nach dem Parteivortrag nur in Umrissen, wird es nach § 139 Abs. 1 S. 2 ZPO gehalten sein, die beweisbelastete Partei nach näheren Angaben zu fragen, um dann nach § 142 ZPO vorgehen zu können[447]. Eine „inquisitorisches" Vorgehen ist damit aber nicht verbunden: Zum einen muss die Partei zunächst die Urkunde im Zusammenhang mit einer Tatsachenbehauptung angesprochen haben, zum anderen ist wie dargestellt erforderlich, dass die Partei will, dass die Urkunde im Prozess verwertet wird (Gebrauchswille). Das Gericht entscheidet damit nicht darüber, was vorgetragen wird, sondern kanalisiert den Vortrag dahingehend, dass letztlich allein die entscheidungserheblichen Tatsachen vorgetragen und geklärt werden. Genau dies waren die Ziele der Reform: Erstens die Erhöhung der Transparenz richterlicher Entscheidungsfindung durch frühe und gezielte prozessleitende Hinweise[448], um die Parteien in die Lage zu versetzen, ihren Vortrag zur Sache sinnvoll zu beschränken, da sie dann wissen, auf welche Tatsachen es aus Sicht des Gerichts für die Entscheidungsfindung ankommt[449], und zweitens die damit erreichte Beschleunigung des Verfahrens.

---

447 *Stadler*, in: FS Beys, S. 1646.
448 BT-Dr. 14/4722, S. 60, 62.
449 BT-Dr. 14/4722, S. 62.

5. *Ermessensentscheidung des Gerichts*

a) Ermessen

Nach dem Wortlaut von § 142 Abs. 1 ZPO n. F. ist das Gericht auch weiterhin zur Anordnung der Urkundsvorlage ohne Antrag der Parteien berechtigt, aber nicht verpflichtet. Hat eine der Parteien auf eine Urkunde Bezug genommen, „kann" das Gericht anordnen, dass die Partei, der Gegner oder ein Dritter, die in ihrem oder seinem Besitz befindlichen Urkunden vorlegt; die Anordnung steht im pflichtgemäßen[450] Ermessen des Gerichts[451].

b) Interessenabwägung

Die Ermessensentscheidung erfolgt, wie bislang, anhand einer Abwägung der betroffenen Interessen. Ist der entscheidungserhebliche Parteivortrag unverständlich oder unpräzise, oder kommt das Gericht zu dem Ergebnis, dass entscheidungserhebliche Tatsachen streitig sind, ist das Interesse der jeweils darlegungs- und beweisbelasteten Partei an der Klärung des Sachverhaltes gegen die erkennbar betroffenen Interessen des Urkundenbesitzers abzuwägen und im Einzelfall zu entscheiden, ob eine Anordnung zur Urkundsvorlage ergeht. Wie auch vor der Reform hat das Gericht dabei insbesondere die Grundrechte[452] und sonstige erhebli-

---

450 Stein/Jonas/*Leipold*, ZPO[22], § 142 Rn. 6; Baumbach/Lauterbach/Albers/*Hartmann*, ZPO[64], § 142 Rn. 5; *Zekoll/Bolt*, NJW 2002, 3129; so bereits vor der Reform BayObLG 1996, 165, 169.

451 Zöller/*Greger*, ZPO[25], § 142 Rn. 2; Musielak/Stadler, ZPO[4], § 142 Rn. 1.

452 Zum Schutz der anwaltlichen Vertrauenssphäre und der Korrespondenz zwischen Partei und dem sie vertretenden Anwalt siehe im Einzelnen *Winte*, BRAK-Mitt. 2001, 246, 251; *Geiger*, DAR 2002, S. 335, 336; *Kraayvanger/Hilgard*, NJ 2003, 572, 574; *Konrad*, NJW 2004, 710, 712 f., wonach sich Vorlageanordnungen nach §142 ZPO am Recht der Parteien auf effektive Rechtsverteidigung und ein faires Verfahren messen lassen müssen. § 142 ZPO sei verfassungs- und EMRK-konform auszulegen. Der Richter habe sein Ermessen entsprechend auszuüben. Die Herausgabe von Unterlagen, die die Anwalt/Mandanten-Sphäre betreffen, dürfe daher nur verlangt werden, wenn dadurch das Recht auf faires Verfahren und das Recht auf Schutz der Vertrauenssphäre nicht berührt werde. Dabei komme es nicht auf die Besitzverhältnisse an. Dem kann nicht gefolgt werden. Richtig, ist, dass bei Anwendung von § 142 ZPO sowohl der Grundsatz des „Fair–Trail" als auch die Vorgaben der EMRK beachtet werden müssen. Anders als im zum Vergleich herangezogenen Strafverfahrensrecht stehen sich im Zivilprozess jedoch nicht Staat und Bürger, sondern zwei Parteien mit einem Interesse an der Durchsetzung ihrer subjektiven Rechte und effektivem Rechtsschutz gegenüber. Den Rechten der Parteien am Schutz ihrer Geheimsphäre wird dabei hinreichend Rechnung getragen: Dem Anwalt als besitzendem

che Interessen der betroffenen Parteien zu berücksichtigen, so z. B. berechtigte Belange des Geheimnis- oder Persönlichkeitsschutzes[453].

Dies gilt insbesondere für die Interessen der nicht darlegungs- und beweisbelasteten Partei[454]. Anders als beim Dritten, für den sich aus § 142 Abs. 2 ZPO besondere Weigerungsrechte ergeben können, wenn bestimmte Interessen betroffen sind, sieht § 142 Abs. 1 n. F. für den Beweisgegner keinerlei Weigerungsrechte vor, die schutzwürdigen Interessen Rechnung tragen. Jedoch ist bei der Berücksichtigung der Interessen des Beweisgegners keinesfalls derselbe Maßstab anzulegen, wie bei der Berücksichtigung der Interessen des Dritten[455]. Zum einen hat sich der Gesetzgeber ausdrücklich darauf beschränkt, nur dem Dritten und nicht auch dem Gegner Weigerungsrechte bei Unzumutbarkeit einzuräumen, obwohl dies bei vorangegangenen Reformen, die eine Ausweitung der Vorlagepflichten vorsahen, durchaus mit bedacht worden war[456]. Es verbietet sich daher auch, die Weigerungsrechte des Dritten einfach entsprechend anzuwenden, was sich allerdings bereits aus der Systematik von § 142 Abs. 1 und 2 ZPO ergibt. Zum anderen ist der Gegner der beweisbelasteten Partei auf Grund des bestehenden Prozessrechtsverhältnisses grundsätzlich zu einer weitergehenden Mitwirkung verpflichtet, als ein unbeteiligter Dritter[457]. Ihm steht gerade kein Zeugnisverweigerungsrecht zu; vielmehr hat er sich nach § 138 ZPO zu den maßgeblichen Tatsachen vollständig und wahrheitsgemäß zu erklären. Daher ist beim Gegner die

---

Drittem steht nach § 142 Abs. 2 i.V.m. § 383 Abs. 1 Nr. 6 ZPO ein Zeugnis- und damit Herausgabeverweigerungs*recht* zu; will die Partei nicht herausgeben, ist die Vorlage ebenfalls nicht erzwingbar. Hat sie gute Gründe die Vorlage zu verweigern, wird dies im Rahmen der Beweiswürdigung berücksichtigt. Ansonsten hat sie die Nachteile, die ihr aus der Nichtvorlage oder auch der Nichtentbindung des Anwaltes von seiner Schweigepflicht entstehen, zu tragen.

453 BT-Dr. 14/6036 S. 120; Zöller/*Greger*, ZPO[25], § 142 Rn. 2; *Zekoll/Bolt*, NJW 2002, 3129, 3130 f.; *Kraayvanger/Hilgard*, NJ 2003, 572, 574; s. im Einzelnen zu den einzubeziehenden Interessen S. 120 ff.

454 Ausführlich ebenso *Stein*, S. 121 ff.

455 Ebenfalls *Kraayvanger/Hilgard*, aaO.; aA. wohl *Ebke*, S. 61, der davon ausgeht, dass der Reformgesetzgeber durch die Zumutbarkeitsgrenze und die ausdrückliche Betonung des Zeugnisverweigerungsrechts in § 142 Abs. 2 S. 1 ZPO n. F. unterstrichen habe, dass die Aufklärungsbeiträge der nicht beweisführenden Partei keineswegs uneingeschränkt großzügig angelegt seien. Dabei wird jedoch verkannt, dass der Gesetzgeber ausdrücklich nur dem Dritten gegenüber solche Grenzen anerkannt hat, obwohl die bisherigen Reformvorschläge bei einer Ausweitung der Aufklärungspflicht des Gegners der beweisbelasteten Partei stets auch eine Begrenzung der Mitwirkungspflichten vorgeschlagen haben, siehe z. B. Bericht der Kommission 1977, S. 145.

456 Bericht der Kommission 1961, S. 205.

457 *Stürner*, JZ 1985, 453, 457; *Konrad*, NJW 2004, 710, 711.

Zumutbarkeitsgrenze höher anzusetzen, als beim Dritten, der zur Vorlage verpflichtet wird. Allerdings ist maßgeblich zu berücksichtigen, dass im Rahmen des zivilgerichtlichen Verfahrens, anders als z. B. in der VwGO[458], ein Geheimnisschutz auch nach der Reform nicht sichergestellt ist. Ist eine Urkunde erst vorgelegt[459], erfährt die Gegenseite zwangsläufig auch von deren Inhalt. Dies wird dadurch besonders bedeutend, dass die Partei, die meint, ein schutzwürdiges Geheimhaltungsinteresse zu haben, nicht gegen die Anordnung vorgehen kann. Ihr bleibt nur die Möglichkeit, die Vorlage der Urkunde zu verweigern und die Endentscheidung abzuwarten, um diese dann mit der Berufung oder Revision anzufechten. Die Verweigerung der Vorlage birgt wegen der Möglichkeit der Anwendung von § 427 ZPO aber immer die Gefahr des Prozessverlustes. Den Interessen der Parteien an der Wahrung ihrer Geheimnisse hat der Richter daher dadurch Rechnung zu tragen, dass er von dem ihm eingeräumten Ermessen entsprechend Gebrauch macht[460].

c) Ermessensreduzierung

aa) Einschränkung richterlichen Ermessens bei Antrag der Partei auf Anordnung nach § 142 ZPO ohne Vorliegen der Voraussetzungen der §§ 422, 423 ZPO

Jedoch muss das Ermessen des Gerichts im Verfahren mit Beibringungsgrundsatz reduziert werden, wenn es um die Vorlage von Urkunden geht, an die eine Partei im Rahmen des formellen Beweisverfahrens nicht herankäme, entweder, weil ihr kein materiell-rechtlicher Herausgabeanspruch zusteht, oder weil die besitzende

---

458 Das „in camera“ -Verfahren der VwGO bezieht sich jedoch nur auf die Frage, ob die auf die Gründe des § 99 Abs. 1 S. 2 gestützte Weigerung der Behörde, bestimmte Urkunden oder Akten vorzulegen oder Auskünfte zu erteilen, rechtmäßig ist; es ist dagegen nicht, auch nicht analog auf eine Entscheidung des Gerichts darüber anwendbar, ob Akten usw. für das anhängige Verfahren erheblich sind und deshalb der Vorlagepflicht nach § 99 Abs. 1 S. 1 VwGO unterliegen, s. *Kopp/Schenke*, § 99 VwGO, Rn. 21, geschweige denn als Beweisaufnahme gedacht. Im Rahmen der Einführung des „in camera“ – Verfahrens in die VwGO stellte sich daher nur die Frage, ob die mit diesem Vorgehen verbundenen Einschränkungen des Art. 19 Abs. 4 GG verhältnismäßig sind, nicht aber, ob ein Verstoß gegen Art. 103 Abs. 1 GG vorliegt.

459 Ein Ausschluss des Gegners von der Einsichtnahme ist mit § 357 ZPO und dem Grundsatz rechtlichen Gehörs nicht vereinbar, Zöller/*Greger*, ZPO[25], § 142 Rn. 2, § 357 Rn. 1; Thomas/Putzo/*Thomas*, ZPO[27], § 357 Rn. 1; *Stadler*, Schutz des Unternehmensgeheimnisses, S. 233 f. mit näheren Erläuterungen zu möglichen Einschränkungen zum Schutz von Unternehmensgeheimnissen.

460 BT-Dr. 14/6036, S. 120; zu den praktischen Schwierigkeiten siehe *Stein*, S. 123 f.

Prozesspartei nicht zur Beweisführung auf die Urkunde Bezug genommen hat, das Gericht den Urkundenbesitzer nach § 142 ZPO n. F. aber ohne weiteres zur Vorlage veranlassen könnte.

Nach den §§ 139, 142 ZPO n. F. soll das Gericht die Parteien bei der Sachverhaltsklärung unterstützen. Aus dem Erfordernis der Bezugnahme und des vorherigen substantiierten Vortrages ergibt sich, dass auch weiterhin allein den Parteien die Entscheidung darüber obliegen soll, welche Tatsachen und welche Urkunden sie zum Gegenstand des Verfahrens machen. „Beantragt" eine Partei daher, das Gericht möge gegenüber dem Prozessgegner eine Anordnung nach § 142 ZPO von Amts wegen treffen, wird das Gericht dieser Anregung in der Regel nachzukommen haben[461]. Zwar kann ein solcher Antrag der beweisbelasteten Partei aufgrund des Fehlens einer § 429 ZPO n. F. entsprechenden Regelung nur als Anregung der Partei an das Gericht verstanden werden, nach § 142 Abs. 1 ZPO n. F. vorzugehen; andererseits hinge die Verfügbarkeit des Beweismittels für die Prozessentscheidung ansonsten ausschließlich davon ab, ob das Gericht die Vorlage nach § 142 ZPO n. F. von sich aus anordnet. In diesem Fall wird man sich kaum Umstände vorstellen können, die es rechtfertigen, dass das Gericht untätig bleibt, wenn die beweisbelastete Partei zu den entscheidungserheblichen streitigen Tatsachen substantiiert vorgetragen oder wenigstens durch konkrete Anhaltspunkte ihre Behauptungen hinreichend wahrscheinlich gemacht hat[462]. Diese Auslegung wird sowohl durch die bisherige Rechtsprechung, die in vergleichbaren Situationen stets von einer Verpflichtung des Gerichts zum Tätigwerden ausgegangen ist, als auch aus dem Recht der Partei auf rechtliches Gehör (Art. 103 Abs. 1 GG) und letztlich auch durch den Grundsatz der Waffengleichheit im Prozess gestützt.

(1) Einschränkungen richterlichen Ermessens in vergleichbaren Fällen nach der Rechtsprechung

(a) Pflicht zum Tätigwerden zur Beseitigung von Entscheidungshindernissen

Bereits vor der Reform war ein Umschlagen des richterlichen Ermessen in eine Pflicht zum Tätigwerden im Rahmen von § 144 Abs. 1 ZPO anerkannt, wenn die beweisbelastete Partei alles in ihrer Macht stehende getan hatte, um Beweis zu erbringen, das Gericht aber dennoch weitere Informationen benötigte, um den

461 So dazu auch *Stadler*, in: FS Beys, S. 1641, 1643 f.; außerdem *Greger*, NJW 2002, 1477 (Kfz-Reparaturrechnung bei fiktiver Abrechnung) und OLG Oldenburg, NJW-RR, 1997, 535 (Krankenunterlagen bei Arzthaftpflichtprozessen).

462 *Stadler*, in: FS Beys, S. 1644.

Sachverhalt rechtlich beurteilen zu können. Erkannte das Gericht, oder hätte es erkennen müssen, dass die eigene Sachkunde nicht ausreicht, um den Parteivortrag würdigen zu können[463] bzw. enthielt ein bereits vorliegendes Gutachten Widersprüche[464], oder war das Gericht aus eigenem Wissen z. B. nicht imstande, den Sinn einer im angloamerikanischen Rechtskreis gebräuchlichen Vertragsklausel zu beurteilen[465], war es *verpflichtet,* zu dieser Frage ein weiteres Sachverständigengutachten von Amts wegen einzuholen. Ansonsten wäre die beweisbelastete Partei in dem Rechtsstreit unterlegen, obwohl sie alle ihr zur Verfügung stehenden Beweise beigebracht hatte.

Ähnlich verhielt es sich bei Anordnungen im Rahmen der Terminsvorbereitung: Zwar war und ist das Gericht grundsätzlich zur Terminsvorbereitung nach § 273 Abs. 1 ZPO verpflichtet; welche Maßnahmen es dabei ergreift, steht aber in seinem Ermessen[466]. Jedoch durfte das Gericht dabei nicht nur deshalb z. B. vom Einholen eines Sachverständigengutachtens absehen, weil es den Beweisantrag der Partei für verspätet hielt[467]. Die Vorbereitungspflicht des Gerichts beinhaltet eine sachgerechte Terminierung, in der auch noch Platz dafür ist, eventuell verspätetes Vorbringen zu berücksichtigen[468]. Bei Vorliegen verspäteten Vorbringens besteht daher anerkanntermaßen die Pflicht des Gerichts, in gewissen Grenzen die Verspätung durch Ergreifung vorbereitender Maßnahmen auszugleichen[469]. Auch hier ist somit bei der Frage, ob das Gericht von Amts wegen eine Beweiserhebung anordnet oder nicht, eine Pflicht des Gerichts zum Tätigwerden angenommen worden, wenn dies prozessentscheidend war, da ansonsten die darlegungs- und beweisbelastete Partei mit ihrem Vorbringen präkludiert gewesen wäre.

Sicherlich kann man der Heranziehung diesen beiden Einschränkungen des richterlichen Ermessens entgegenhalten, in diesen Fällen gehe es anders als bei § 142 Abs. 1 ZPO nicht um den Ausgleich eines Informationsgefälles zwischen den Parteien und in der Regel werde die beweisbelastete Partei anders als in den vorliegenden Beispielen auch noch nicht hinreichend vorgetragen haben, als dass man davon ausgehen könne, sie habe ihrer Beweislast genüge getan. Jedoch zeigen beide Fallgruppen eindeutig, dass die Rechtsprechung gerade in den Situationen, in denen das Obsiegen oder Unterliegen der Partei allein davon abhängt, ob

463 Vgl. hierzu etwa BGHZ 64, 86, 99 f. = NJW 1975, 1029.
464 BGH NJW 1996, 1597, 1599; BGH NJW 1997, 803, 804; BGH VersR 1981, 752.
465 BGH MDR 1987, 212; MünchKommZPO/*Peters*², §§ 142-144 Rn. 5.
466 Baumbach/Lauterbach/Albers/*Hartmann*, ZPO⁶⁴, § 273 Rn. 10.
467 BGH NJW 1982, 2317, 2319.
468 BGH NJW 1974, 1512; MünchKommZPO/*Prütting*², § 273 Rn. 6.
469 BGH LM Nr. 21 zu § 529 ZPO = NJW 64, 107; LM Nr. 2 zu § 272 b ZPO; MünchKommZPO/*Prütting*², § 273 Rn. 6.

das Gericht von sich aus tätig wird und der Entscheidung entgegenstehende Hindernisse beseitigt, von einer Verpflichtung des Gerichts zum Tätigwerden ausgeht.

(b) Ausgleich eines Informationsgefälles durch richterliche Initiative

Aber auch und gerade in den Fällen, in denen ein Informationsgefälle zwischen den Parteien besteht, da naturgemäß eine der Parteien im Besitz der entsprechenden Dokumentation oder des Sachverstandes ist, geht die Rechtsprechung davon aus, eine gerechte Interessenabwägung verlange den Ausgleich dieses Informationsgefälles durch prozessuale Initiativen des Gerichts. So wird insbesondere der Arzthaftpflichtprozess aufgrund der durch die Rechtsprechung gewährten Substantiierungs- und Beweiserleichterungen[470] inzwischen als „richterlich instruierter Prozess" verstanden, „in dem der Richter die Hauptverantwortung für die umfassend sorgfältige Aufklärung des Entscheidungssachverhaltes" trage[471]. Diese Wertung beruht letztlich auch darauf, dass der klagende Patient als beweisbelastete Partei nicht in der Lage ist und daher auch nicht verpflichtet sein soll, die Krankenunterlagen beizuziehen und bei Klagerhebung mit einzureichen[472], sondern dass das Gericht vielmehr im Rahmen der Prozessförderungspflicht gehalten ist, diese Unterlagen zu beschaffen[473]. Zur Gewährleistung prozessualer Waffengleichheit sei das Gericht zudem in diesem Bereich vermehrt zur Amtsermittlung aufgerufen[474]. Es hat von Amts wegen auf eine umfassende und genaue Aufklärung des Sachverhaltes hinzuwirken[475].

Auch diese Rechtsprechung zeigt, dass das Gericht zwar grundsätzlich den Parteien die Beweisinitiative zu überlassen hat, es in Einzelfällen, insbesondere wenn dies zur Wahrheitsfindung unerlässlich ist und nicht in Gegensatz zu der fehlenden Aktivität der Partei gerät, aber verpflichtet sein kann, Beweis von Amts wegen zu erheben, um der beweisbelasteten Partei in ihrer Beweisnot zu helfen. Nicht ohne Grund wird bei so weitreichenden Initiativrechten des Ge-

---

470 BGHZ 129, 6, 10 = NJW 1995, 1611; BGH NJW 1994, 1594, 1595; BGH NJW 1993, 2375; NJW 1988, 2949 = LM § 823 [Aa] BGB Nr. 101 mwN.; BGHZ 72, 132, 136 ff. = NJW 1978, 2337.

471 *Geiß/Greiner*, S. 199.

472 OLG Köln VersR 1987, 791; KG VersR 1986, 769; OLG Düsseldorf MDR 1984, 1033.

473 OLG Oldenburg NJW-RR 1997, 535.

474 *Geiß/Greiner*, S. 200;

475 BGH VersR 1982, 168; VersR 1980, 533; VersR 1979, 939 f.; OLG Stuttgart VersR 1991, 229 f.

richts allerdings in diesem Bereich bisweilen bereits die Fortgeltung des Beibringungsgrundsatzes bezweifelt[476].

(2) Anspruch auf rechtliches Gehör (Art. 103 Abs. 1 GG)

Eine Reduzierung des gerichtlichen Ermessens ist auch vor dem Hintergrund des Anspruchs der beweisbelasteten Partei auf rechtliches Gehör[477] geboten. Danach hat jede Partei u.a. das Recht, sich im Prozess zu äußern[478], d.h. vor einer Entscheidung, die ihre Rechte betrifft, zu Wort zu kommen und auf das Verfahren und dessen Ergebnis Einfluss zu nehmen[479]. Dieser Anspruch besteht neben dem aus Art. 3 Abs. 1 GG abgeleiteten Prinzip prozessualer Waffengleichheit[480] und umfasst nicht nur das Recht der Partei, sich sachlich zu dem Tatsachenstoff zu äußern, sondern auch dass Recht *mit ihren Beweisanträgen* „gehört" zu werden[481]. Zwar gewährt Art. 103 Abs.1 GG kein Recht auf ein bestimmtes Beweismittel. Das Gericht hat danach aber das gesamte Vorbringen der Parteien in rechtlicher und tatsächlicher Hinsicht auf seine Entscheidungserheblichkeit und Richtigkeit zu prüfen[482]. Dies gilt auch im Zivilprozess: Das Gericht hat diese Vorgaben, auch wenn sie überwiegend bereits einfachgesetzlich umgesetzt sind, bei der Auslegung der Verfahrensnormen und der Konkretisierung von Ermessens- und Beurteilungsspielräumen zu berücksichtigen[483]. Selbst wenn der Antrag der beweisbelasteten Partei, den Gegner von Amts wegen zur Vorlage zu verpflichten, mangels einer § 429 ZPO n. F. entsprechenden Regelung nur als Anregung an das Gericht verstanden werden kann, nach § 142 Abs. 1 ZPO n. F. tätig zu werden, und nicht als Beweisantrag im engeren Sinn, muss das Gericht, wenn

---

476 *Franzki*, MedR 1994, 171 f.

477 Grundsätzlich zum Anspruch auf rechtliches Gehör im Zivilprozess siehe: *Waldner*, Der Anspruch auf rechtliches Gehör, 2000; *Zeuner*, Rechtliches Gehör, materielles Recht und Urteilswirkungen, 1974; *Frohn*, Rechtliches Gehör und richterliche Entscheidung, 1989, S. 81 ff.

478 *Waldner*, S. 24 ff.

479 BVerfGE 9, 89, 96.

480 Jarass/*Pieroth*, Art. 103 Rn. 3.

481 BVerfGE 69, 141, 143 f. = NJW 1986, 833; BVerfGE 65, 305 = NJW 1984, 1026; BVerfGE 53, 205, 206; BVerfGE 50, 32 = NJW 1979, 413; BVerfG, NJW-RR 1994, 700.

482 BVerfGE 70, 288, 293 f.; 69, 145, 148 f.; 21, 191, 193 f.

483 BVerfGE 89, 381, 390; 67, 227, 234; 62, 320, 322; 61, 37, 41; 7, 95, 98; zwar muss die Ausgestaltung des rechtlichen Gehörs grundsätzlich den einzelnen Verfahrensnormen überlassen bleiben. Das Zivilprozessrecht kann also Zeitpunkt, Form und Art und Weise des rechtlichen Gehörs wählen. Der Richter hat aber jede Verfahrensnorm so auszulegen, dass den Beteiligten eine effektive Äußerungsmöglichkeit gewährt oder erhalten bleibt, *Waldner*, S. 142.

dieser Antrag gestellt wird, zumindest sein pflichtgemäßes Ermessen im Rahmen von § 142 Abs. 1 ZPO n. F. ausüben und bei möglicher Entscheidungserheblichkeit die Vorlage anordnen, wenn keine Gründe entgegenstehen. Hat die beweisbelastete Partei keinerlei andere Beweismittel zur Verfügung oder kommt es gerade auf die Vorlage dieser einen Urkunde prozessentscheidend an, muss der gestellte „Beweisantrag" Berücksichtigung finden; ansonsten hat das Gericht gerade nicht das gesamte Vorbringen, das möglicherweise entscheidungserheblich ist, geprüft. Es kann daher keinesfalls im freien Ermessen des Gerichts stehen, in einer Situation, in der es alle prozessentscheidenden Mittel in der Hand hat, und sich die Entscheidungserheblichkeit einer Urkunde geradezu aufdrängt, den Antrag der Partei, davon Gebrauch zu machen, zu ignorieren oder ohne pflichtgemäße Prüfung davon Abstand zu nehmen.

(3) Grundsatz der Waffengleichheit im Zivilprozess

Letztlich gebietet auch der Grundsatz der Waffengleichheit eine Einschränkung des gerichtlichen Ermessens.

(a) Inhalt des Grundsatzes der Waffengleichheit

Der Grundsatz der Waffengleichheit der Parteien vor dem Richter ist eine Ausprägung des Rechtsstaatlichkeitsprinzips und des allgemeinen Gleichheitssatzes[484]. Er findet, obwohl in erster Linie für Verfahren vor den Strafgerichten und den Verwaltungsgerichten entwickelt, auch im Zivilprozeß Anwendung[485]. Waffengleichheit verlangt, dass der Richter den Prozessparteien im Rahmen der Verfahrensordnung gleichermaßen „die Möglichkeit einräumt, alles für die gerichtliche Entscheidung Erhebliche vorzutragen und alle zur Abwehr des gegnerischen Angriffs erforderlichen prozessualen Verteidigungsmittel geltend zu machen"[486]. Den Richter trifft dabei die Pflicht, diese Gleichstellung der Parteien durch eine objektive, faire Verhandlungsführung gegenüber den Prozessbeteiligten zu wah-

---

484 BVerfGE 51, 131, 144, 156; 55, 72, 93 ff.; 69, 126, 140; *Tettinger*, Fairneß und Waffengleichheit, 1984, S. 41; ausführlich auch zur Gewährleistung des "fair hearings" in Art. 6 Abs. 1 S. 1 EMRK: *Marczak*, Das Fairneßgebot im Prozeß, Neuss 2000, S. 4 ff.

485 BVerfGE 74, 78, 94; *Gehrlein*, ZZP 110 (1997), 451, 466; *ders.*, EuGRZ 1995, 54 f. Siehe hierzu im Einzelnen auch *Jung*, Der Grundsatz der Waffengleichheit im Zivilprozeß, 1990; *Karwacki*, Der Anspruch der Parteien auf einen fairen Zivilprozeß, Köln 1984; *Marczak*, S. 147 ff.; *Tettinger*, S. 36 ff. Sein Verhältnis zu anderen verfassungsmäßig fundierten Prozessmaximen ist dabei noch nicht abschließend geklärt, Musielak/*Musielak*, ZPO^4, Einleitung Rn. 31.

486 BVerfGE 55, 72, 93 ff.; 69, 126, 140.

ren[487]. Die Umsetzung dieser Vorgaben kann durch den Richter nur im Wege der Auslegung der Verfahrensnormen und der Konkretisierung von Ermessens- und Beurteilungsspielräumen erfolgen; dabei gibt der Grundsatz der Waffengleichheit eine Richtlinie für die Ausübung des richterlichen Ermessens vor[488].

(b) Waffengleichheit im Rahmen von § 142 ZPO

Das klassische Instrument des Zivilrichters, „die Gleichwertigkeit der prozessualen Stellung" der Parteien zu realisieren, besteht in einer aktiven Handhabung der richterlichen Aufklärungspflicht gemäß § 139 ZPO[489]. Dazu gehört nun auch die Möglichkeit des Gerichts die Vorlage von Urkunden vom Gegner der beweisbelasteten Partei zu verlangen, an die die Partei ansonsten nicht herangelangen würde. Dem könnte man entgegenhalten, der Richter habe faktische Ungleichheiten, die durch die ZPO vorgegeben sind, nicht durch ausgleichende Maßnahmen zu beheben[490]. Aus der vom BVerfG geprägten und in der Rechtsprechung der Oberlandesgerichte übernommenen Umschreibung der Waffengleichheit als der Gewährleistung der *Gleichwertigkeit* der *prozessualen Stellung* vor dem Richter[491], lässt sich jedoch entnehmen, dass es vielmehr auf eine materielle Betrachtung der Waffengleichheit ankommt. Mit der Anknüpfung an die prozessuale Stellung ist die tatsächliche prozessuale Situation der Partei gemeint, die vorhanden sein muss, damit die Rechtstellung der Partei nicht nur im Sinne einer formalen Gleichheit gewährleistet ist. Dazu muss eine gleichwertige Durchsetzungschance beider Parteien gegeben sein[492]. Dies ist aber nicht der Fall, wenn eine der Parteien Beweismittel zurückhalten kann, deren Vorlage das Gericht anordnen könnte. Dem steht auch nicht die richterliche Neutralitätspflicht[493] entgegen.

---

487 BVerfGE 52, 131, 156 f.

488 Musielak/*Musielak*, ZPO[4], Einleitung Rn. 32.

489 *Marczak*, S. 164, 170; *Vollkommer*, S. 512 f.

490 *Bötticher*, S. 12; *Baumgärtel*, Waffengleichheit und faire Prozeßführung, S. 29, 31; *Jauernig*, Zivilprozessrecht[28], § 18 VI 2; so wohl auch *Stürner*, Richterliche Aufklärung, Rn. 39, 40; allerdings geht auch *Stürner* davon aus, dass bei einem Überwiegen der Richtermacht gegenüber der Parteimacht, die bei einer Novellierung der ZPO tunlichst zu vermeiden gewesen wäre, eine Einschränkung des richterlichen Ermessens zur Sicherung der Verfahrensgerechtigkeit notwendig ist.

491 BVerfGE 52, 131, 156; 55, 72, 93 ff.; 69, 248, 254 (zum allgemeinen Gleichheitssatz); 79, 126, 139 ff.; OLG Schleswig NJW 1988, 67, 68; NJW 1986, 3146, 3147.

492 *Brüggemann*, S. 181; *Schwab/Gottwald*, Verfassung und Zivilprozeß, 1984, S. 65; *Vollkommer*, S. 519.

493 So aber *Ebke*, S. 62, der die daraus ansonsten folgende „inquisitorische" Sachverhaltsaufklärung von Amts wegen als einen groben Verstoß gegen die richterliche Neutralitätspflicht und das Willkürverbot ansieht.

Bei der Herstellung materieller Waffengleichheit handelt der Richter nicht parteiisch, sondern schafft im Gegenteil nur eine Grundvoraussetzung für eine gerechte Entscheidung.

Um in erster Instanz daher eine vollständige Sachverhaltsklärung zu erreichen und eine Entscheidung zu fällen, die „beide Parteien verstehen und akzeptieren können“[494], ist es geboten, dass das Gericht zumindest auf Antrag der beweisbelasteten Partei anordnet, der Gegner habe in seinem Besitz befindliche Urkunden herauszugeben, auf die die Partei Bezug genommen hat.

(c) Vergleichbarer Fall des § 448 ZPO

Dies ist auch im vergleichbaren Fall des § 448 ZPO, in dem die Partei so weit wie irgend möglich ihrer Beweislast nachgekommen ist, anerkannt, wenn es zur Ausräumung verbleibender Zweifel notwendig ist, weitere Beweise zu erheben, deren Erhebung durch die beweisbelastete Partei aber nicht ohne weiteres beantragt werden kann[495]. Auch hier „kann“ das Gericht von Amts wegen ohne Rücksicht auf einen Beweisantrag und die Beweislast[496] Beweis erheben, indem es die Vernehmung einer der Parteien anordnet, wenn das bisherige Ergebnis der Verhandlung oder einer Beweisaufnahme nicht ausreicht, um sich eine Überzeugung von der Wahrheit oder Unwahrheit einer zu beweisenden Tatsache zu bilden[497]. Auch hier reicht die Richtermacht weiter als die Parteimacht: Zwar können die Parteien eine solche Parteivernehmung auch im Rahmen des förmlichen Beweisverfahrens beantragen (§§ 445, 447 ZPO), jedoch kann dabei die beweispflichtige Partei ihre eigene Vernehmung nur dann herbeiführen, wenn der Gegner damit einverstanden ist[498]. Steht der beweisbelasteten Partei aber kein anderes Beweismittel zur Verfügung als ihre eigene Aussage und stimmt der Gegner der Vernehmung nicht zu, widerspräche es sowohl dem Grundsatz rechtlichen Gehörs, als auch dem Grundsatz des fairen Verfahrens, der Partei die Beweislast aufzubürden, ihr aber dann das einzige Beweismittel vorzuenthalten, über das sie ver-

---

494 BT-Dr. 14/4722, S. 58.

495 EGMR NJW 1995, 1413.

496 Musielak/*Huber*, ZPO^{4}, § 448 Rn. 1; § 445 Rn. 4, 5.

497 Baumbach/Lauterbach/Albers/*Hartmann*, ZPO^{64}, § 448 Rn. 7. Es musste damit aber schon stets ein gewisser, wenn auch geringer Grad von Wahrscheinlichkeit (sog. Anfangsbeweis) für die Behauptung sprechen. Stehen sich Behauptungen gänzlich beweislos gegenüber, sei für § 448 ZPO kein Raum, *Stein/Jonas/Leipold*, ZPO^{21}, § 448 Rn. 5.

498 MünchKommZPO/*Schreiber*^{2}, § 447 Rn. 1; Baumbach/Lauterbach/Albers/*Hartmann*, ZPO^{64}, § 447 Rn. 4; wegen der damit für die nichtbeweisbelastete Partei verbundene Gefahr müsse sie sich mit diesem Vorgehen ausdrücklich einverstanden erklären.

fügt[499]. Geht es zum Beispiel um Abreden zwischen den Parteien, die im Rahmen eines „Vieraugengesprächs“ getroffen wurden, muss das Gericht die beweisbelastete Partei daher auf Antrag vernehmen, wenn sie ansonsten keine Beweismittel zur Verfügung hat[500]. Nur durch eine strenge Ermessensbindung des Gerichts kann daher im Rahmen von § 448 ZPO Willkür ausgeschlossen und effektiver Rechtsschutz gewährleistet werden[501].

(4) Ergebnis

Diese Ermessensbindung muss aber auch bei der Urkundsvorlage gelten: Das Gericht hat sein Ermessen stets pflichtgemäß auszuüben[502]. Bei einem Antrag der Partei im Rahmen des Beweisverfahrens wird dieses vielfach auf Null reduziert sein und es gebieten, eine Vorlageanordnung zu erlassen, wenn die beweisführende Partei mangels prozessualer oder materieller Vorlagepflicht die Vorlage der Urkunde selbst nicht herbeiführen kann und diese entscheidungserheblich ist. Kann nur das Gericht die Vorlage der Urkunde als Beweismittel veranlassen, muss es daher auf Antrag der beweisbelasteten Partei eine Vorlageanordnung nach § 142 Abs. 1 ZPO n. F. erlassen, wenn nicht gravierende Umstände, die im Rahmen des Ermessens zu berücksichtigen sind, dagegen sprechen. Dies gilt vor allem dann, wenn die beweisbelastete Partei die maßgebliche Urkunde genau be-

---

499 EGMR NJW 1995, 1413, wonach auch das Begehren einer Partei, zu dem Streitstoff vernommen zu werden, nicht mehr unter dem Gesichtspunkt eines fehlenden Anfangsbeweises verweigert werden kann. Sofern diese Entscheidung kritisiert wird, beruht dies ausschließlich darauf, dass sich im Rahmen von § 448 ZPO und der Vernehmung der beweisbelasteten Partei berechtigterweise die Frage stellt, inwiefern eine solche Aussage an sich vertrauenswürdig ist, s. abweichende Ansicht der Richter Martens und Pettiti NJW 1995, 1414. Diese Frage würde sich jedoch bei der Vorlage von Urkunden durch die Gegenseite nicht stellen; *Schlosser*, NJW 1995, 1404 ff.; *Gehrlein*, ZZP 110 (1997), 451, 468.

500 Im Ergebnis ähnlich BGH NJW-RR 1994, 1143. Dort wurde bemängelt, dass der persönlich haftende Gesellschafter einer KG, der kein Zeuge sein kann, nicht als Partei zu der streitigen Tatsache vernommen wurde, ob die Unterschrift auf dem entscheidungserheblichen Vertrag von ihm stamme. Ähnlich auch BGH NJW 1999, 363, 364, wonach die Möglichkeit bestehen muss, in solchen Fällen eine Benachteiligung der Partei, die selbst Verhandlungen geführt hat, im Rahmen der Ermessensentscheidung zu berücksichtigen, wobei der BGH offen läßt, ob daraus die Notwendigkeit der Parteivernehmung folgt.

501 *Glücklich*, S. 164 f.; stattdessen für verfassungskonforme Auslegung, aber mit gleichem Ergebnis, Stein/Jonas/*Leipold*, ZPO[21], § 448 Rn. 14, 16 ff.; *Stürner*, Richterliche Aufklärung, S. 17.

502 *Jauernig*, Zivilprozessrecht[28], § 56 III 2.; Musielak/*Stadler*, ZPO[4], § 142 Rn. 1; Baumbach/Lauterbach/Albers/*Hartmann*, ZPO[64], § 142 Rn. 5.

zeichnen und die sich ihrer Ansicht nach daraus ergebenden Tatsachen bestimmt benennen kann.

Zwar ist die Urkundsvorlage auch durch die Anordnung des Gerichts gegenüber dem Gegner nicht erzwingbar, die Nichtbefolgung der richterlichen Anordnung kann aber in entsprechender Anwendung des § 427 ZPO im Rahmen der freien richterlichen Beweiswürdigung gewertet werden. Infolge der Weigerung können die Behauptungen der beweisbelasteten Partei nach § 427 S. 2 ZPO als bewiesen angesehen und damit gegebenenfalls ihr Prozessverlust vermieden werden. Von einer Anordnung auch von Amts wegen abzusehen, wird daher vielfach nicht vertretbar sein[503]. Nur bei Entgegenstehen gravierender Interessen des Gegners wird eine Anordnung ausscheiden.

bb) Zurückhaltung des Gerichts ohne Antrag

Dennoch sollte im Rahmen von § 142 Abs. 1 ZPO beachtet werden, dass mit dem Tätigwerden des Gerichts maßgeblich in die bestehende Beweislastverteilung eingegriffen werden kann. Hat die beweisbelastete Partei die Heranziehung der Urkunde nicht beantragt, sollte – ähnlich wie auch bei § 448 ZPO[504] – von der Möglichkeit, den Gegner zur Vorlage zu verpflichten, nur eingeschränkt Gebrauch gemacht werden. Das Gericht hat durch § 139 ZPO die Möglichkeit, auf die Entscheidungserheblichkeit der Urkunde hinzuweisen, wenn die Partei die zugrundeliegenden Tatsachen in das Verfahren eingebracht und auf die Urkunde an irgendeiner Stelle Bezug genommen hat. Stellt die beweisbelastete Partei auch dann keinen „Antrag", ist von der Anordnung abzusehen. An dieser Stelle würde die Amtsermittlung ansonsten einen groben Verstoß gegen die richterliche Neutralitätspflicht und die Parteifreiheit darstellen[505].

d) Notwendiger Umfang der Vorlage

Da es der beweisbelasteten Partei zudem unbenommen bleibt, der vorgelegten Urkunde etwaige neue Tatsachen zu entnehmen, die ihr noch nicht bekannt waren und diese für ihren weiteren Vortrag zu nutzen, hat das Gericht bei seiner Anordnung insbesondere auch darauf zu achten, in welchem Umfang die Vorlage der Urkunde notwendig ist. So wäre bei Inbezugnahme umfangreicher Vertragsdo-

---

503 *Greger*, NJW 2002, 1477; *Stadler*, in: FS Beys, S. 1644.

504 MünchKommZPO/*Schreiber*², § 448 Rn. 1

505 Zöller/*Greger*, ZPO²⁵, § 273 Rn. 3, weist darauf hin, dass insgesamt bei der Beweiserhebung von Amts wegen die Vorschriften für die formelle Beweiserhebung beachtet werden müssen. Bei einem Antrag der Partei kann dies wie dargestellt nicht gelten. Ohne Antrag ist dies aber sicherlich richtig.

kumente zwar eine hinreichende Individualisierung der Urkunde gegeben; das Gericht muss aber prüfen, ob die Vorlage des gesamten Vertrages erforderlich ist, um die unklare oder streitige Tatsachenbehauptung der beweisbelasteten Partei zu belegen. Anderenfalls muss bereits aus Gründen der Verhältnismäßigkeit der vorlageverpflichteten Partei freigestellt werden, die Urkunde zu "schwärzen" oder lediglich auszugsweise vorzulegen, wenn der Erkenntniswert der Urkunde darunter nicht leidet[506], um die vorlagebelastete Partei vor zu weitgehenden Eingriffen in ihr Recht auf informationelle Selbstbestimmung und ihr Persönlichkeitsrecht zu schützen.

e) Überprüfbarkeit der Entscheidung

Die Grenze des Ermessens, das Vorliegen der Voraussetzungen des Ermessens sowie die Frage, ob das Ermessen tatsächlich ausgeübt wurde[507], sind in der Revisionsinstanz überprüfbar[508]. Ein Absehen vom Erlass einer Vorlageanordnung ist daher im Urteil zu begründen. Die Entscheidung beruht nämlich dann auf der Beweisfälligkeit der abgewiesenen Partei. Das Gericht muss – für das Revisionsgericht überprüfbar – darlegen, dass es die Möglichkeit, von Amts wegen Beweis zu erheben gesehen hat und begründen, warum es der Beweisfälligkeit dennoch nicht abgeholfen hat (§ 313 I Nr. 6, III ZPO)[509]. Ergeht eine Anordnung, die der

---

506 So im Ergebnis wohl auch *Uhlenbruck*, NZI 2002, 589, 590.

507 Siehe hierzu die Entscheidung des OLG Saarbrücken, MDR 2003, 1250: Der Kläger hatte die Beklagte wegen eines angeblichen ärztlichen Behandlungsfehlers auf Schadensersatz in Anspruch genommen. Das LG hatte die Klage nach Einholung eines Sachverständigengutachtens, das lediglich auf Grundlage der anwaltlich gewechselten Schriftsätze sowie der in der Gerichtsakte enthaltenen Aufzeichnungen der Klinik erstellt wurde, abgewiesen (LG Saarbrücken, VersR 2003, 234). Das OLG hat das erstinstanzliche Urteil als verfahrensfehlerhaft aufgehoben, da das LG die ihm durch § 142 ZPO eröffneten prozessualen Möglichkeiten in Bezug auf die Krankenunterlagen der am Rechtsstreit beteiligten Klinik nicht bedacht habe. Schon unter Geltung des früheren Rechts sei der Antrag einer Partei, Krankenunterlagen eines außerhalb des Rechtsstreits stehenden Arztes oder einer Klinik beizuziehen, als erheblich erachtet worden. Auf Grundlage des erweiterten § 142 ZPO könnten nunmehr regelmäßig die Krankenunterlagen bei Dritten, nicht am Rechtsstreit beteiligten Ärzten und Kliniken angefordert werden, so auch Gehrlein MDR 2003, 421, 424. Wird diese Möglichkeit vom Gericht noch nicht einmal ins Auge gefasst, liegt ein Verfahrensfehler vor.

508 Zöller/*Gummer*, ZPO^{25}, § 546 Rn. 14.

509 BGH FamRZ 1987, 152, 153 zu § 448, zumindest, wenn sich die Beweiserhebung aufdrängte; MünchKommZPO/*Peters*^{2}, §§ 142-144 Rn. 7; *Peters*, Richterliche Hinweispflichten, S. 146; *Stadler*, in: FS Beys, S. 1644.

Vorlageverpflichtete für unrechtmäßig erachtet, ist sie, wenn sie durch das Kollegialgericht getroffen wurde, nur mit dem Endurteil zusammen anfechtbar[510].

6. Besonderheiten bei der Anordnung gegenüber Dritten

Nach § 142 Abs. 1 ZPO n. F. muss nicht nur der Prozessgegner Urkunden, die er in Besitz hat, vorlegen; auch ein Dritter[511] ist grundsätzlich unter den gleichen Voraussetzungen wie die Parteien zur Vorlage verpflichtet[512].

Der Gesetzgeber hat damit die bereits seit längerem geforderte Ausdehnung der Vorlagepflichten auf Dritte aufgegriffen[513] und sich auch von bisherigen Bedenken[514] gegen eine Vorlagepflicht Dritter nicht abhalten lassen, zur Prozessbe-

---

510 So auch OLG Frankfurt OLGR Frankfurt 2005, 594.

511 Zum Begriff des Dritten siehe S. 68; die Gesetzesbegründung lässt dabei allerdings offen, ob Dritte, wie im förmlichen Beweisverfahren, auch Behörden oder andere öffentliche Stellen sein können. Da das Gericht die Parteien aber in ihrer Prozessführung unterstützen, und einen eventuell anstehenden Beweisantritt der Partei im Rahmen von § 142 ZPO vorbereiten können soll, wird man im Rahmen systemkonformer Auslegung davon ausgehen können, dass auch nach § 142 ZPO eine Anordnung gegenüber diesen Stellen zulässig ist. Dies wird auch dadurch gestützt, dass das Gericht nach § 273 Abs. 2 Nr. 2 ZPO Behörden und Träger eines öffentlichen Amtes ohnehin auch ohne Bezugnahme der Parteien um die Mitteilung von Urkunden oder um Erteilung amtlicher Auskünfte ersuchen kann. Fraglich ist dabei höchstens, ob sich die Behörden oder anderen öffentlichen Stellen als Dritte auch auf die Weigerungsrechte nach § 142 Abs. 2 ZPO berufen können. Dabei wird man mit *Gruber/Kießling*, ZZP 116 (2003), 305, 322 wohl zu dem Ergebnis kommen, dass stattdessen auf § 99 VwGO zurückzugreifen ist. Anders als im Rahmen von § 432 ZPO, leistet die Behörde im Rahmen von § 142 ZPO keine Amtshilfe (§ 168 GVG), sondern wird durch das Gericht zur Vorlage verpflichtet. In diesem Verhältnis lässt sich der Schutz, der im Rahmen von § 432 ZPO über § 5 VwVfG sichergestellt ist, nur durch Berücksichtigung der Schranken des § 99 VwGO im gerichtlichen Ermessen erreichen.

512 So bereits der Vorschlag im Bericht der Kommission für das Zivilprozessrecht 1977, S. 145 ff., 350 f.; ebenso *Gottwald*, Gutachten A zum 61. Deutschen Juristentag 1996; ähnlich Nr. 4.5 der Vorschläge zum europäischen Zivilprozessrecht, ZZP 109 (1996), 345, 353, der allerdings noch weiter wäre als § 142 ZPO.

513 Während die von Bundesministerium der Justiz eingesetzte Kommission zur Vorbereitung der Reform der Zivilgerichtsbarkeit 1961 nur die Ausdehnung der Vorlagepflichten der Prozessparteien und insbesondere des Gegners befürwortete (Bericht der Kommission 1961, Vorschlag Nr. 41, S. 512, Begründung S. 205), schlug die Kommission für das Zivilprozessrecht 1977 bereits die Einführung einer prozessualen, gegenüber dem materiellen Recht eigenständigen Vorlagepflicht Dritter im förmlichen Beweisverfahren vor, Bericht der Kommission 1977, S. 145, 350.

514 Bereits bei Erlass der CPO war über eine weitergehende Vorlagepflicht Dritter nachgedacht, dieses aber abgelehnt worden. In der Begründung des Entwurfs zur CPO von 1877 heißt es zu § 381 CPO (heute § 429 ZPO): „...normiren die Editionspflicht

schleunigung dem Gericht die Möglichkeit einzuräumen, von Dritten ohne gesonderte Herausgabeklage die Vorlage von Urkunden verlangen zu können.

Die Anordnung des Gerichts hängt nicht davon ab, dass dem Beweisführer ein materiell-rechtlicher Anspruch auf Herausgabe oder Vorlage der Urkunde gegen den Dritten zusteht[515]. Dritte brauchen einer Anordnung nach § 142 Abs. 1 ZPO nur dann nicht nachzukommen, wenn sie als Zeuge die Aussage nach §§ 383 – 385 ZPO verweigern dürften oder soweit ihnen die Vorlage nicht „zumutbar" ist, § 142 Abs. 2 ZPO. Diese recht unbestimmte Regelung soll den Schutz Dritter, die als am Prozess Unbeteiligte besonders vor unberechtigten Eingriffen bewahrt werden müssen[516], sicherstellen. Wann eine Vorlage nicht zumutbar ist, führt die Gesetzesbegründung allerdings nicht weiter aus[517].

Der Schutz Dritter beginnt jedoch nicht erst bei den Weigerungsrechten. Bereits vorher werden durch das Ausforschungsverbot und durch § 273 Abs. 3 ZPO der Anordnungsmöglichkeit des Gerichts Grenzen gesetzt, die Dritte vor unverhältnismäßigen Belastungen und unberechtigten Eingriffen in das Persönlichkeitsrecht und in das Recht auf informationelle Selbstbestimmung schützen sollen.

---

in weiterem Umfang, indem sie die Zeugnispflicht zu Grunde legen und nur einzelne Ausnahmen...festsetzen. Die Analogie der Editions- und Zeugnispflicht ist innerlich nicht begründet. Der Zeuge ist durch die eidliche Angabe, daß er zur Sache nichts auszusagen wisse, vor weiteren Zumuthungen geschützt, während eine allgemeine Editionspflicht nöthigen würde, mühsame Nachforschungen anzustellen, und den Inhalt von Urkunden, auch wenn sie für den Rechtsstreit erhebliches nicht enthalten, vorzulegen. Das Streben nach materieller Wahrheit darf aber nicht dazu führen, daß in das freie Verfügungsrecht des Inhabers von Urkunden eingegriffen wird".

515 Stein/Jonas/*Leipold*, ZPO[22], § 142 Rn. 25.

516 Dritter ist auch nach wie vor auch der Streitgenosse, Rosenberg/Schwab/*Gottwald*, Zivilprozessrecht[16], § 118 IV 2.

517 Vereinzelt wurde im Gesetzgebungsverfahren daher befürchtet, die neue Gesetzesfassung ermögliche eine „Ausforschung" des Dritten, BT-Dr. 14/6061, S. 2; der Rechtsausschuss hat daher auch im Rahmen des Gesetzgebungsverfahrens empfohlen, den Vermittlungsausschuss einzuberufen, um ergänzende Darlegungs- und Konkretisierungspflichten der Parteien als Voraussetzung der Vorlageanordnung gegenüber Dritten im Gesetzestext zu verankern, „um den Dritten besser gegen einen missbräuchlichen Ausforschungsbeweis zu schützen", BT-Dr. 397/1/01; *Hannich/Meyer-Seitz/Engers*, ZPO-Reform: Materialien, Teil I VIII, S. 114. Für die Einberufung des Vermittlungsausschusses ist keine Mehrheit zustande gekommen. Dabei ist zunächst festzuhalten, dass der Begriff der „Ausforschung" von den Kritikern der neuen Gesetzesfassung wohl kaum im technischen Sinn verstanden wurde, denn das Ausforschungsverbot bestand wie dargestellt ohnehin. Gemeint war wohl vielmehr, dass der Schutz der Privatsphäre des Dritten aufgrund der weitgehenden Formulierung und des unbestimmten Rechtsbegriffs der „Unzumutbarkeit" nicht hinreichend sichergestellt sei. Genau dies bleibt nachfolgend zu prüfen.

a) Mittelbarer Schutz durch das Ausforschungsverbot

Durch das Verbot eines Ausforschungsbeweises sollen zwar vornehmlich die Verteilung der Darlegungs- und Beweislast zwischen den Parteien im Prozess gesichert und die Parteien vor Belastungen durch unnötige Beweiserhebung und einen Missbrauch dieser Maßnahme geschützt werden[518]. Jedoch kommt das Ausforschungsverbot letztlich auch Dritten zugute: Durch das Erfordernis eines im übrigen schlüssigen und zu den Beweistatsachen substantiierten Vortrages der darlegungs- und beweisbelasteten Partei, aus dem sich auch die Beweiseignung und Entscheidungserheblichkeit der Urkunde ergibt[519], wird auch der Dritte davor geschützt, aufgrund pauschaler Vermutungen ohne Anhaltspunkte Eingriffe in seine Privatsphäre hinnehmen zu müssen.

b) Anordnung nach § 273 ZPO erst nach Bestreiten des Anspruchs durch den Beklagten

Weiter wird der Dritte durch den neu gefassten § 273 Abs. 3 ZPO geschützt. Dieser fordert für die terminsvorbereitende Anordnung gegenüber dem Dritten, dass der Beklagte dem Anspruch bereits widersprochen haben muss. Das Gericht soll zu einem Zeitpunkt, zu dem noch nicht absehbar ist, wie das Verfahren verlaufen wird, der Beklagte also möglicherweise noch den Anspruch anerkennt oder ein gegen ihn ergehendes Versäumnisurteil akzeptiert[520], den Dritten noch nicht in Anspruch nehmen können. Eine Belastung des am Prozess unbeteiligten Dritten soll somit soweit möglich vermieden werden.

c) Verweigerungsrechte des Dritten

Trotz Beachtung des Ausforschungsverbotes und trotz Anordnung nur nach Bestreiten des Anspruches durch den Beklagten, kann die Anordnung zur Urkundsvorlage für den Dritten dennoch eine schwere Belastung und einen Eingriff in sein Recht auf informationelle Selbstbestimmung darstellen[521]. Der Dritte braucht daher der Vorlageanordnung dann nicht nachzukommen, wenn die Vor-

---

518 *Schlosser*, ZZP 94 (1981), 369 ff., 379 f.

519 BT-Dr. 14/4722, S. 92 zu § 429 ZPO; diese Erfordernisse müssen aber auch bei der Anordnung des Gerichts von Amts wegen gelten, da das Gericht im Rahmen von §§ 139, 142 ZPO die Partei auch weiterhin im Prozess lediglich unterstützen, ihr ihre prozessualen Lasten aber nicht grundsätzlich abnehmen soll, siehe S. 26, 35 ff.

520 BT-Dr. 14/4722, S. 82.

521 *Zekoll/Bolt*, NJW 2002, 3129, 3133.

lage für ihn „unzumutbar" ist oder ihm ein Zeugnisverweigerungsrecht zusteht[522] und er sich darauf beruft[523].

aa) Verweigerungsrechte nach §§ 142 II, 383-385 ZPO

Nach § 142 Abs. 2 ZPO n. F. kann sich der Dritte wie ein Zeuge auf die Verweigerungsrechte der §§ 383-385 ZPO berufen[524]. Das Zeugnisverweigerungsrecht im Ganzen ist in § 383 ZPO, das Recht einzelne fest umschriebene Fragen, deren Beantwortung dem Dritten oder seinem Angehörigen Schaden zufügen, zur Unehre gereichen oder der Gefahr der straf- oder ordnungsrechtlichen Verfolgung aussetzen könnte, nicht zu beantworten, in § 384 ZPO geregelt. Nur vertraglich übernommene Schweigepflichten geben kein Zeugnisverweigerungsrecht[525].

Der zur Verweigerung des Zeugnisses berechtigte Dritte kann von seinem Recht jederzeit Gebrauch machen und sich wie ein Zeuge auf die Verweigerungsrechte der §§ 383-385 ZPO berufen. Weigern können sich daher Angehörige einer Partei (§ 383 Nrn. 1-3 ZPO) und Personen, deren Amts- oder Berufsausübung die schutzwürdige Vertrauenssphäre Dritter berührt, also insbesondere Geistliche und Angehörige der Heilberufe, Rechtsberater und Presseangehörige (§ 383 Nr. 4- 6 ZPO). Die Regelungen der §§ 383, 384 ZPO erhalten ihre Recht-

---

522 Rosenberg/Schwab/*Gottwald*, Zivilprozessrecht[16], § 118 IV 2.

523 Nach dem Wortlaut genügt zwar bereits die Berechtigung zur Zeugnisverweigerung, um die Vorlagepflicht entfallen zu lassen. Eine enge Wortlautauslegung würde jedoch nicht nur dem Zweck der Neuregelung, Ausweitung der Vorlagepflichten zur Prozessbeschleunigung, sondern auch der Rechtslage bei der Zeugenaussage widersprechen. Die Vorlagepflicht Dritter scheidet daher erst dann aus, wenn sich der Dritte einredeweise auf das Bestehen eines Weigerungsrechts beruft, so auch Baumbach/Lauterbach/Albers/*Hartmann*, ZPO[64], § 142 Rn. 4; *Gruber/Kießling*, ZZP 116 (2003), 305, 325.

524 Der Gedanke der Begrenzung von Vorlagepflicht durch die Zeugnisverweigerungsrechte ist dabei nicht neu. Bereits in den Protokollen der Kommission zur Beratung einer allgemeinen CPO für die deutschen Bundesstaaten (VII, S. 2485 ff.) war eine Begrenzung der Vorlagepflicht der Partei durch die Zeugnisverweigerungsrechte vorgesehen. Danach sollte Korrespondenz von der Vorlagepflicht ausgenommen werden, die „mit solchen Personen gepflegt wird, welche, wenn sie zur Zeugnisablegung aufgefordert würden, dieselbe zu verweigern berechtigt wären". Diese Regelung ist nicht Gesetz geworden; dies wäre auch nicht konsequent gewesen, geht die Mitwirkungspflicht der Partei doch erheblich weiter, als die der Zeugen oder gar des Dritten. Dies zeigt jedoch, dass bereits damals der Privatbereich des Dritten, in diesem Fall desjenigen, mit dem die Partei Korrespondenz führte, als besonders schützenswert erachtet wurde.

525 OLG Nürnberg BayJMBl. 54, 66.

fertigung über den Gedanken, dass den dort genannten Personen eine Konfliktlage erspart werden soll[526].

Außer Presseangehörigen können sonstige Vertrauenspersonen durch die geschützte Partei von ihrer Schweigepflicht entbunden werden, § 385 Abs. 2 ZPO; damit entfällt das Zeugnisverweigerungsrecht und ihnen gegenüber kann auch eine Anordnung zur Urkundsvorlage ergehen. Unterlässt es eine Partei, zu deren Schutz die Verschwiegenheitspflicht besteht, den Dritten von seiner Schweigepflicht zu entbinden, kann dies im Rahmen der freien Beweiswürdigung des Gerichts wegen Beweisvereitelung negativ gewertet werden, sofern das Verhalten der Partei vorwerfbar und missbilligenswert ist[527].

Das Verweigerungsrecht ist vor dem Termin oder in dem Termin, in dem die Urkundsvorlage stattfinden soll, geltend zu machen, §§ 142 Abs. 2 S. 2, 386 Abs. 1 ZPO. Dafür genügt gemäß §§ 142 Abs. 2 S. 2, 386 Abs. 1, 2 ZPO Glaubhaftmachung (§ 294 ZPO) statt des üblichen Vollbeweises. Analog muss dies auch für die zugrundeliegenden tatsächlichen Umstände gelten[528]. Auch wenn kein Zeugnisverweigerungsrecht geltend gemacht wird, darf das Gericht die unter § 383 Nr. 4-6 ZPO fallenden Personen von vornherein nicht über Tatsachen befragen, die offensichtlich unter die Verschwiegenheitspflicht fallen, § 383 Abs. 3 ZPO[529] und auch keine Urkundsvorlage über entsprechende, in der Urkunde enthaltene Tatsachen anordnen[530], da es sich bei § 383 Abs. 3 ZPO bereits um ein Beweiserhebungs-, nicht erst um ein Beweisverwertungsverbot[531] handelt.

bb) Zumutbarkeit

Die durch das ZPO-RG geschaffene Vorlagepflicht Dritter besteht nach dem Wortlaut von § 142 Abs. 2 ZPO n. F. zudem dann nicht, wenn die Vorlage „nicht zumutbar ist“. Welche Fälle dieses Tatbestandsmerkmal erfassen soll, ist allerdings unklar.

---

526 Stein/Jonas/*Berger*, ZPO[21], § 383 Rn.1; Thomas/Putzo/*Reichold*, ZPO[27], § 383 Rn. 3 für Angehörige.
527 BGH NJW-RR 1996, 1534=LM H.3/1997 § 286 (F) ZPO Nr. 30.
528 MünchKommZPO/*Peters*[2], § 142 Rn. 6.
529 BGH ZIP 1994, 1103, 1110.
530 So wohl auch *Gruber/Kießling*, ZZP 116 (2003), 305, 325.
531 BGH NJW 1990, 1734; BGH ZIP 1994, aaO.; Musielak/*Stadler*, ZPO[4], § 142 Rn. 8; Thomas/Putzo/*Reichold*, ZPO[27], § 383 Rn. 11; *Schneider, E.*, MDR 2004, 1, 3.

(1) Zumutbarkeit als Begrenzung der Handlungspflicht wegen entgegenstehender Interessen

Zumuten bedeutet, von jemandem etwas verlangen, was man nicht oder nur schwer leisten oder ertragen kann[532]. Entsprechend wird die Zumutbarkeit zur Begrenzung von Handlungspflichten und als Wertungskriterium in allen Rechtsgebieten, auch in der ZPO (z. B. §§ 141 und 372 a ZPO), verwendet[533]. Ganz allgemein erfordert die Prüfung der Zumutbarkeit eine auf den Einzelfall bezogene Abwägung zwischen den von der Vorlageanordnung betroffenen Belangen des Dritten auf der einen Seite und den Interessen des Beweisführers (und des Gerichts) auf der anderen Seite[534].

(2) Zu berücksichtigende Interessen

(a) Kaum Erläuterungen durch Gesetzgeber

Die Gesetzesbegründung gibt zu den in die Abwägung einzustellenden Interessen keinen Aufschluss[535]. Ihr lässt sich lediglich entnehmen, dass durch das Zumut-

---

532 Duden, Bedeutungswörterbuch, "zumuten", S. 1085; Duden, Herkunftswörterbuch, zumuten. Zumutung > Mut: "zumuten" = ein Ansinnen an jemanden richten, Ungebührliches verlangen, S. 546.

533 So z. B. im Strafrecht als Grenze der Erfolgsabwendungspflicht im Rahmen der Unterlassungsdelikte oder im Rahmen der Fahrlässigkeitsdelikte bei der Frage der objektiven Sorgfaltspflicht, bzw. der Unzumutbarkeit normgemäßen Verhaltens, s. dazu z. B. *Maiwald*, Die Unzumutbarkeit – strafbegrenzendes Prinzip bei den Fahrlässigkeitsdelikten?, in: Festschrift für Horst Schüler-Springorum, Köln 1993; *Wortmann*, Inhalt und Bedeutung der „Unzumutbarkeit normgemäßen Verhaltens“ im Strafrecht, Baden-Baden 2002; im öffentlichen Recht als Aspekt der Verhältnismäßigkeit, s. z. B. *Albrecht*, Zumutbarkeit als Verfassungsmaßstab, Berlin 1995; *Lücke*, Die Grundsätze der Verhältnismäßigkeit und der Zumutbarkeit, DÖV 1974, 769; *Ossenbühl*, Zumutbarkeit als Verfassungsmaßstab, in: Festschrift zum 10jährigen Jubiläum der Gesellschaft für Rechtspolitik, „Freiheit und Verantwortung im Verfassungsstaat“, München 1984; im Zivilrecht als Teilprinzip des § 242 BGB, im Rahmen der Prüfung der Leistungserschwerung bei der Unmöglichkeit, beim Wegfall der Geschäftsgrundlage oder im Deliktsrecht, s. z. B. *Nipperdey*, Vertragstreue und Nichtzumutbarkeit der Leistung, Mannheim 1921; *Scholz*, Der Begriff der Zumutbarkeit im Deliktsrecht, 1996; und im Zivilprozess: *Selbherr*, Der Gedanke der Zumutbarkeit im Zivilprozeßrecht, 1962.

534 So die Begründung des Bundesjustizministeriums zum Referenten- und Regierungsentwurf des ZPO-RG, *Frühauf/Hannich/Kortge*, NJW 2000, Beilage zu Heft 40, S. 4.

535 Das Kriterium der Zumutbarkeit war im Referentenentwurf zum ZPO-RG noch nicht enthalten. Bemerkenswerterweise hatte jedoch bereits die Kommission für das Zivil-

barkeitskriterium „berechtigte“ Interessen Dritter Berücksichtigung finden sollen[536]. In der Stellungnahme des Rechtsausschusses zum ZPO-RG wird zudem darauf verwiesen, dass mit § 142 ZPO keine Befugnis des Gerichts geschaffen werden soll, schutzwürdige Geheimbereiche des Dritten auszuforschen[537].

(b) Rechtsprechung

Soweit sich die Rechtsprechung bislang mit der Frage der Unzumutbarkeit der Vorlage von Urkunden durch Dritte beschäftigt hat, hat auch sie den Inhalt des Tatbestandsmerkmales nicht weiter erhellt. Fest steht danach lediglich, dass „als unzumutbar (…) nur äußerst gewichtige Gründe verstanden werden (können)“[538].

(c) Literaturansicht

Die Literatur hat hingegen bereits erste Fallgruppen benannt. Zu beachtende berechtigte Interessen des Dritten, jeweils unterschiedlich danach zu beurteilen, ob es um die Vorlage des Originals oder einer Kopie geht, sollen danach sein: Die Unentbehrlichkeit der Unterlagen, auch für einen nur kurzen Zeitraum[539], die Beschaffung nur unter unverhältnismäßig großem Aufwand[540], d. h. wenn sie für den Dritten mit großen Lasten und Schwierigkeiten verbunden wäre z. B. die Vorlage extrem umfangreicher Aktenberge[541], aber auch im Hinblick auf Zeit-

---

prozessrecht 1977 diese Einschränkung, damals allerdings für die Vorlagepflicht des Gegners der darlegungs- und beweisbelasteten Partei gefordert (Bericht der Kommission 1977, S. 145, 351). Dieser sollte über die Voraussetzungen der §§ 422, 423 ZPO hinaus zur Vorlegung verpflichtet sein, es sei denn, „wenn sie ihm in Hinblick auf die über die Entscheidung des Rechtsstreites hinausgehenden Folgen nicht zugemutet werden kann, oder, wenn er mit der Vorlegung überwiegend schutzwürdige Belange Dritter, insbesondere ein Persönlichkeitsrecht, ein Geschäftsgeheimnis oder eine Verschwiegenheitspflicht verletzen würde“ (Bericht der Kommission, S. 146). Nach den Ausführungen der Kommission zu diesem Gesetzesvorschlag sollte die Entscheidung des Gerichts über den Vorlegungsantrag damit auf einer *Abwägung der betroffenen Interessen* beruhen.

536 BT-Dr. 14/4722 S. 79, 203.

537 BT-Dr. 14/6063, S. 120.

538 LG Köln, NZI 2004, 671, 672.

539 Stein/Jonas/*Leipold*, ZPO[22], § 142 Rn. 27.

540 Stein/Jonas/*Leipold*, aaO.; Musielak/*Stadler*, ZPO[4], Rn. 8, mit der zutreffenden Anmerkung, dass dies jedoch in der Regel nicht vorkommen wird, sofern der Besitz bereits bejaht worden ist; *Schneider, E.*, MDR 2004, 1, 2.

541 Baumbach/Lauterbach/Albers/*Hartmann*, ZPO[64], § 142 Rn. 4.

aufwand, Kosten und Gesundheitszustand[542], die Unersetzbarkeit oder ein großer drohender Schaden bei Verlust der Urkunde[543]. Darüber hinaus wird eine Unzumutbarkeit zum Teil auch bei intimen Tagebüchern und anderen höchstpersönlichen Unterlagen angenommen[544]. Notfalls dürfe der Dritte hier auch Partien schwärzen.[545]

Die Bandbreite der Interessen ist danach nicht nur sehr weit; insbesondere werden Interessen unterschiedlichsten Gewichts benannt, von lediglich rein tatsächlichen Erschwernissen bis zu grundrechtlich abgesicherten Positionen.

(d) Eigene Stellungnahme

(aa) Nicht jede Belastung ausreichend

Entgegen den dargestellten Literaturansichten, die zum Teil auch den reinen Zeitaufwand oder Schwierigkeiten bei der Vorlage genügen lassen wollen, um eine Unzumutbarkeit zu begründen, ist zu fordern, dass dem Dritten durch die Vorlage eine erhebliche Beeinträchtigung wesentlicher Interessen droht. Sinn und Zweck der Erweiterung der Vorlagepflicht auf Dritte sprechen dagegen, jedwede Belastung des Dritten für eine Verweigerung der Vorlage genügen zu lassen[546]. Das Ziel der Reform, eine Prozessbeschleunigung und verbesserte Sachaufklärung auch durch die erleichterte Beschaffung von Urkunden zu erreichen, würde vereitelt, wollte man jede auch noch so geringe Belastung des Dritten für die Unzumutbarkeit genügen lassen. Dieses Ergebnis wird durch die systematische Stellung des Unzumutbarkeitserfordernisses neben und insbesondere *vor* dem Zeugnisverweigerungsrecht gestützt. Wäre die Regelung allein als Auffangtatbestand gedacht gewesen, um all die Fälle zu erfassen, die durch das Zeugnisverweigerungsrecht nicht abgedeckt werden, hätte sie nach den Verweigerungsrechten stehen müssen.

---

542 Stein/Jonas/*Leipold*, ZPO[64], § 142 Rn. 4; Baumbach/Lauterbach/Albers/*Hartmann*, ZPO[22], § 142 Rn. 27; Thomas/Putzo/*Reichold*, ZPO[27], § 142 Rn. 2.

543 *Zekoll/Bolt*, NJW 2002, 3129, 3132.

544 *Schneider, E.*, MDR 2004, 1, 2. Dem ist uneingeschränkt zuzustimmen. In Deutschland ist eine Beschlagnahme von Tagebüchern in der Regel sogar im Strafverfahren ausgeschlossen, selbst wenn sie vom Beschuldigten stammen, BGHSt 19, 331 = NJW 1964, 1139, es sei denn das Interesse des Staates an der Strafverfolgung überwiegt, im Lichte des betroffenen Grundrechts abgewogen, das persönliche Interesse am Schutz des eigenen Geheimbereichs. So wohl auch Stein/Jonas/*Leipold*, aaO.

545 Baumbach/Lauterbach/Albers/*Hartmann*, ZPO[64], § 142 Rn. 4.

546 Fraglich bei *Gruber/Kießling*, ZZP 116 (2003), 305, 327.

Im übrigen ist davon auszugehen, dass geringerwertige Interessen in der Regel ohnehin kein Verweigerungsrecht begründen könnten, denn sie würden sich kaum gegen die Bedeutung der Urkundsvorlage für den Prozess und das Recht der Partei auf effektiven Rechtsschutz, das durch die Ausdehnung der Vorlagepflichten in erster Instanz gestärkt werden soll, durchsetzen können.

(bb) Nicht alle schwerwiegenden Gründe vom Zeugnisverweigerungsrecht erfasst

Genügen damit zur Begründung der Unzumutbarkeit nur Gründe mit einem gewissen Gewicht, werden viele dieser Gründe allerdings bereits von dem entsprechend anzuwendenden Zeugnisverweigerungsrecht gedeckt[547]. Das Zeugnisverweigerungsrecht ist aber auf bestimmte Situationen zugeschnitten und erfasst nicht alle Interessen des Dritten, die im Rahmen der Urkundsvorlage berührt werden können. Ziel des Zeugnisverweigerungsrechts ist lediglich, dem Zeugen eine vorhersehbare Konfliktlage zu ersparen[548]. So wird im Wesentlichen auf die persönlichen oder beruflichen Vertrauensverhältnisse des Zeugen abgestellt. Nur in § 384 Nr. 2 und 3 ZPO werden darüber hinaus der Schutz der Ehre oder Kunst- und Gewerbegeheimnisse als weitere Hinderungsgründe genannt. Andere Gründe, wie eine mögliche Verletzung des Persönlichkeitsrechts des Zeugen durch Eingriffe in seine Intimsphäre in der mündlichen Verhandlung oder ähnliches werden durch das Zeugnisverweigerungsrecht nicht erfasst, wenn man von dem Teilbereich der „zur Unehre gereichenden" Fragestellungen absieht. Insofern wäre der Dritte schutzlos.

(cc) Schutz des Zeugen durch Verhältnismäßigkeitsprinzip und Übermaßverbot

Aus dem Verweis auf die Zeugnisverweigerungsrechte und die zusätzliche Aufnahme des Unzumutbarkeitskriteriums ergibt sich jedoch, dass Dritte mindestens ebenso geschützt werden sollen wie Zeugen. Der Schutz des Zeugen beschränkt sich aber nicht auf die Zeugnisverweigerungsrechte. Bei der Zeugenvernehmung sind zudem das Verhältnismäßigkeitsprinzip und das Übermaßverbot[549] zu beachten, da der Zeuge in der mündlichen Verhandlung der Gerichtsgewalt unterworfen ist und daher Grundrechtsschutz in derselben Weise wie bei sonstiger Unterordnung unter die staatliche Hoheitsgewalt genießen muss [550]. Darüber hinaus

547 So auch *Schneider, E.*, MDR 2004, 1, 2.
548 Stein/Jonas/*Schumann*, ZPO, § 383 Rn. 1; Zöller/*Greger*, ZPO[25], § 383 Rn. 1a.
549 Stein/Jonas/*Berger*, ZPO, Vor § 373 Rn. 36.
550 Stein/Jonas/*Berger*, ZPO, Vor § 373 Rn. 35.

haben diese Grundsätze auch in eine Vielzahl von Verfahrensnormen Eingang gefunden[551], die den Zeugen zusätzlich vor übermäßiger Belastung schützen.[552]

(dd) Entsprechender Schutz des Dritten durch Zumutbarkeitskriterium

Diesen Schutz muss aber auch der Dritte genießen, der im Rahmen der Sachverhaltsermittlung oder der Beweisaufnahme durch das Gericht zur Vorlage von Urkunden aufgefordert wird. Daher war in § 142 ZPO n. F., der diesen Bereich abschließend regelt, eine über das Zeugnisverweigerungsrecht hinausgehende Begrenzung, wie sie sich für die Zeugenvernehmung aus dem Zusammenwirken mehrerer Normen und der Prozesssituation des Zeugen ergibt, zu verankern. Der Gesetzgeber hat dazu das Zumutbarkeitskriterium in den Tatbestand aufgenommen. Daraus ergibt sich, dass auf jeden Fall bei der Abwägung zur Ermittlung der Zumutbarkeit auch solche Interessen einzustellen sind, die vom Gewicht her den ein Zeugnisverweigerungsrecht begründenden Interessen vergleichbar sind oder auf Grundrechtspositionen beruhen, die im Rahmen des Übermaßverbotes und der Verhältnismäßigkeit Berücksichtigung finden müssten[553], so z. B. das Interesse am Schutz der eigenen Privatsphäre bei der Vorlage von Tagebüchern oder anderen höchstpersönlichen Unterlagen.

Außerhalb der in den §§ 383, 384 ZPO normierten Fälle wird man mit der Annahme der fehlenden Zumutbarkeit der Urkundsvorlage aber insgesamt zurückhaltend sein müssen[554]. Die gegenteilige Ansicht hätte zur Folge, dass die gesetzlich gewollte Vorlagepflicht Dritter unangemessen ausgehöhlt würde[555]. Vertraulichkeitsinteressen des Dritten unterhalb der Schwelle des Gewerbege-

---

551 So ist z. B. eine Zeugenvernehmung vor einem beauftragten oder ersuchten Richter vorzunehmen, wenn dem Zeugen das Erscheinen nicht möglich oder wegen großer Entfernung nicht „zuzumuten" ist, § 375 ZPO. Auch hier ist zwischen der Bedeutung der Aussage für den Prozess und den Belangen des Zeugen abzuwägen, s. BT-Dr. 11/3621, S. 381. Durch diese Bestimmungen wird der Zeuge auch vor unverhältnismäßigen Eingriffen in seine Intimsphäre geschützt. Ohne dringenden sachlichen Grund darf der staatliche Zeugniszwang nicht zur Offenbarung von Tatsachen aus der Persönlichkeitssphäre führen, an deren Nichtäußerung der Zeuge ersichtlich ein Interesse hat. So auch Stein/Jonas/*Berger,* ZPO, Vor § 373 Rn. 39.

552 Damit ergibt sich aber auch, dass eine Ergänzung der Regelungen zum Zeugenbeweis aufgrund der Einführung des Unzumutbarkeitskriteriums als Schutz für Dritte, durch Aufnahme eines entsprechenden Verweigerungsgrundes nicht notwendig ist. Die beim Dritten durch das Unzumutbarkeitskriterium erfassten Interessen werden, wie dargestellt, ohnehin beim Zeugen geschützt.

553 Im Ergebnis wohl auch *Zekoll/Bolt,* NJW 2002, 3129, 3132; Hannich/Meyer-Seitz/*Schwartze*, § 142 Rn. 11.

554 So auch Musielak/*Stadler,* ZPO[4], § 142 Rn. 8; *Zekoll/Bolt,* NJW 2002, 3129, 3132.

555 *Zekoll/Bolt,* NJW 2002, 3129, 3132 ; Hannich/Meyer-Seitz/*Schwartze*, § 142 Rn. 11.

heimnisses sind daher nicht zu berücksichtigen[556], ebenso wenig der beim Dritten durch die Beschaffung der Urkunden verursachte Aufwand.

(ee) Kosten keine Frage der Zumutbarkeit

Soweit zum Teil vertreten wird, der bei dem Dritten tatsächlich verursachte Kostenaufwand sei ebenfalls ein nicht zu vernachlässigendes Kriterium der Abwägung[557], kann dem nicht gefolgt werden. Der Dritte wird für seine Aufwendungen nach § 23 Abs. 1 S. 1 JVEG in gleicher Weise wie ein Zeuge entschädigt[558]. Die Kosten zusätzlich im gerichtlichen Ermessen zu berücksichtigen würde der Zielsetzung des Gesetzgebers, durch den direkten Zugriff auf Urkunden im Besitz des Dritten das Verfahren zu beschleunigen, zuwiderlaufen.

(ff) Umfang der Vorlage

Letztlich ist bereits bei der Entscheidung über die Anordnung zu unterscheiden, ob die Vorlage als solche oder nur der Verbleib der Urkunde auf der Geschäftsstelle für den Dritten unzumutbar ist. So kann grundsätzlich auch die Vorlage

---

556 AA. *Schmidt/Schwab/Wildschütz*, NZA 2001, 1161, 1164.

557 *Zekoll/Bolt*, NJW 2002, 3129, 3133.

558 Stein/Jonas/*Leipold*, ZPO^{22}, § 142 Rn. 31. Von einer Kostenerstattung war jedoch bereits vor Erlass des Justizvergütungs- und Entschädigungsgesetzes 2004 auszugehen, obwohl der Gesetzgeber eine Kostenregelung zu Gunsten Dritter nicht vorgesehen hatte. Es konnte aber kaum angehen, dass der Dritte die Kosten, die ihm durch die Vorlage von Urkunden in einem Rechtsstreit, der ihn nicht betraf, selbst tragen sollte, oder schlimmer, dies den Dritten zur Verweigerung der Vorlage berechtigte. Dies hätte dem aus dem Erlass des ZSEG erkennbaren Grundsatz, am Verfahren Unbeteiligten, die als Dritte (Zeugen oder Sachverständige) in Anspruch genommen werden, einen Anspruch auf Kostenerstattung zu gewähren, widersprochen. Dementsprechend war nicht davon auszugehen, dass der Reformgesetzgeber hier eine planmäßige Regelungslücke gelassen hatte, sondern vielmehr, dass er das Erfordernis einer gesetzlichen Statuierung eines Entschädigungsanspruchs schlichtweg übersehen hatte. Waren mit der Vorlage erhebliche Kopier- und Versandkosten verbunden, oder konnte der Dritte nur unter erheblichem Kostenaufwand die Unterlagen heraussuchen oder sammeln, erschien es daher angemessen, diese Regelungslücke durch eine entsprechende Anwendung von § 401 ZPO iVm. den Vorschriften des ZSEG zu schließen (so vor Erlass des JVEG auch *Gruber/Kießling*, ZZP 116 (2003), 305, 328). Der Reformgesetzgeber hatte selbst durch seinen Verweis auf das Zeugnisverweigerungsrecht und die Ordnungsmittel der §§ 386 bis 390 ZPO einen sachlichen Zusammenhang zwischen der prozessualen Stellung von Zeugen und Drittem im Verfahren hergestellt. Diese Regelungslücke hat der Gesetzgeber nunmehr durch Erlass des JVEG geschlossen.

durch den Dritten regelmäßig benötigter Akten zumutbar sein[559]. Es wäre aber unzulässig anzuordnen, dass diese bei Gericht verbleiben. Vielmehr müssten dann gegebenenfalls Kopien erstellt und die Urkunde selbst unverzüglich wieder ausgehändigt werden.

(3) Keine Unzumutbarkeit bei materiell-rechtlichem Herausgabeanspruch

Ist der Dritte allerdings unmittelbarer Besitzer der Urkunde und steht der Partei ein materiell-rechtlicher Herausgabeanspruch gegen den Dritten zu, was nach der Neufassung von § 142 ZPO nicht Voraussetzung für eine Anordnung ist, ist § 142 Abs. 2 ZPO, der Ansicht von *Gruber/Kießling*[560] folgend, teleologisch zu reduzieren. Die darlegungs- und beweisbelastete Partei in diesen Fällen auf die Durchsetzung des Herausgabeanspruchs durch gesonderte Vorlageklage zu verweisen, würde der Intention des Gesetzgebers, das Verfahren zu beschleunigen zuwider laufen, ohne dass dadurch ein Zugewinn an Schutz für den Dritten entstünde, der sich im Rahmen der Vorlageklage gegenüber der Partei weder auf sein Zeugnisverweigerungsrecht, noch in der Regel auf die Unzumutbarkeit der Vorlage berufen kann[561].

cc) Belehrung

Zwar fehlt ein Verweis auf die Verfahrensregelung zu den Zeugnisverweigerungsrechten außerhalb der §§ 386 bis 390 ZPO. Die Urkundenvorlage kann für den Dritten im Einzelfall aber eine ähnlich große Belastung darstellen wie die Zeugenaussage. Aufgrund der gleich gelagerten Situation im Prozess und insbesondere vor dem Hintergrund, dass der Dritte durch die zusätzliche Einführung des Unzumutbarkeitskriteriums und der Regelung in § 273 Abs. 3 ZPO n. F. offensichtlich noch stärker geschützt werden soll als der Zeuge, sind die Verfahrensregelungen zum Zeugnisverweigerungsrecht entsprechend anzuwenden. Der Dritte, der Angehöriger der Partei ist (§ 383 Nr. 1 – 3 ZPO), ist daher durch das Gericht entsprechend § 383 Abs. 2 ZPO bereits in der Anordnung über sein Verweigerungsrecht zu belehren[562]. Darüber hinaus ist der Dritte in der Anordnung auch auf die Möglichkeit hinzuweisen, dass die Vorlage bei Unzumutbarkeit verweigert werden kann.

---

559 So auch *Zekoll/Bolt*, NJW 2002, 3129, 3133.

560 *Gruber/Kießling*, ZZP 116 (2003), 305, 328, 330.

561 Ebenso Stein/Jonas/*Leipold*, ZPO[22], § 142 Rn. 27; *Stein*, S. 131.

562 So auch Stein/Jonas/*Leipold*, ZPO[22], § 142 Rn. 28; Zöller/*Greger*, ZPO[25], § 142 Rn. 3; Musielak/*Stadler*, ZPO[4], § 142 Rn. 8; *Schneider, E.*, MDR 2004, 1, 3; *Stein*, S. 144.

7. Vorlageanordnung und Vorlage

Entscheidet sich das Gericht, die Vorlage nach § 142 Abs. 1 ZPO anzuordnen, erlässt es die Vorlageanordnung in der mündlichen Verhandlung durch Beschluss, außerhalb der mündlichen Verhandlung durch Verfügung gemäß § 273 Abs. 2 Nr. 5 ZPO n. F.[563] Die Anordnung bedarf einer kurzen Begründung[564].

Will der Dritte sich auf ein Weigerungsrecht berufen, hat er in entsprechender Anwendung von § 386 Abs. 1 ZPO gegenüber dem Gericht die Gründe seiner Weigerung darzulegen und glaubhaft zu machen.[565] Der Verweis in § 142 Abs. 2 ZPO auf die §§ 386-390 ZPO ermöglicht es sodann über die Berechtigung der Verweigerung der Vorlage im Zwischenstreit zu entscheiden[566]. Gegen das Urteil im Zwischenstreit kann sich die unterlegene Partei mit einer sofortigen Beschwerde nach § 387 Abs. 3 ZPO wenden. Die Folge – ein Zwischenstreit über zwei Instanzen – kann den Zeitgewinn, den die Reform durch Einführung der Vorlagepflicht Dritter erreichen wollte, jedoch durchaus relativieren[567].

Eine solche Möglichkeit ist für den Gegner, gegenüber dem eine Vorlageanordnung ergeht, gesetzlich nicht vorgesehen, da ihm keine Weigerungsrechte zustehen.

Darüber hinaus kann sich weder der Dritte, noch die von der Anordnung betroffene Partei mit einem Rechtsmittel[568], sondern nur im Wege der Gegenvorstellung[569] gegen die Anordnung zur Wehr setzen. Eine Beschwerde über die Anordnung ist nicht möglich; allerdings kann sie zusammen mit dem Urteil angefochten werden, § 512 ZPO. Für die Vorlage der Urkunde im Termin haben sich keine Änderungen ergeben.

---

563 Stein/Jonas/*Leipold*, ZPO[22], § 142 Rn. 43; *Stein*, S. 142.

564 MünchKommZPO/*Peters*[2], §§ 142-144 Rn.17; Baumbach/Lauterbach/Albers/*Hartmann*, ZPO[64], § 142 Rn. 24; Musielak/*Stadler*, ZPO[4], § 142 Rn. 13; aA. Stein/Jonas/*Leipold*, ZPO[22], § 142 Rn. 43; *Stein*, aaO.

565 Siehe auch *Stein*, S. 130; im Ergebnis wohl auch *Gruber/Kießling*, ZZP 116 (2003), 305, 329.

566 Stein/Jonas/*Leipold*, ZPO[22], § 142 Rn. 29; Musielak/*Stadler*, ZPO[4], § 142 Rn. 9; *Stein*, S. 144.

567 *Zekoll/Bolt*, NJW 2002, 3129, 3133.

568 Die Voraussetzungen für die Einlegung einer sofortigen Beschwerde nach § 567 Abs. 1 ZPO liegen nicht vor, vgl. Zöller/*Gummer*, ZPO[25], § 567, Rn. 29 ff.; *Stein*, S. 143.

569 Zöller/*Gummer*, ZPO[25], § 567 Rn. 22.

8. Konsequenz der Nichtvorlage

a) Vorlage durch Parteien

aa) Keine Erzwingbarkeit der Vorlage

Zwar hat der Reformgesetzgeber die gerichtlichen Befugnisse zur Anordnung der Urkundsvorlage erweitert und auch auf den Gegner erstreckt. Die Vorlageanordnung gegenüber einer Partei ist dabei jedoch nach wie vor nicht erzwingbar.

bb) Folgen der Nichtvorlage durch die darlegungs- und beweisbelastete Partei

Legt die darlegungs- und beweisbelastete Partei nicht vor, führt dies, wie bislang, entweder zu ungenügendem oder gegebenenfalls unschlüssigem Sachvortrag.

cc) Folgen der Nichtvorlage durch die nicht darlegungs- und beweisbelastete Partei

Legt die nicht darlegungs- und beweisbelastete Partei die angeforderte Urkunde nicht vor, so ist dies im Rahmen der Beweiswürdigung nach § 286 Abs. 1 S. 1 ZPO frei zu würdigen[570]. Weiterhin kann nach allgemeiner Ansicht dabei § 427 ZPO entsprechend herangezogen werden[571]. Dies setzt allerdings voraus, dass die darlegungs- und beweisbelastete Partei zum Inhalt der Urkunde substantiiert vorgetragen hat oder sich dieser aus ihrem Vortrag hinreichend konkret ergibt.

---

570 Baumbach/Lauterbach/Albers/*Hartmann*, ZPO[64], § 142 Rn. 27; *Stein*, S. 143. Sicherlich kann man sich fragen, ob die negative Wertung im Rahmen der Beweiswürdigung eine hinreichende Sanktion bei einer Verweigerung der Mitwirkung darstellt, oder ob die Durchsetzungsmöglichkeit des Gerichts nicht hätte verschärft werden sollen. Dies hätte zum einen jedoch einen Bruch mit dem deutschen Zivilprozessrecht dargestellt, das für Beweisvereitelungen grundsätzlich keine Strafen vorsieht, sondern lediglich prozessuale Nachteile, siehe z. B. §§ 271 Abs. 3, 446 ZPO. Zum anderen wäre auch zweifelhaft, ob sich dies mit dem Verfügungsrecht des Eigentümers über die Urkunde hätte vereinbaren lassen. Letztlich sollte die Konsequenz der Verweigerung der Vorlage, ein eventueller Prozessverlust bei Anwendung von § 427 ZPO, genug Anreiz bieten, der Anordnung des Gerichts nachzukommen.

571 Stein/Jonas/*Leipold*, ZPO[22], § 142 Rn. 37; Zöller/*Greger*, ZPO[25], § 142 Rn. 4; Thomas/Putzo/*Reichold*, ZPO[27], § 142 Rn. 5; Musielak/*Stadler*, ZPO[4], § 142 Rn. 7; *Stein*, S. 143.

(1) § 427 ZPO nicht bei Bestreiten der Existenz/des Besitzes der Urkunde

§ 427 ZPO setzt im formellen Beweisverfahren voraus, dass der Vorlageverpflichtete entweder den Besitz zugestanden hat und dann die Urkunde nicht herausgibt, oder dass das Gericht bei Bestreiten des Besitzes durch den Gegner bei dessen Vernehmung nach § 426 ZPO zu dem Ergebnis gekommen ist, dieser habe die Urkunde doch im Besitz[572]. Zudem scheidet eine Anordnung nach § 425 ZPO und auch eine Vernehmung des Gegners über den Verbleib der Urkunde nach § 426 ZPO dann aus, wenn deren Nichtexistenz feststeht[573] oder zumindest zweifelhaft ist[574]. Denn die Vernehmung dient nicht dazu, dem Gericht Klarheit über die Existenz der Urkunde zu verschaffen[575], sondern soll die bewusste Beweisvereitelung durch den Gegner[576], d.h. ein missbilligenswertes Verhalten[577], sanktionieren. § 427 ZPO auch dann anzuwenden, wenn die Nichtexistenz der Urkunde feststeht, wäre damit unbillig.

Dasselbe muss aber auch im Rahmen von § 142 Abs. 1 ZPO gelten. Lässt man schon zu, dass die Partei sich auf alle Urkunden beziehen kann, die typischerweise existieren, muss man den Gegner, der nun auch Urkunden vorlegen soll, von deren Vorhandensein man allein aufgrund der allgemeinen Lebenserfahrung oder anderer Anhaltspunkte ausgeht, insofern schützen, als dass keine nachteiligen Schlüsse aus der Nichtvorlage zu ziehen sind, wenn er unwiderlegbar behauptet, dass es eine solche Urkunde nicht gebe oder er zumindest über eine „solche" Urkunde nicht verfüge[578].

(2) Konsequenz verspäteter Vorlage

Anders als zuvor ist zudem nach § 142 Abs. 1 S. 2 ZPO nicht nur für die vorbereitende Anordnung, sondern auch für die Anordnung zur Vorlage im Rahmen der mündlichen Verhandlung, ausdrücklich eine Fristsetzung durch das Gericht möglich. Wird die Urkunde innerhalb der Frist nicht vorgelegt und ist die Anordnung gemäß § 273 Abs. 1 Nr. 5 ZPO ergangen, gilt § 296 Abs. 1 ZPO gegenüber

---

572 MünchKommZPO/*Schreiber*², § 426 Rn. 5; Musielak/*Huber*, ZPO⁴, § 426 Rn. 3.
573 Baumbach/Lauterbach/Albers/*Hartmann*, ZPO⁶⁴, § 426 Rn. 3; Thomas/Putzo/*Reichold*, ZPO²⁷, § 426 Rn. 2.
574 MünchKommZPO/*Schreiber*², § 426 Rn. 2; Musielak/*Huber*, ZPO⁴, § 426 Rn. 1.
575 RGZ 92, 222, 225.
576 BGH NJW 1978, 2154, 2156; 1983, 2935, 2936, als allgemeiner Rechtsgedanke aus § 444 ZPO.
577 BGH NJW-RR 1996, 1534.
578 So bereits *Greger*, NJW 2002, 3050.

der vorlagepflichtigen Partei[579]. Damit kann aber nicht grundsätzlich gemeint sein, dass der Inhalt der Urkunde präkludiert wird. Nimmt z. B. die beweisbelastete Partei auf eine Urkunde im Besitz des Prozessgegners Bezug, deren Inhalt ihr zum Vorteil gereichen könnte, so wäre es nur im Interesse des Gegners, die Frist zur Vorlage verstreichen zu lassen, um den Inhalt der Urkunde nicht einbringen zu müssen. Insofern kann sich die Präklusion nur bei der Nichtvorlage durch die darlegungs- und beweisbelastete Partei dahingehend auswirken, dass sie mit dem Inhalt der Urkunde ausgeschlossen ist[580]. Bei der Vorlagepflicht des Gegners müsste auch hier sodann § 286 i. V. m. § 427 ZPO Anwendung finden.

b) Vorlage durch Dritte

Für die Vorlage der angeforderten Urkunde durch Dritte kann das Gericht in der Anordnung eine Frist setzen, § 142 Abs. 1 S. 2, 1. HS ZPO. Befolgt der Dritte die Vorlageanordnung nicht, erfolgt auch hier eine weitgehende Gleichstellung mit der Stellung des Zeugen. Verweigert der Dritte ohne Angabe von Gründen oder unberechtigt die Vorlage, können Ordnungsmittel nach § 390 ZPO verhängt werden[581]. Ihm sind dann von Amts wegen die durch seine Weigerung verursachten Kosten aufzuerlegen. Gleichzeitig kann er durch Ordnungsgeld, notfalls durch Haft, zur Vorlage der Urkunde gezwungen werden.

Fraglich ist dabei allerdings, ob sich der Dritte nur auf die benannten Weigerungsrechte berufen darf oder aber auch auf das Fehlen weiterer Anordnungsvoraussetzungen wie z. B. fehlende Schlüssigkeit oder Substantiiertheit des Vortrages[582]. Wäre dies der Fall, hätte er weitergehende Befugnisse als die Partei oder der Zeugen bei Erlass eines Beweisbeschlusses, da dieser nach § 358 ZPO nicht

579 Zöller/*Greger*, ZPO[25], § 142 Rn. 4.; Baumbach/Lauterbach/Albers/*Hartmann*, ZPO[64], § 142 Rn. 27; Thomas/Putzo/*Reichold*, ZPO[27], § 142 Rn. 5; Musielak/*Stadler*, ZPO[4], § 142 Rn. 6.

580 Ähnlich wohl Hannich/Meyer-Seitz/*Schwartze*, § 142 Rn. 13.

581 Stein/Jonas/*Leipold*, ZPO[22], § 142 Rn. 30; nach OLG Köln, OLGR Köln 2004, 337, kann für den Fall einer mit Gründen versehenen Herausgabeverweigerung, deren Begründung nicht von vornherein völlig abwegig erscheint, ein Ordnungsgeld jedoch nur festgesetzt werden, wenn der Dritte die Herausgabe auch weiterhin aus einem rechtskräftig für unerheblich erklärten Grund verweigert. Eine solche rechtskräftige Feststellung ist in einem Verfahren nach § 387 ZPO in einem Zwischenstreit über die schriftliche Herausgabeverweigerung zu treffen.

582 Für die Möglichkeit der Berufung auf alle fehlenden Voraussetzungen *Schmidt/Schwab/Wildschütz*, NZA 2001, 1161, 1164; aA. *Zekoll/Bolt*, NJW 2002, 3129, 3133.

anfechtbar ist[583]. Dafür spricht, dass sowohl die Partei, als auch den Zeugen erheblich weitergehende Mitwirkungsrechte als den Dritten treffen. Dies folgt für die Partei aus ihrer Beteiligung am Rechtsstreit, für den Zeugen aus seinen umfassenden und allgemeinen Zeugenpflichten. Eine Vorlagepflicht des Dritten analog dieser allgemeinen Zeugenpflicht war wie dargestellt gerade nicht gewollt. Darüber hinaus ist zu beachten, dass – wie aus § 273 Abs. 2 ZPO n. F. ersichtlich – die Belastung des Dritten so gering wie möglich gehalten werden soll und eine Vorlageanordnung nur dann ergehen soll, wenn dies für die Entscheidung des Rechtsstreites unvermeidbar ist. Dann müssen aber zumindest auch alle Voraussetzungen für eine solche Anordnung vorliegen, bevor der Dritte belastet und ihm gegenüber eventuell gar Zwangsmittel angewandt werden. Dies macht aber nur Sinn, wenn der Dritte sich auf das Fehlen solcher Voraussetzungen auch berufen kann.

Für die Beweiswürdigung kann die Weigerung des Dritten, Urkunden vorzulegen, grundsätzlich keine Auswirkungen haben[584]. Etwas anderes mag dann gelten, wenn für die Weigerung offensichtlich der Einfluss einer der Parteien maßgebend war[585].

B. Das formelle Urkundsbeweisverfahren auf Betreiben der Parteien nach §§ 420 ff. ZPO n. F.

I. Urkundsvorlagepflichten des Beweisführers und des Beweisgegners im formellen Beweisverfahren

1. Unveränderte Voraussetzungen für Beweisführung

§ 420 ZPO, der die Vorlage durch den Beweisführer regelt und die §§ 421- 427 ZPO, in denen die Vorlagepflicht des Gegners sowie die formellen Voraussetzungen an den Beweisantrag und die Verfahrensvorschriften geregelt sind, sind durch die Reform vom Wortlaut her unverändert geblieben. Damit stehen der beweisbelasteten Partei im formellen Beweisverfahren nach wie vor meist nur die Urkunden zur Beweisführung zur Verfügung, die sie selbst in Händen[586] hat. Befindet sich eine entscheidungserhebliche Urkunde in Händen des Gegners, sind

---

583 Thomas/Putzo/*Reichold*, ZPO[27], § 358 Rn. 3; a. A. *Zekoll/Bolt*, NJW 2002, 3129, 3133.

584 Stein/Jonas/*Leipold*, ZPO[22], § 142 Rn. 42.

585 *Stein*, S. 144.

586 Auch das Merkmal des "in Händen Haltens" ist hier unverändert geblieben, so dass die Ausführungen des ersten Teils unverändert Anwendung finden.

die Erfolgsaussichten einer Klage weiterhin gering, da eine Verpflichtung des Gegners zur Vorlage auch nach der Reform nur bei Vorliegen der Voraussetzungen der §§ 423, 422 ZPO[587] besteht. Eine „Ausweitung prozessualer Aufklärungs- und Vorlagepflichten"[588] hätte im Rahmen der §§ 420 ff. ZPO damit nicht stattgefunden.

2. Erweiterung der Vorlagepflichten

Da dies jedoch wie dargestellt zum Auseinanderfallen von Richter- und Parteimacht im Zivilprozess führt[589], in dem grundsätzlich auch weiterhin der Verhandlungsgrundsatz gilt, ist das Ermessen des Gerichts im Rahmen von § 142 Abs. 1 ZPO n. F. in den Fällen, in denen die Partei ein Vorgehen von Amts wegen „beantragt"[590], da sie die Urkunden mangels Vorlagepflicht nach §§ 422, 423 ZPO nicht vom Gegner erlangen kann, zu reduzieren[591]. Anders sind die Regelungen des parteibetriebenen Beweisverfahrens und des Vorgehens von Amts wegen nicht zu harmonisieren. Insbesondere eine Auflösung der Diskrepanz durch eine Anpassung der §§ 422, 423 ZPO an den neu gefassten § 142 Abs. 1 ZPO im Wege der systematischen Interpretation, indem man auch hier die Bezugnahme irgendeiner Partei genügen lässt, um die Vorlageverpflichtung des Gegners der beweisbelasteten Partei auszulösen, scheitert am Wortlaut der Regelungen, die die Beschränkungen durch die §§ 422, 423 ZPO weiterhin ausdrücklich vorsehen.

Der Auflösung der Diskrepanz durch eine Einschränkung des richterlichen Ermessens im Rahmen von § 142 ZPO steht auch nicht entgegen, dass der beweisbelasteten Partei bei einem Vorgehen gegen den Beweisgegner, anders als bei einer Anordnung gegenüber Dritten, gerade nicht der Weg über § 142 ZPO eröffnet wurde. Es kann nicht unterstellt werden, dass, nur weil die §§ 421, 422, 423, und 428, 429 ZPO in einem engem Zusammenhang stehen, der Gesetzgeber den Ausgleichsbedarf auch beim Beweisgegner gesehen und hingenommen hat. Vielmehr ist davon auszugehen, dass er die Beschränkungen der §§ 422, 423 ZPO im formellen Beweisverfahren gegenüber der Partei bestehen lassen und darüber hinaus Anordnungen gegen den Beweisgegner ohne materiell-rechtlichen

---

587 Musielak/*Huber*, ZPO^{4}, §§ 422, 423 Rn. 1.

588 BT-Dr. 14/4722, S. 61.

589 Siehe S. 103.

590 Wie bereits ausgeführt, handelt es sich dabei vielmehr um eine Anregung zum Vorgehen nach § 142 ZPO, da ein Antragsrecht entsprechend § 429 ZPO gerade nicht vorgesehen ist und damit zu der Diskrepanz zwischen Parteivorgehen und Möglichkeiten des Gericht führt.

591 Siehe S. 130 ff.

oder prozessualen Anspruch in das Ermessen des Gerichts stellen wollte. Übersehen wurde dabei lediglich, dass dies mit dem Beibringungsgrundsatz nicht vereinbar ist und willkürlichen Entscheidungen des Gerichts kaum vorgebeugt werden kann.

II. Urkundsvorlagepflichten Dritter im formellen Beweisverfahren

Auch bei den Voraussetzungen der Urkundsvorlage durch den Dritten im Beweisverfahren haben sich, abgesehen von dem soeben angesprochenen § 428 ZPO n. F., durch das ZPO-RG keine Änderungen ergeben.

1. Voraussetzungen

Nach der Änderung von § 428 ZPO gibt es nunmehr zwei Möglichkeiten zum Beweisantritt. Die Partei kann einen Antrag auf Fristsetzung zur Herbeischaffung der Urkunde stellen, § 428 1. Alt. ZPO, um dann wie bislang über eine gesonderte Herausgabeklage gegen den Dritten vorzugehen oder sie kann einen Antrag auf Erlass einer Anordnung nach § 142 ZPO n. F.[592] stellen, § 428 2. Alt. ZPO. Durch diese Ergänzung soll der Partei die Möglichkeit gegeben werden, nicht wie früher die zeitraubende separate Vorlageklage gegen den Dritten anstrengen zu müssen, wenn dieser sich weigert, die Urkunde vorzulegen[593]. Die beweisbelastete Partei kann stattdessen darauf hinwirken, dass das Prozessgericht nach § 142 ZPO n. F. vorgeht.

Mit dem Hinweis auf § 142 ZPO in den §§ 428, 429 ZPO wird jedoch auch klargestellt, dass die weniger strengen Vorlagevoraussetzungen des § 142 Abs. 1 S. 1 ZPO für Dritte auch im Rahmen der förmlichen Beweisaufnahme gelten[594], sofern das Gericht auf Antrag der Partei nach § 142 ZPO vorgeht. Da gem. § 429 S. 2 ZPO bei diesem Vorgehen die einschränkenden Voraussetzungen des § 429 Abs. 1 ZPO nicht gelten, ist ein materiell-rechtlicher Herausgabeanspruch entbehrlich[595]. Grundsätzlich genügt für einen Antrag nach § 428 ZPO n. F. also, dass der Dritte die streiterhebliche Urkunde im Besitz und eine der Parteien darauf Bezug genommen hat.

---

592 Der Inhalt der Anträge richtet sich wie bisher nach den §§ 430, 424 Nr. 1 – 3 ZPO.

593 BT-Dr. 14/4722, S. 92.

594 Hannich/Meyer-Seitz/*Schwartze*, § 142 Rn. 10; *Stadler*, in: FS Beys, S. 1642.

595 Musielak/*Huber*, ZPO[4], § 428 Rn. 5; Hannich/Meyer-Seitz/*Schwartze*, § 142 Rn. 10; *Zekoll/Bolt*, NJW 2002, 3129, 3132.

2. Anordnung nicht im Ermessen des Gerichts

Das Gericht hat dem Gesuch zu entsprechen, wenn es davon überzeugt ist, dass die Urkunde sich in den Händen des Dritten befindet, die Tatsache, die durch die Urkunde bewiesen werden soll erheblich ist und der Inhalt der Urkunde zum Beweis dieser Tatsache geeignet erscheint[596]. Da es sich bei dem Antrag nach § 428 ZPO um einen Beweisantrag handelt, ist ihm nach allgemeinen Grundsätzen stets stattzugeben, wenn seine Voraussetzungen vorliegen[597]. Eine Ablehnung ist an den strengen Kriterien der Gewährung rechtlichen Gehörs zu messen und nur ausnahmsweise zulässig[598]. Die Entscheidung über die Beweisaufnahme steht damit – trotz des Verweises auf § 142 ZPO – nicht im Ermessen des Gerichts[599].

3. Weigerungsrechte des Dritten

Die prozessualen Vorlagepflichten des Dritten reichen jedoch, mangels seiner Beteiligung am Rechtsstreit, weniger weit als die der Parteien. Dies wird im Bereich von § 142 ZPO n. F. deutlich, in dem dem Dritten weitreichende Weigerungsrechte eingeräumt werden, um unberechtigte Eingriffe in seine Privatsphäre und andere schützenswerte Interessen zu verhindern. Auch im Beweisverfahren muss es jedoch bei einer Ausdehnung der Vorlagepflichten entsprechende Begrenzungen geben. Geht das Gericht auf Antrag des Beweisführers daher nach §§ 428, 142 ZPO vor, gelten die Weigerungsrechte des Dritten (Zumutbarkeit, Zeugnisverweigerungsrechte) auch hier[600]. Dies gilt naturgemäß dann nicht, wenn sich die Partei stattdessen entschließt, Herausgabeklage zu erheben. Der Schutz des Dritten ergibt sich dann weiterhin aus dem Erfordernis eines materiell-rechtlichen Herausgabeanspruchs des Beweisführers.

4. Nichtvorlage der Urkunde

Ist der Dritte zur Herausgabe der Urkunde nicht bereit, kann das Gericht die Vorlage weder bei einem Vorgehen nach §§ 428, 142 ZPO n. F., noch bei einem Vorgehen nach § 428 1. Alt. ZPO n. F. erzwingen. Bei einem Vorgehen im Rah-

---

596 BT-Dr. 14/4722, S. 92; Musielak/*Huber*, ZPO[4], § 428 Rn. 5.

597 Stein/Jonas/*Leipold*, ZPO[21], § 284 Rn. 51; Rosenberg/Schwab/*Gottwald*[16], § 115 I 1; MünchKommZPO/*Prütting*[2], § 284 Rn. 86.

598 BVerfG NJW 1990, 3259, 3260; NJW-RR 1996, 183 f.; Musielak/*Foerste*, ZPO[4], § 284 Rn. 14.

599 So auch Stein/Jonas/*Leipold*, ZPO[22], § 142 Rn. 33; *Gruber/Kießling*, ZZP 116 (2003), 305, 324; ebenfalls *Zekoll/Bolt*, NJW 2002, 3129, 3132.

600 BT-Dr. 14/4722, S. 92.

men der §§ 428, 142 ZPO kann das Gericht allerdings durch die Verhängung von Ordnungsmitteln nach § 390 ZPO auf den Dritten einwirken, um ihn zur Vorlage zu veranlassen[601]. Kommt der Dritte auch dann seiner Vorlagepflicht nicht nach, bleibt allerdings nur das Vorgehen über eine gesonderte Vorlageklage[602] und eine Vollstreckung des erwirkten Titels.

601 Musielak/*Huber*, ZPO^4, § 428 Rn. 5.
602 Musielak/*Huber*, ZPO^4, § 428 Rn. 4.

Teil IV: Ergebnis

A. Begrüßenswerter Reformansatz

Aufgrund der Änderungen des Rechtsmittelsystems muss Ziel einer bestmöglichen Prozessführung noch mehr als bisher die Findung der materiellen Wahrheit in der ersten Instanz durch Klärung des von den Parteien vorgetragenen und der Entscheidung zu Grunde zu legenden Sachverhaltes sein. Eine spätere Korrektur kann in der zweiten Instanz aufgrund der Einschränkungen der Möglichkeit zum Vortrag neuer Tatsachen durch das ZPO-RG nur noch in Ausnahmefällen stattfinden.

Zur Verbesserung der in der Eingangsinstanz erforderlichen Sachverhaltsaufklärung hat der Gesetzgeber mit den Änderungen im Rahmen von § 142 ZPO einen zentralen Beitrag geleistet. Die Sachverhaltsaufklärung durch Urkunden nimmt jetzt eine wesentlich bedeutendere Rolle ein als bisher. Die Neuregelung schafft insbesondere die Grundlage dafür, dass die beweisbelastete Partei Urkunden auch dann zum Beweis heranziehen kann, wenn sie sich nicht in ihrem Besitz befinden, sondern im Besitz des Beweisgegners. Die Möglichkeiten der gegnerischen Partei, Urkundenbeweise zurückzuhalten und damit eine Aufklärung des Sachverhaltes zu verzögern oder zu verhindern, sind dadurch beschränkt worden.

Dieser Schritt in Richtung materielle Wahrheit als Grundlage der richterlichen Entscheidungsfindung ist durchweg zu begrüßen. Ein Urteil, dass nach Aufklärung des Sachverhaltes auf Grundlage der tatsächlichen Gegebenheiten ergeht, wird für die Parteien stets nachvollziehbarer und leichter zu akzeptieren sein, als eine non-liquet Entscheidung mit dem Wissen der unterlegenen Partei, dass alle entscheidungserheblichen Beweismittel eigentlich zur Verfügung gestanden hätten.

B. Anknüpfung an materielle Prozessleitungsbefugnis des Gerichts ungünstig

I. Gratwanderung zwischen gebotener Unterstützung und verbotener Parteilichkeit

Mit der Anknüpfung an die materielle Prozessleitungsbefugnis des Gerichts hat der Gesetzgeber jedoch den denkbar schlechtesten Ansatzpunkt für eine Verbesserung der Sachverhaltsaufklärung gewählt[603].

Das Gericht ist von Gesetzes wegen nach den §§ 139, 142 ZPO einerseits verpflichtet, die Parteien bei der Sachverhaltsklärung zu unterstützen. Andererseits verlangt das Gesetz Neutralität (§§ 42 ff. ZPO), die eine zu weitgehende Unterstützung der Parteien nicht zulässt. Die Gerichte hatten bereits bislang Mühe, im Rahmen von § 139 ZPO die Gratwanderung zwischen gebotener materieller Prozessleitung durch Erkennen und Unterstützen der Parteien bei der Verwirklichung des Parteiwillens, und Umformung und damit Verstoß gegen die Unparteilichkeit zu meistern. § 142 ZPO gibt dem Gericht nun weitergehende Möglichkeiten zur Sachverhaltsaufklärung an die Hand, eröffnet damit aber auch ein neues Feld, auf dem die Abgrenzung zwischen Neutralität des Gerichts und größtmöglicher Prozessförderung äußerst schwer fallen wird: Das Gericht kann bei „Bezugnahme" die Vorlage von Urkunden anordnen. Da sich die Bezugnahme aber auch sinngemäß aus dem Sachvortrag ergeben kann und nicht erforderlich ist, dass die Partei die Urkunde konkret benennt, theoretisch noch nicht einmal positive Kenntnis von ihrem Bestehen haben muss, wird das Gericht, das von der möglichen Existenz einer streiterheblichen Urkunde nur in groben Umrissen aus dem Parteivortrag erfährt, gehalten sein, nach § 139 Abs. 2 S. 1 ZPO die beweisbelastete Partei nach näheren Angaben zu fragen, deren Gebrauchswillen zu erkunden und bei mangelnder Substantiiertheit des Vortrages zur Urkunde auch hierauf hinzuweisen. Ob diese Form verstärkter richterlicher Aktivität gewollt war, ist fraglich[604]. Vielmehr ist wohl davon auszugehen, dass der Gesetzgeber die Tragweite der Änderungen nicht erkannt hat.

---

603 Vor den Konsequenzen, die sich bei einem Ansetzen bei der Richtermacht zur Verbesserung der Sachverhaltsaufklärung ergeben, hatte Stürner bereits 1976 gewarnt: *Stürner*, Aufklärungspflicht der Parteien, S. 69.

604 So auch *Stadler*, in: FS Beys, S. 1646.

II. Aufweichung des Beibringungsgrundsatzes

Diese amtswegige Sachverhaltsklärung lässt sich mit dem Beibringungsgrundsatz noch weitgehend vereinbaren, wenn die Befugnis des Gerichts, gegen den Beweisgegner auch dann vorzugehen, wenn die Partei mangels Vorliegens der §§ 422, 423 ZPO nicht weiterkommt, eingeschränkt ist, indem sie zum einen nur dann besteht, wenn die Partei diese Urkunde in das Verfahren eingeführt haben möchte, zum anderen im Falle eines Antrages eine Ermessensreduzierung vorliegt, so dass dessen willkürliche Ablehnungen ausgeschlossen ist. Dennoch wird der Beibringungsgrundsatz durch diese Regelung aufgeweicht und damit ein Stück weit ein inquisitorisches Element geschaffen. Wenn mit der Neuregelung von § 142 ZPO auch noch lange kein „discovery-Verfahren" nach US-amerikanischen Maßstäben eingeführt ist und auch eine Ausforschung der Gegenseite unterbleibt, wirft sie dennoch weitergehende Probleme auf. So wird man wohl aufgrund des Auseinanderfallens von Richter- und Parteimacht kaum daran festhalten können, das Gericht könne zunächst die Beweisinitiative primär den Parteien überlassen. Denn ist der Prozessgegner unstreitig in Besitz der streiterheblichen Urkunde, auf die er sich aber nicht selbst bezogen hat und auf die dem Beweisführer auch kein materieller Herausgabeanspruch zusteht, kann die beweisbelastete Partei eine Beweisaufnahme nicht herbeiführen. Das Gericht wird die Partei hier zumindest nach § 139 ZPO auf die Entscheidungserheblichkeit der Urkunde und das Bedürfnis eines „Beweisantrages" hinzuweisen haben. Auch muss man bedenken, dass § 142 ZPO nun nicht mehr allein der Prozessbeschleunigung dient, sondern der Sachverhaltsaufklärung im weiteren Sinne, indem der Gegner zur Vorlage von Urkunden veranlasst werden kann, die der beweisbelasteten Partei sonst nicht zur Verfügung stünden.

III. Erleichterung der Beweisführungslast

Zu überlegen ist auch, ob die Darlegungs- und Beweislast zukünftig anders zu beurteilen sein wird als bisher. Sollte von §142 ZPO n. F. in der Praxis mehr Gebrauch gemacht werden, erscheint es denkbar, dass dann, wenn der Gegner im Besitz einer günstigen Urkunde ist, lediglich der Darlegungslast zu genügen ist und die Beweislast über § 142 ZPO auf die Gegenseite verlagert werden kann. M. E. führt dies jedoch nicht zu Änderungen bei der Beweis-, sondern lediglich bei der Beweisführungslast. Das Risiko des non-liquet bleibt gleich. In Anbetracht des Vorteiles, Ermittlung der materiellen Wahrheit, sollte dies den Parteien allerdings zumutbar sein.

C. Erweiterung von Vorlagepflichten auf Dritte zu weitgehend und zu unbestimmt

Auch die Erweiterung der Vorlagepflichten auf Dritte ist nicht unbedenklich. Zwar wird aus der Einführung des Unzumutbarkeitskriteriums deutlich, dass der Gesetzgeber Dritte vor ungerechtfertigter und belastender Inanspruchnahme schützen wollte. Bei der Formulierung der Schutzrechte ist dem Gesetzgeber allerdings keine besonders gelungene Leistung zu attestieren. Dabei erscheint insbesondere auch der Verzicht auf materiell-rechtliche Herausgabeansprüche wegen der „Prozessökonomie“ bedenklich. Eine solche Argumentation könnte eventuell ein Vorgehen gegen die Partei rechtfertigen, nicht aber gegen einen Dritten, dem keine Pflicht zur Verbesserung der Beweislage oder zur Verfahrensförderung obliegt.

D. Keine Schaffung eines abgeschlossenen Systems der Informationsbeschaffung

Der Reformgesetzgeber hat sich durch die Änderungen im Rahmen des § 142 ZPO zudem zwar vom allgemeinen System der Sachverhaltsermittlung im deutschen Zivilprozess ein wenig entfernt und erstmals deutlich gemacht, dass die nicht beweisbelastete Partei auch allein auf der Grundlage prozessualer Vorschriften ohne materiell-rechtliche Beschränkungen zur Mitwirkung verpflichtet sein kann[605]. Letztlich ist aber zu bedauern, dass er die Reform nicht genutzt hat, um ein abgeschlossenes System der Informationsbeschaffung einzuführen und das „Flickwerk“ des deutschen Zivilprozessrechts in diesem Bereich zu beheben.

Außerhalb der §§ 142, 144 ZPO wird sich der Rechtsanwender auch zukünftig in Fällen der Beweisnot meist mit einer erweiternden Auslegung materiellrechtlicher Auskunfts- und Informationsansprüche, mit Beweiserleichterungen[606] und mit der von der Rechtsprechung ausgestalteten „sekundären Beweislast“[607] behelfen müssen. Mit den eingeschränkten Änderungen der §§ 142, 144 ZPO und

605 Ebenso *Prütting*, in: Festschrift für Németh, S. 702, 712; a. A. MünchKommZPO/*Peters*[Akt.], § 142 Rn. 3.

606 Z.B. BGHZ 85, 212; BGHZ 51, 91 zur Produkthaftung; BGH NJW 1992, 228; 1990, 1659 und 2461 bei der Verletzung von Aufklärungs- und Beratungspflichten.

607 BGHZ 140, 156, 158; 120, 320; 109, 139; BGH NJW-RR 1999, 1152; Rosenberg/Schwab/*Gottwald*, Zivilprozessrecht[16], § 108 III 4.

mit der Einführung des § 643 ZPO n. F.[608] hat der Gesetzgeber deutlich gemacht, dass im System des deutschen Zivilprozessrechts prozessuale Pflichten der nicht beweisbelasteten Partei und erst Recht unbeteiligter Dritter allenfalls in den vom Gesetzgeber geregelten Ausnahmefällen in Betracht kommen, eine „allgemeine prozessuale Aufklärungspflicht" aber nicht bestehen soll[609].

Aber auch im Anwendungsbereich des § 142 ZPO hat es der Gesetzgeber nicht geschafft, zumindest für den Bereich der Urkunden eine umfassende und praktikable Lösung zu finden. Zwar enthält § 142 ZPO jetzt eine prozessuale Mitwirkungspflicht der Parteien; es fehlen aber flankierende Regelungen, so dass das Gericht in vielen Fällen gehindert sein wird, von der neu eingeführten Möglichkeit der Verpflichtung der nicht beweisbelasteten Partei zur Mitwirkung in der Praxis Gebrauch zu machen.

I. Praktische Probleme im Bereich der Urkundenvorlage nach § 142 ZPO

Auch wenn § 142 Abs. 1 ZPO der beweisbelasteten Partei nun theoretisch erlaubt, zur Sachverhaltsklärung oder zum Beweis Urkunden zu erlangen, die sich nicht in ihren Händen befinden, wird ihr diese Möglichkeit in der Praxis häufig versagt bleiben. Eine Vielzahl von Vorgängen spielt sich ausschließlich in der Geschäfts- oder Privatsphäre Einzelner ab. Hat die beweisbelastete Partei die Urkunde nie gesehen, da sie sich von vornherein im Besitz des Beweisgegners befand, wird sie keine hinreichend genauen Angaben zu der Urkunde machen können, so dass eine Bezugnahme[610] und damit eine Anordnung des Gerichts auf Vorlage ausscheidet[611]. Auch wenn man in diesen Fällen für die Individualisier-

608 Der Gesetzgeber hat in § 643 ZPO ein prozessuales Auskunftsrecht im Bereich von Unterhaltsstreitigkeiten normiert, wonach das Gericht den Parteien aufgeben kann, unter Vorlage entsprechender Belege Auskunft über ihre Einkünfte zu erteilen und, soweit es für die Bemessung des Unterhaltes von Bedeutung ist, über ihr Vermögen und ihre persönlichen und wirtschaftlichen Verhältnisse. Kommen die Parteien ihren Pflichten nicht nach, kann das Gericht von Amts wegen Auskünfte beim Arbeitgeber, dem Sozialleistungsträger u. ä. einholen.

609 *Prütting*, in: Festschrift für Németh, S. 702, 708.

610 Die beweisbelastete Partei muss die Urkunde so genau bezeichnen, dass sie individualisierbar ist, ihre Beweiseignung durch das Gericht beurteilt und ihre Vorlage angeordnet werden kann, siehe S. 101 ff.

611 Dem Gegner wird es zudem nicht schwer fallen, sich der Vorlage zu entziehen, sobald die beweisbelastete Partei nicht konkret benennen kann, um welche Urkunde es sich handelt. Er braucht lediglich zu behaupten, er könne die Urkunden anhand dieser Angaben nicht identifizieren.

barkeit eine allgemeine Umschreibung und Inhaltsangabe[612] ausreichen lässt, muss die beweisbelastete Partei zumindest *Anhaltspunkte* zu Parteien und Inhalt sowie nach Möglichkeit zu Ausstellungszeitpunkt und Ort vorbringen, um dem Gericht eine Grundlage für die Vorlageanordnung zu geben[613]. Selbst diese allgemeinen Angaben werden der beweisbelasteten Partei in vielen Fällen, z. B. bei betriebsinternen Unterlagen des Gegners, nicht möglich sein.

Vielfach wird die Partei gar keine Kenntnis haben, ob Urkunden zu ihrem Tatsachenvortrag in Händen des Gegners überhaupt existieren. Bereits *Schlosser* stellte zutreffend die Frage, weshalb es nicht anstößig sein sollte, „die Auslieferung der Waffen verlangen zu können, wenn Anhaltspunkte dafür bestehen, dass der Gegner sie besitzt, aber doch anstößig, wenn es an solchen Anhaltspunkten fehlt?“[614]. Die beweisbelastete Partei wird bei fehlendem Wissen um das Bestehen einer Urkunde, die ihren Vortrag stützt, ebenso wie die Partei, die nur grobe Anhaltspunkte für die Existenz einer Urkunde in Händen des Gegners vorbringen kann, unterliegen, selbst wenn sie bestimmte oder zumindest vermutete Tatsachenbehauptungen aufstellt, und das Beweismittel in Händen des Gegners existiert, ihr dieses aber nicht zur Verfügung steht.

§ 142 ZPO läuft damit in vielen Fällen, in denen der beweisbelasteten Partei gerade durch die Erweiterung der Mitwirkungspflicht der Gegenseite und der materiellen Prozessleitungsbefugnis des Gerichts geholfen werden sollte und könnte, leer.

II. Keine Lösungsmöglichkeit nach neuem Recht

Obwohl die eben dargestellten Fälle einen erheblichen Teil der Gerichtspraxis ausmachen werden, da sich eine Vielzahl von Vorgängen ausschließlich in der Sphäre Einzelner abspielt und die Gegenseite daher häufig in Unkenntnis über Einzelheiten ist, bietet das neue Recht keine Lösung für die Verlegenheit der beweisbelasteten Partei.

Während man für den Fall, dass der beweisbelasteten Partei lediglich detaillierte Kenntnisse über die Urkunde im Besitz des Gegners fehlen, die eine individualisierende Bezeichnung ermöglichen, noch daran denken könnte, auf mate-

612 Ähnlich den reduzierten Anforderungen bei der „sekundären Behauptungslast" und bei § 424 ZPO, siehe S. 102.

613 Gleichzeitig ist wegen des Ausforschungsverbotes die Aufstellung einer substantiierten Tatsachenbehauptung, bzw. einer durch Anhaltspunkte belegten Vermutung notwendig, auf die sich die Urkunde bezieht.

614 *Schlosser*, JZ 1991, 599.

riell-rechtliche Informations- und Auskunftsansprüche[615] zurückzugreifen, bei denen allerdings bereits fraglich wäre, ob sie inhaltlich dazu geeignet sind, die gewünschten Informationen zur Benennung der Urkunde zu erlangen[616], hilft dies im Falle fehlender Kenntnis um die Existenz der Urkunde nicht weiter. Ein „allgemeiner" Informations- bzw. Auskunftsanspruch, der es den Parteien ermöglicht, vom Gegner Aufklärung über alle in dessen Besitz vorhandenen Urkunden zu erhalten, existiert weder im materiellen Recht[617], noch im Prozessrecht[618]. Gegen einen derartigen Rückgriff auf das materielle Recht zur Lösung der verbleibenden Problemfälle spräche zudem nicht nur, dass damit das Ziel der Prozessbeschleunigung, das mit dem Entfallenlassen des Erfordernisses der gesonderten Klage gegen Dritte durch Einräumung direkter Anordnungsbefugnisse

---

615 Der beweisbelasteten Partei stehen nach deutschem Recht nur vereinzelte Auskunftsansprüche als Nebenpflichten zu vertraglichen oder gesetzlichen Schuldverhältnisse zur Verfügung. Dabei wird zudem stets ein Rechtsverhältnis zwischen Auskunftsberechtigtem und Auskunftsverpflichtetem vorausgesetzt, z. B. die entgeltliche Wahrnehmung fremder Interessen oder der dem Grunde nach feststehende Eingriff in eine fremde Rechtssphäre, siehe z. B. § 687 Abs. 2 i. V. m. §§ 681, 666 BGB; §§ 2027 Abs. 1 und 2, 2362 Abs. 2 BGB; § 97 Abs. 1 S. 2 UrhG (*Stadler*, S. 103 unter Bezugnahme auf RG GRUR 1938, 599; GRUR 1942, 186; *Stürner*, Aufklärungspflicht der Parteien, S. 289). Gibt es keine Sonderverbindung oder steht diese gerade nicht fest, helfen auch die dargestellten Ansprüche nicht weiter. Nur ausnahmsweise ordnet das Gesetz in einzelnen Fällen Informations- oder Auskunftsansprüche an, ohne eine Sonderrechtsbeziehung zu verlangen, so etwa bei den §§ 809 2. Alt., 2028 BGB; 146 PatG; 30 GebrMG; 840 ZPO.

616 Die Auskunfts- und Informationsansprüche sollen dem Anspruchsteller lediglich ermöglichen zu klären, welchen Inhalt sein Anspruch hat, damit er seinen Klagantrag formulieren oder substantiierte Tatsachenbehauptungen aufstellen, bzw. diese präzisieren kann, siehe z. B. §§ 402, 666 (auch jeweils in Verbindung mit §§ 681 S. 2, 713, 1978 Abs. 1, 2218), 799 Abs. 2, 1698, 1890, 2218, 1435 S. 2, 2003, 2127 BGB; 86 Abs. 2 HGB bzw. ermöglichen, bereits Einwendungen des potentiellen Gegners zu klären, so z. B. §§ 1214 Abs. 1, 2011 S. 2, 2012 Abs. 1, 2028, 2057, 2314 BGB; 74c Abs. 2 HGB, oder den richtigen Prozessgegner ausfindig zu machen BGH JZ 1976, 318. Dem Kläger ist es verwehrt, mit Hilfe dieser Auskunftsansprüche Beweismittel zu gewinnen, BGH WM 1970, 387; Staudinger/*Selb*, § 260, Rn. 10. Insofern ist die Kritik des DAV in der Stellungnahme zum Referentenentwurf kaum nachvollziehbar, die prozessuale Vorlegungspflicht von Urkunden bzw. Augenscheinsobjekten nehme entsprechende materiellrechtlichen Auskunftsansprüche vorweg, siehe (www.anwaltverein.de/03/05/2000/Justiz/Fortsetz4.htlm).

617 RGZ 102, 236; RG JW 1935, 506; BGH LM. Nr. 19 zu § 242 (Be) BGB; BGH NJW 1970, 751; NJW 1978, 1002; 1981, 1733; Rosenberg/Schwab/*Gottwald*, Zivilprozessrecht[16], § 108 II 1; MünchKommBGB/*Krüger*[4], § 260 Rn. 1; *Arens*, S. 9, 21; *Ebke*, S. 21.

618 BGH NJW 2000, 1108, 1109; 1990, 3151 = JR 1991, 415; kritisch *Schlosser*, JZ 1991, 599 ff.; *Stürner*, ZZP 104 (1991), 208 ff.

des Gerichts zu erreichen versucht wurde, wieder zu Nichte gemacht würde, da wiederum ein vorgeschalteter Prozess auf Auskunftserteilung erforderlich würde. Dagegen spräche vor allem auch der aus dem Entfallenlassen der Beschränkung durch die §§ 422, 423 ZPO erkennbare Wille des Reformgesetzgebers, Vorlage- und Aufklärungspflichten der Parteien im Rahmen von § 142 ZPO ohne Rücksicht auf das materielle Recht zu begreifen[619].

Letztlich hat die von der beweisbelasteten Partei benötigte Auskunft über Urkunden im Besitz des Beweisgegners aber auch nur im weiteren Sinne etwas mit dem materiell-rechtlichen Rechtsverhältnis zu tun; vornehmlich dient sie allein der effektiven Wahrnehmung und Durchsetzung der Möglichkeiten, die § 142 ZPO nach der Reform zur Sachverhaltsklärung bereithält. Derartige Regelungen gehören aber in das Prozessrecht.

III. Lösungsansätze

Der einfachste Weg zu einer umfassenden Regelung aller in der Praxis auftretenden Fälle, in denen der Zugang der beweisbelasteten Partei zu Informationen im Besitz des Gegners problematisch ist, wäre eine ausdrückliche Verpflichtung der Parteien zur Aufklärung bzw. Mitwirkung an der Aufklärung durch Einführung einer allgemeinen prozessualen Aufklärungspflicht gewesen[620]. Dies war, wie dargestellt, aber offenbar nicht gewollt. Wäre es dem Gesetzgeber mit seinem Ziel, in erster Instanz eine umfassende Sachverhaltsermittlung durch eine Erweiterung der Vorlagepflichten und der Aufklärungspflichten beider Parteien[621] sicherzustellen, jedoch Ernst gewesen, hätte er nicht an dieser Stelle stehen bleiben dürfen. Zumindest hätte es nahe gelegen, den Parteien gerade für die Fälle, in denen entscheidungserhebliche Urkunden in Händen der jeweiligen Gegenseite nicht (hinreichend) bekannt sind, dem Beispiel ausländischer Rechtsordnungen folgend, ergänzend zur Vorlagepflicht z. B. eine Auskunftspflicht über die in ihrem Besitz befindlichen Urkunden aufzuerlegen[622].

Wie sich eine solche ergänzende Regelung hätte gestalten lassen, soll nachfolgend, unter Einbeziehung ausländischer Rechtsordnungen, die dieses Problem

619 BT-Dr. 14/4722, S. 61.

620 So bereits der Vorschlag von *Gottwald*, Gutachten A zum 61. DJT, S. A 15, mit dem Hinweis darauf, dass dies nicht nur zu einer Klärung des Sachverhaltes in der ersten Instanz führen, sondern auch nicht wenige vorbereitende Klagen auf Auskunft und Rechnungslegung entfallen lassen würde.

621 So ausdrücklich in der Gesetzesbegründung zur Stärkung der ersten Instanz, BT-Dr. 14/4722, S. 61.

622 So auch Musielak/*Stadler*, ZPO[4], § 142 Rn. 4.

bereits in ihren zivilprozessualen Regelungen berücksichtigt haben, untersucht werden.

Teil V: Gestaltungsmöglichkeit einer ergänzenden Regelung zu § 142 ZPO n. F.

A. Ansatzpunkte für eine weitergehende Beschaffung von Urkunden

Die Möglichkeiten zur Gestaltung einer Regelung, die den Parteien Zugang zu allen prozessrelevanten Urkunden gewährt, sind vielfältig. So kommen z. B. allgemeine Editionspflichten[623], ein vorausgehendes „discovery"-Verfahren[624] oder allgemeine Auskunftsansprüche in Verbindung mit Regelungen zur Vorlage der gefundenen Urkunden in Betracht. Wirft man einen Blick über die Grenzen, findet man bereits in Kontinentaleuropa vielfältige Gestaltungsformen zur Urkundsvorlage[625]. Nachfolgend soll sich die Untersuchung jedoch mit drei weiter entfernten Rechtsordnungen beschäftigen. Sowohl im japanischen, als auch im US-amerikanischen und im englischen Recht sind die Verfahrensregelungen zur Urkundsvorlage in den vergangenen Jahren, teils mit ähnlicher Zielsetzung wie der des ZPO-RG[626], reformiert worden.

---

623 So finden sich z. B. in mehreren kantonalen Schweizer Prozessordnungen sehr allgemein gehaltene Editionspflichten, um eine abschließende Sachverhaltsaufklärung zu gewährleisten, siehe etwa §§ 183, 184 Zürcher ZPO; Artt. 235, 236 Berner ZPO; Einzelheiten z. B. bei *Habscheid*, Schweizerisches Zivilprozess- und Gerichtsorganisationsrecht, Rn. 684 ff.

624 Siehe z. B. das zuvor dargestellte Discovery-Verfahren des US-amerikanischen Rechts, Rule 26 FRCP, oder das sog. „disclosure"-Verfahren des englischen Rechts, Rule 31 CPR.

625 Obwohl viele der kontinentaleuropäischen Prozessordnungen Urkundsvorlagepflichten vorsehen, die deutlich über das bisherige, aber auch über das neue deutsche Recht hinausgehen, setzen sie allerdings alle voraus, dass der Gegner Kenntnis von der Existenz der Urkunde hat, vgl. *Lorenz*, ZZP 111 (1998), S. 35, 64 unter Verweis auf den Abschlussbericht der Kommission *Storme*.

626 So verfolgte z. B. die Reform des japanischen Zivilprozessrechts von 1996 mit der Schaffung von mehr Effizienz und Transparenz eine vergleichbare Zielsetzung wie das ZPO-RG, „Leicht zu verstehender und leicht zu nutzender Zivilprozess", *Heath/Petersen*, S. 17, unter Verweis auf die Veröffentlichung der Abteilung für Zivilsachen des Justizministeriums zu Fragen und Antworten zum neuen Zivilprozessgesetz, 1998, S. 64. Ähnlich der Ansatz der Woolf Reform in England: „*The system should... offer appropriate procedure at a reasonable cost, deal with cases in reasonable speed, be understandable to those who use it, be responsive to those who use it, provide as much certainty as the nature of the particular case allows and be effective*", *Lord Woolf*, Access to Justice, Final Report, 1996, S. 2.

Zum Teil sind dabei Regelungen gefunden worden, die für eine Ergänzung des § 142 ZPO durchaus Pate stehen könnten.

B. Ausblick in andere Rechtsordnungen

I. Das japanische Zivilprozessrecht

1. Entstehung und Überblick

Das japanische Zivilprozessrecht ist in einer Reihe einzelner Gesetze geregelt. Das Zivilprozessgesetz (ZPG), das 1890 in Kraft trat und in wesentlichen Teilen der deutschen ZPO von 1877 folgte[627], enthält die maßgeblichen Vorschriften des Erkenntnisverfahrens, somit auch der materiellen Prozessleitung des Gerichts und des Beweisrechts. Obwohl die Vorschriften über die Jahrzehnte mehrfach geändert wurden, blieb das durch „wörtliche Normenrezeption“[628] entstandene ZPG in seinen wesentlichen Zügen bis zum Erlass des neuen ZPG von 1996 (in Kraft seit 01.01.1998) unverändert[629], und lässt auch heute noch seinen Ursprung deutlich erkennen[630].

---

627 *Nakamura/Huber*, Die japanische ZPO in deutscher Sprache, S. V; *Heath/Petersen*, Das japanische Zivilprozessrecht, S. 2; *Yoshida*, Die Informationsbeschaffung im Zivilprozeß, Frankfurt/Main 2001, S. 121, 230; *Nakamura*, Die Rezeption des deutschen Rechts in Japan – insbesondere auf dem Gebiet des Zivilprozeßrechts, ZZP 84 (1971), 74 ff.; *ders.*, Die Reform der japanischen Zivilprozessordnung, Waseda Bulletin of Comparative Law, Vol. 17 (1996), S. 1; *Kono*, Neuere Tendenzen im japanischen Zivilverfahrensrecht, ZJapR 6 (1998), S. 174.

628 *Stürner*, Gegenstand und Formen der Rezeption im neueren Prozessrecht, in: Recht in Ost und West, FS Waseda-Universität, S. 287, 288 f.

629 *Marutschke*, Einführung in das japanische Recht, S. 256.

630 Zwar hat das japanische Gerichtswesen nach der ersten grundlegenden Überarbeitung des ZPG 1926, bei der man sich bereits etwas vom deutschen Recht löste, nach dem Zweiten Weltkrieg einen tiefgreifenden Wandel durchgemacht (siehe dazu ausführlicher *Yoshida*, S. 122 mwN.; *Nakamura*, Waseda Bulletin, of Comparative Law, S. 1, 2), bei dem einige Verfahrensweisen nach Vorbild des anglo-amerikanischen Rechtskreises eingeführt wurden (siehe z. B. die Möglichkeit zum Kreuzverhör eines Zeugen nach § 202 ZPG: *„Der Zeuge wird zuerst durch die Partei vernommen, die seine Ladung beantragt hat, dann durch die andere Partei und zuletzt durch den vorsitzenden Richter.“*, *Heath/Petersen*, Das japanische Zivilprozessrecht, S. 83), die Grundstruktur blieb jedoch weitgehend unverändert *Nakamura*, Waseda Bulletin, of Comparative Law, S. 1, 2.

2. *Informationsbeschaffung durch Urkunden nach der japanischen Zivilprozessordnung*

a) Die Urkundsvorlage nach dem ZPG

Die Möglichkeiten zur Urkundsvorlage nach dem ZPG entsprachen bis zur Reform 1996 im Wesentlichen denen des deutschen Rechts[631]. Wie der deutsche Reformgesetzgeber hat jedoch auch der japanische Gesetzgeber die Vorlage von Urkunden als eines der zentralen Mittel zur Beschleunigung des Prozesses durch eine Erleichterung der Informationsbeschaffung gesehen. Er hat daher die Regelungen zur Urkundsvorlage im Rahmen der Reform, die ähnlich wie die ZPO-Reform auf eine Steigerung der Effizient und Transparenz des Verfahrens gerichtet war[632], grundlegend geändert.

Anders als der deutsche Reformgesetzgeber hat der japanische Gesetzgeber dazu allerdings nicht bei der materiellen Prozessleitungspflicht des Gerichts angesetzt, sondern die Mitwirkungspflichten der Parteien im parteibetriebenen Beweisverfahren erweitert.

aa) Urkundsvorlage auf Antrag der Parteien

(1) Allgemeine Vorlagepflicht

Für die Vorlage von Urkunden sieht § 220 Ziff. 4 ZPG nun zusätzlich zu den bereits vor der Reform vorhandenen Regelungen[633], die eine Vorlage an eine Be-

---

631 Die Vorlage war im parteibetriebenen Beweisverfahren nur bei Bezugnahme zum Beweis durch den Gegner der beweisbelasteten Partei oder bei Vorliegen eines materiell-rechtlichen Herausgabeanspruchs erwirkbar. Die Urkundsvorlage von Amts wegen konnte hingegen weitergehend als nach dem alten deutschen Recht bereits bei Bezugnahme irgendeiner der Parteien angeordnet werden, ausführlich *Yoshida*, S. 129 ff.

632 Siehe Fn. 616.; auch ihre Schwerpunkte lagen in vergleichbaren Gebieten: (1) Maßnahmen zur Klarstellung der streitigen Tatsachen bzw. des Streitgegenstandes, (2) Erweiterung des Verfahrens der Beweissammlung, (3) Beschränkung der Revision und (4) Einführung eines vereinfachten Verfahrens für Bagatellstreitigkeiten.

633 § 220 ZPG (Pflicht zur Vorlage von Urkunden) (alt): *„Der Besitzer einer Urkunde darf die Vorlage nicht verweigern: 1. wenn er im Prozess auf die Urkunde, die sich in seinem Besitz befindet, Bezug genommen hat; 2. wenn der Beweisführer einen Anspruch auf Herausgabe der Urkunde an sich selbst oder auf Einsicht hat; 3. wenn die Urkunde zugunsten des Beweisführers oder mit Bezug auf ein Rechtsverhältnis zwischen dem Beweisführer und dem Besitzer der Urkunde erstellt wurde"*, *Nakamura/Huber*, S. 93; *Heath/Petersen*, S. 86 f. Dabei war und ist streitig, in welcher Beziehung die Regelungen des § 220 Ziff. 1 – 3 ZPG zu der Neuregelung in Ziff. 4

zugnahme der Parteien oder Vorlegungsansprüche knüpften, eine *allgemeine* Vorlagepflicht[634] vor. Nach der Neuregelung ist der Besitzer einer Urkunde *grundsätzlich* zu deren Vorlage verpflichtet, es sei denn es liegt ein Vorlageverweigerungsgrund[635] vor[636].

---

steht, insbesondere, ob dessen Beschränkungen auf die Vorlagepflichten der Ziff. 1 bis 3 zu übertragen sind. Ausgehend von der Gesetzessystematik und vom Gesetzeszweck kommt die hA. dabei jedoch zu dem Ergebnis, dass die Bestimmungen unterschiedliche Vorlagepflichten regeln und in einer ergänzenden Beziehung nebeneinander stehen, siehe ausführlich *Yoshida*, S. 185 mwN.

634 *Yoshida*, S. 177 mwN.; *Marutschke*, S. 256.; *Heath/Petersen*, S. 24. Gegen die Einführung einer allgemeinen Vorlagepflicht wurden zahlreiche kritische Ansichten geäußert (zu Einzelheiten siehe *Yoshida*, S. 177 f.; *Kono*, ZJapR 6 (1998), 174, 178 f.). Der japanische Gesetzgeber hat versucht, dieser Kritik insofern Rechnung zu tragen, als der Urkundsbesitzer für die Beurteilung, ob z. B. ein Vorlageverweigerungsgrund gegeben ist, die Urkunde lediglich dem Gericht vorlegen muss („*in camera*“ Verfahren). Das „*in camera*“ Verfahren kann auch dann zur Anwendung kommen, wenn sich der Urkundsbesitzer darauf beruft, nicht die ganze Urkunde falle unter eine Vorlageverweigerungspflicht. Nach § 223 ZPG kann das Gericht die Vorlage unter Auslassung dieser Teile zulassen, § 223 Abs. 1 ZPG; siehe auch *Yoshida*, S. 191.

635 Das Gericht hat zu prüfen, ob die Urkunde, deren Vorlage beantragt wird, unter einen der Vorlageverweigerungsgründe nach § 220 Ziff. 4 ZPG fällt. Wird dies oder die Existenz oder der Besitz an der Urkunde bestritten, hat die beweisbelastete Partei das Gegenteil zu beweisen, *Yoshida*, S. 183 f. Hier kommt ihr das ZPG jedoch zum Teil entgegen. Das in § 223 ZPG eingeführte „*in camera*“ Verfahren, das eigentlich dazu gedacht ist, sicherzustellen, dass die Gegenseite auch bei Vorliegen einer allgemeinen Vorlagepflicht vom Inhalt von Urkunden keine Kenntnis erlangt, bei denen ein Vorlageverweigerungsgrund vorliegt, erleichtert auch die Nachweispflicht der beweisbelasteten Partei in der Praxis.

636 Nach § 220 Ziff. 4 ZPG nF. kann die Vorlage einer Urkunde im Prozess dann nicht verweigert werden, „*wenn die Urkunde nach Ziff. 1 bis 3 nicht unter folgende Regelung fällt: a. die Urkunde enthält Tatsachen nach § 196, hinsichtlich derer der Besitzer oder eine in § 196 genannte Person ein Zeugnisverweigerungsrecht besitzt; b. die Urkunde enthält eine Amtsgeheimnis und ihre Vorlage verstößt gegen die Interessen des Gemeinwohls oder behindert die Amtsgeschäfte; c. die Urkunde enthält eine Tatsache, für die keine Entbindung der Schweigepflicht gem. § 197 Abs. 1 Ziff. 2 oder Nr. 3 besteht; d. die Urkunde unterliegt überwiegend dem Gebrauch des Besitzers, ausgenommen sind Urkunden, die ein Beamter des japanischen Staates oder einer Gebietskörperschaft zu dienstlichen Zwecken in Besitz hat; e. Urkunden des Strafprozesses, Akten des Jugendfürsorgeverfahrens oder Urkunden, die für diese Verfahren beschlagnahmt wurden*“[Ziff. 1-3: § 312 Nr. 1-3 ZPG iFv. 1926; Ziff. 4 neu durch ZPG-Reform 1996; Ziff. 4 b und e neu, d ergänzt durch Gesetz Nr. 96/2001], *Heath/Petersen*, Das japanische Zivilprozessrecht, S. 87. Die Auslegung des Begriffs des „überwiegenden Gebrauchs des Besitzers“ wirft erhebliche Probleme auf. Die Rechtsprechung, die vor der Reform des ZPG ergangen ist, kann dabei nicht ohne weiteres übertragen werden.

(2) Verfahren zur Veranlassung der Vorlage

(a) Bezeichnung der Urkunde im Vorlageantrag

Will eine Partei die Gegenseite zur Vorlage von Urkunden auf Grundlage der allgemeinen Vorlagepflicht veranlassen, hat sie, wie nach deutschem Recht, einen Antrag auf Erlass eines Vorlagebeschlusses durch das Gericht zu stellen, § 221 ZPG. Der Antrag erfordert, dass die Vorlage begehrende Partei, ebenso wie bei § 424 ZPO, die Urkunde bezeichnet, angibt welchen Inhalt sie hat, in wessen Besitz sie sich befindet, welche Tatsachen durch sie bewiesen werden sollen und weshalb der Besitzer zur Herausgabe verpflichtet ist[637], damit die Entscheidungserheblichkeit der Urkunde und die Begründetheit des Vorlagebegehrens geprüft werden können.

Auch nach diesen Regelungen würde eine Partei, die eine Urkunde nicht kennt und sie daher nicht individualisierbar bezeichnen kann, vor gravierende Probleme gestellt. Der japanische Gesetzgeber hat dieses Problem jedoch gesehen und die Anforderungen für die Bezeichnung der Urkunde unter Berücksichtigung der Schwierigkeiten, die sich für die beweisbelastete Partei stellen können, gesenkt.

(b) Erleichterung bis zur Umkehr der Benennungslast

Nach dem neu eingeführten § 222 ZPG wird in den Fällen, in denen eine Partei Urkunden nicht genau bezeichnen kann, die Pflicht des Antragstellers, die Urkunde zu bezeichnen, auf den Urkundenbesitzer verlagert, sofern es dem Antragsteller „äußerste Schwierigkeiten bereitet" die Urkunde zu benennen[638]. Der Antragsteller muss in diesem Fall beim Antrag auf Anordnung der Urkundenvorlage lediglich „*ausreichende*" Tatsachen angeben, die es dem Besitzer der vom Antrag betroffenen Urkunde erlauben, diese ohne unangemessenen Zeit- und Ar-

637 Diese Anforderungen waren häufig Hinderungsgrund für eine Vorlageverfügung, denn zur Spezifizierung musste die Urkunde bereits bekannt sein, *Mochizuki*, 40, Harvard International Law Journal, S. 285, 288.

638 § 222 ZPG: „*Bereitet es dem Antragsteller, der eine Urkunde herausverlangt, äußerste Schwierigkeiten, die Punkte nach § 221 Abs. 1 Nr. 1 und Nr. 2 (*die Bezeichnung der Urkunde und ihres Hauptinhaltes*) klar zu benennen, genügt es, wenn Angaben gemacht werden, anhand derer der Besitzer der Urkunde zum Zeitpunkt der Antragstellung die Urkunde identifizieren kann. In diesem Fall muss gegenüber dem Gericht der Antrag gestellt werden, dass der Besitzer der Urkunde diese nach § 221 Nr. 1 und Nr. 2 zu benennen hat.*", *Heath/Petersen*, Das japanische Zivilprozessrecht, S. 87.

beitsaufwand von anderen Urkunden bzw. Urkundengruppen zu unterscheiden[639]. Um zu verhindern, dass von vornherein darauf gesetzt wird, dass die Gegenseite eine konkrete Bezeichnung der Urkunde vornehmen wird, greift diese Erleichterung der Darlegungslast erst, wenn der Antragsteller alle erforderlichen Anstrengungen unternommen hat, die vernünftigerweise von ihm erwartet werden können, um die Urkunde zu benennen[640]. Genügen die Angaben des Antragstellers dennoch nicht, um dem Besitzer eine Identifizierung der Urkunde zu ermöglichen, wird der Antrag auf Anordnung der Urkundenvorlage zurückgewiesen.

(c) Keine Sanktion bei Verweigerung der Bezeichnung der Urkunde durch den Besitzer

Das Gesetz sieht für den Fall, dass der Urkundsbesitzer der Aufforderung zur Bezeichnung der Urkunde nicht nachkommt, jedoch keine Sanktion vor. Als Grund wird angegeben, dass die Bestrafung strengere Voraussetzungen erforderlich machen würde, „die den unbesorgten Gebrauch des Systems erschweren und vermutlich die Opposition auf den Plan rufen würde“[641]. Zudem verweist der Gesetzgeber darauf, dass dem Beweisführer in diesem Fall andere Möglichkeiten zur Verfügung stünden, sich die gewünschten Informationen zu verschaffen, etwa im Wege der Zeugenvernehmung[642].

bb) Urkundsvorlage auf Anordnung von Amts wegen

§ 151 ZPG, der dem Gericht ermöglicht die Vorlage von den Prozess betreffenden Akten und Schriftstücken in Händen der Parteien anzuordnen, auf die irgendeine der Parteien im Prozess Bezug genommen hat, ist durch die Reform 1996 unverändert geblieben.

3. Ergebnis

Mit § 222 ZPG zeigt der japanische Gesetzgeber für die Fälle, in denen es der beweisbelasteten Partei schwer fällt, Urkunden, deren Vorlage sie zur Untermauerung ihres Sachvortrages benötigt, hinreichend zu bezeichnen, eine Lösungsmöglichkeit auf, die sich ohne größere Schwierigkeiten in die ZPO integrieren

---

639 *Yoshida*, S. 186 f.
640 *Yoshida*, aaO.
641 *Yoshida*, S. 188 f.
642 *Yoshida*, S. 189.

ließe. Da das ZPG trotz tiefgreifender Wandel nach dem zweiten Weltkrieg[643] die Grundstrukturen der ZPO, insbesondere den Verhandlungsgrundsatz[644], unverändert beibehalten hat[645], spricht viel dafür, dass diese Lösung mit den Prozessmaximen des deutschen Rechts vereinbar ist. Auch wäre eine solche Regelung nicht systemfremd. Die ZPO selbst schränkt im Rahmen von § 424 Abs. 1 Nr. 3 die Konkretisierungspflicht der antragstellenden Partei ein, um diese nicht übermäßig zu belasten. Diese Einschränkung der Konkretisierungspflicht bei der Bezeichnung des Inhaltes der Urkunde, lässt die deutsche Rechtsprechung bereits jetzt, wenn auch in beschränktem Maß, auch für die Bezeichnung der Urkunde im Rahmen von § 424 Abs. 1 Nr. 1 ZPO gelten[646]. Allerdings wäre zu überlegen, ob man der Verpflichtung der Gegenseite zur Mitwirkung nicht mehr Nachdruck verleihen sollte, indem man einen etwaigen Verstoß gegen die Verpflichtung zur Bezeichnung der Urkunde wie jede andere Beweisvereitelung sanktionsbewährt.

Kann die beweisbelastete Partei aber keine „ausreichenden" Tatsachen benennen, was vielfach z. B. bei betriebsinternen Unterlagen der Gegenseite der Fall sein wird, hilft auch der japanische Reformgesetzgeber nicht weiter. Zur Begründung wird angeführt, es sollte gerade keine Möglichkeit zur Erforschung von Urkunden nach US-amerikanischem Vorbild eingeführt[647], sondern lediglich deren Vorlage erleichtern werden („production of documents")[648].

II. Das US-amerikanische Recht

Will man der beweisbelasteten Partei auch in den Fällen weiterhelfen, in denen ihr schon die Existenz entscheidungserheblicher Urkunden in Händen der Gegenseite nicht sicher bekannt ist und sie keinerlei Ansatzpunkte für deren Benennung

643 Siehe ausführlicher *Yoshida*, S. 122 mwN.; *Nakamura*, Waseda Bulletin of Comparative Law, S. 1, 2.

644 *Kono*, S. 174.

645 *Nakamura*, Waseda Bulletin of Comparative Law, S. 1, 2.

646 RGZ 166, 240; MünchKommZPO/*Schreiber*[2], § 424 Rn. 2.

647 Zwar ist im Rahmen der Reform zur weiteren Sachaufklärung die Parteierkundigung neu eingeführt worden (§ 163 ZPG), die es der Partei erlaubt, sich in einem anhängig gemachten Verfahren bei der Gegenpartei zu erkundigen, wenn für sie ein bestimmter Punkt zur Vorbereitung ihrer Tatsachenbehauptung und Beweisführung von wesentlicher Bedeutung ist, *Nakamura*, Waseda Law Bulletin of Comparative Law, S. 7. Auskunft über alle im Besitz der Gegenseite vorhandenen entscheidungserheblichen Urkunden wird auch sie aufgrund der eindeutigen Ablehnung der Erforschung von Urkunden durch den Gesetzgeber nicht ermöglichen.

648 *Goodman*, S. 335.

hat, bietet es sich demnach an, einen Blick auf das bereits in Grundzügen dargestellte US-amerikanische Verfahrensrecht zu werfen.

1. Auffinden und Beschaffen von Urkunden

Im US-amerikanischen Verfahren spielen Urkunden eine zentrale Rolle[649]. Die Ermittlung aller möglicherweise erheblichen Dokumente findet [650] deshalb so umfassend und so frühzeitig wie möglich bei Verfahrensbeginn[651] statt.

In dem der Hauptverhandlung vorgelagerten „pre-trial" wird den Parteien durch die Mittel der „disclosure" und der „discovery" ermöglicht, Tatsachen in Erfahrung zu bringen und den Streitstoff einzugrenzen[652]. Tauchen später neue Urkunden auf, sind die Parteien verpflichtet, auch diese vorzulegen („*supplementation of disclosures and responses*")[653].

a) Initial Disclosure

Im Rahmen der „initial disclosure" sind die Parteien verpflichtet, *unaufgefordert* sämtliches „relevantes"[654] Beweismaterial, auch Urkunden[655], an die Gegenseite

---

649 Sie dienen nicht nur als Beweismittel für den bereits vorgetragenen Streitgegenstand, sondern können es auch ermöglichen, überhaupt erst substantiiert vorzutragen und Beweismittel zu liefern. Wie *Lorenz* es beschreibt, könne ein potentieller Kläger damit „auf gut Glück" eine unsubstantiierte Klage erheben, um anschließend im discovery Verfahren den Beklagten schonungslos dahingehend auszuforschen, ob an seinen Vermutungen eines materiellrechtlichen Anspruchs „etwas dran" sei, siehe ZZP 111 (1998), S. 35, 45.

650 Der Begriff der Dokumente nach US-amerikanischen Recht erfasst dabei nicht nur Urkunden, wie § 142 ZPO, sondern auch Augenscheinsobjekte: Rule 34 (a): "*writings, drawings, graphs, charts, photographs, phonorecords, and other data compilations from which information can be obtained, translated, if necessary, by the respondent through detection devices into reasonably usable form*".

651 *Hay*, S. 33.

652 *Schack*, Einführung in das US-amerikanische Zivilprozessrecht, S. 44 f.; *Lorenz*, ZZP 111 (1998), S. 35, 45.

653 Rule 26 (e) FRCP; *Trittmann/Leitzen*, IPrax 2003, 7, 10.

654 Relevanz im Sinne von Erheblichkeit ist dabei ein vages und einer genauen Definition nicht zugängliches Tatbestandsmerkmal. Fest steht lediglich, was nicht mehr relevant ist, nämlich solche Informationen, die keinen erdenklichen Zusammenhang mit dem Fall aufweisen, *Junker*, Discovery, S. 118. Als relevant kann Material damit aber auch dann gelten, wenn es zur Identifizierung anderen beweisfähigen Materials führen kann, *Hay*, S. 20.

655 Die Vorlage von Urkunden und anderer transportabler Gegenstände regelt Rule 34 FRCP.

herauszugeben oder zu benennen[656]. Das US-amerikanische Prozessrecht enthält damit nicht nur eine allgemeine Vorlagepflicht für Urkunden, sondern eine ausdrückliche prozessuale Offenbarungspflicht, die es den Parteien ermöglicht, sich frühzeitig einen Überblick über die Beweismittel des Gegners zu verschaffen. Diese Offenbarungspflicht besteht seit der Reform im Jahre 2000 allerdings nur noch hinsichtlich solcher Beweismittel, die für die Unterstützung der eigenen Klage oder eigener Einwendungen in Betracht kommen[657].

b) Discovery

In der sich anschließenden „discovery" kann hingegen jede der Parteien gegenüber dem Gegner umfangreiche Informations- und Auskunftsansprüche geltend machen und auch durchsetzen[658], da hierbei nach Rule 26 (b) FRCP lediglich Voraussetzung ist, dass diese *„any matter that is relevant to the claim or defense of any party"* betreffen[659].

Will die beweisbelastete Partei somit erfahren, ob die Gegenseite Urkunden in Besitz hat, die ihre eigenen Behauptungen stützen könnten, ermöglicht Rule 34 FRCP in der „discovery", den Gegner ohne gerichtliche Erlaubnis und ohne Darlegung plausibler Gründe aufzufordern, die Einsichtnahme in Dokumente zu ge-

---

656 Rule 26 (a)(1)(B) FRCP: *"(..) a party must, without awaiting a discovery request, provide to other parties: (..)(B) a copy of, or a description by category and location of, all documents, data compilations,(...) that are in the possession, custody, or control of the party... "*. Nachdem die Regelung Anfangs noch unter dem Vorbehalt einer abweichenden Vereinbarung der Parteien stand und den einzelnen Bundesgerichten zudem ermöglichte, in ihren Distrikten durch örtliches Prozessregeln Abweichendes zu regeln, findet sie seit 2000 in jedem Zivilrechtsstreit (bestimmte Verfahren sind ausgenommen, siehe Rule 26 (a)(1)(E) FRCP) vorbehaltlich gegenteiliger Anordnung des Richters Anwendung, *Trittmann/Leitzen*, IPrax 2003, 7, 10.

657 Rule 26 (a)(1)(B) FRCP: *..and that the disclosing party may use to support its claims or defenses.. "*; *Trittmann/Leitzen*, aaO. Die Verpflichtung der Partei, Nachforschungen auch zu Gunsten des Prozessgegners anzustellen, ist im Rahmen der Reform im Jahre 2000 entfallen.

658 Für Urkunden siehe Rule 34 (a) FRCP: *„Any party may serve on any other party a request (1) to produce and permit the party making the request, (...) to inspect and copy, any designated documents (...) which constitute or contain matters within the scope of Rule 26 (b) and which are in the possession, custody or control of the party upon whom the request is served; "*, siehe hierzu auch *Schlosser*, JZ 1991, 599, 600; *Wagner*, ZEuP 2001, 441, 463.

659 Das Verbot Tatsachen zu erforschen, für welche der Gegner die Beweislast trägt, oder die nur für die gegnerische Beweisführung erheblich sind ("*own case rule*"), ist in den USA bereits 1938 bei Erlass der FRCP aufgehoben worden, siehe *Junker*, Discovery, S. 119 ff.; *Schlosser*, aaO.

statten[660], die diese Behauptungen betreffen. Dazu bedarf es zwar dem Gesetz nach eines Antrages, in dem die Urkunden, in die Einsicht genommen werden soll, entweder einzeln oder nach Gruppen aufgelistet und jede Urkunde oder Gruppe mit hinreichender Genauigkeit beschrieben wird[661]. Die US-amerikanischen Gerichte stellen jedoch nur geringe Anforderungen an die Spezifizierung[662] und lassen auch sog. „*boilerplate phrases*", z. B. „any and all documents referring to, relating to or consisting of...", zu[663]. Hat die Partei nur eine allgemeine Vorstellung, was für Urkunden sich möglicherweise im Besitz der Gegenseite befinden könnten, hat sie damit dennoch gute Chancen deren Vorlage zu erreichen.

Ergänzend hat die beweisbelastete Parte die Möglichkeit, sich vor dem Vorlageantrag durch schriftliche Befragungen der Gegenseite („*written interrogatories*") nach Rule 32 FRCP mittels detaillierter Fragebögen, oder durch mündliche eidliche Befragung („*depositions*") des Beweisgegners im Wege eines Kreuzverhörs nach Rule 31 FRCP die notwendigen Kenntnisse zu beschaffen, die sie für eine Spezifizierung der Urkunde benötigt[664], da die Befragung auch die Existenz und Belegenheit von Beweismitteln[665] betreffen kann.

c) Sanktionsmöglichkeiten bei Nichtvorlage

Kommt der Antragsgegner dem Begehren nach „discovery" nicht nach, kann das Gericht sie anordnen und eine Reihe von Sanktionen für den Fall der Nichterfüllung verhängen, einschließlich weitreichender Prozessnachteile[666] und Auferlegung von Strafen wegen „contempt of court"[667]. Anders als im deutschen Zivilprozess hat die Partei damit die Möglichkeit erheblich mehr Druck auf den Besitzer der Urkunde auszuüben und dadurch eine Vorlage geradezu zu erzwingen.

---

660 *Stadler*, Schutz des Unternehmensgeheimnisses, S. 76.

661 Rule 34 (b) FRCP: „*The request shall set forth, either by individual item or by category, the items to be inspected, and describe each with reasonable particularity*", *Junker*, Discovery, S. 168; *Stadler*, aaO.

662 *Stadler*, aaO.

663 *Junker*, Discovery, S. 169 mwN.

664 *Stadler*, Schutz des Unternehmensgeheimnisses, S. 76.

665 *Schlosser*, JZ 1992, 599, 600.

666 Siehe hierzu ausführlich *Stadler*, aaO., S. 88.

667 *Schack*, Einführung in das US-amerikanische Zivilprozessrecht, S. 51; *ders.*, Internationales Zivilverfahrensrecht, Rn. 741: In Frage kommen neben Geld- und Haftstrafen verfahrensbezogene Sanktionen, die erlauben, bestimmte Beweismittel auszuschließen, zu Lasten der unwilligen Partei ein Versäumnisurteil zu erlassen oder gar, die Klage abzuweisen, Rule 37 (c) FRCP.

2. Ergebnis

a) Umfassender Lösungsansatz

Die „discovery“ des US-amerikanischen Rechts stellt eine „umfassende Garantie des Zugangs zu Information und Beweis“ dar[668] und bietet der beweisbelasteten Partei damit nicht nur die Möglichkeit, Urkunden zu erlangen, die ihr bekannt sind, die sie aber nicht im Einzelnen bezeichnen kann, sondern eröffnet darüber hinaus durch zusätzliche Ermittlungsmaßnahmen die Möglichkeit bei der Gegenseite zu erforschen, ob es Urkunden gibt, die ihren Sachvortrag stützen.

Eine Anlehnung an die Möglichkeiten des US-amerikanischen Rechts zur „disclosure“ und zur „discovery“ hätte zum Vorteil, dass durch die Verpflichtung ungefragt jegliches relevantes Urkundenmaterial vorzulegen, die Gegenseite eher geneigt sein könnte, begründete Ansprüche anzuerkennen und man so dem Ziel der Ermittlung der materiellen Wahrheit als Grundlage der Entscheidung ein gutes Stück näher käme. Zudem würde auf diesem Wege prozessuale Waffengleichheit zumindest teilweise hergestellt. Auch würde die möglichst frühe Kenntnis aller entscheidungserheblichen Unterlagen zur Beschleunigung des Verfahrens und zu einer Steigerung der Akzeptanz der Urteile beitragen, da auf einer näher an der materiellen Wahrheit angesiedelten Tatsachengrundlage entschieden wird, und dadurch auch zu einer Entlastung der Rechtsmittelgerichte.[669] Damit scheinen sich alle Zielsetzungen der Reform erfüllen zu lassen.

b) Keine Übertragbarkeit in das deutsche Rechtssystem

Davon abgesehen, dass die Einführung eines „discovery“-Verfahrens in der ZPO mehr als nur marginale Änderungen erforderlich machen würde, kann die „discovery“ des US-amerikanischen Rechts jedoch schwerlich als Vorbild dienen. Während ein Verfahren wie die „initial disclosure“ allein nicht genügen würde, um das Ziel zu erreichen, der beweisbelasteten Partei Urkunden zugänglich zu machen, die ihren Sachverhaltsvortrag stützen, würde die Einführung einer „discovery“ zwar nicht im Widerspruch zu den Prozessmaximen der ZPO stehen[670],

668 *Schlosser*, JZ 1992, 599, 600.

669 *Lorenz*, ZZP 111 (1998), S. 35, 61.

670 Insbesondere würde das US-amerikanische „pre-trial discovery“ Verfahren als von den Parteien selbst, ohne Einwirkung des Gerichts, betriebenes Verfahren nicht gegen den Beibringungsgrundsatz verstoßen. Zwar wird die durch den Beibringungsgrundsatz bewirkte Eigenverantwortung der Parteien bei der Sammlung der entscheidungserheblichen Tatsachen gemindert, da alle möglicherweise relevanten Urkunden ohne Beschränkung auf den Vortrag der Parteien vorzulegen sind. Diese Erweiterung

aber dem eindeutigen Willen des Gesetzgebers widersprechen. Denn aus der Gesetzesbegründung zum ZPO-RG wird eines deutlich: Die Substantiierungspflicht der Parteien soll beibehalten, eine Ausforschung der Gegenseite auch weiterhin vermieden werden[671]. Die „pre-trial discovery" des US-amerikanischen Rechts erreicht ihr Ziel aber nur dadurch, dass die beweisbelastete Partei ohne einen bestimmten Tatsachenvortrag und ohne andere präzise Anhaltspunkte die Vorlage von Urkunden herbeiführen kann[672]. Selbst wenn man die „discovery" auf die Vorlage von Urkunden beschränken würde, wäre sie für das deutsche System zu weitgehend, da sie gerade darauf basiert auch zu ermöglichen, beim Beweisgegner wesentliche Tatsachen und Erkenntnisquellen offen zu legen, d.h. „auszuforschen", um erst dann entscheidungserhebliche Tatsachen behaupten und unter Beweis stellen zu können[673]. Die „discovery" erfordert gerade nicht, dass die Parteien zunächst die entscheidungserheblichen Tatsachen darlegen müssen.

Mit der Neuregelung von § 142 ZPO sollte aber keineswegs eine Abkehr vom traditionell restriktiven Beweisermittlungsverfahren erfolgen.

III. Das englische Recht

1. Verfahren

Will man sich die Vorteile der „discovery" zu Nutze machen, ohne eine Ausforschung zuzulassen, lohnt sich ein Blick in die Rules of Civil Procedure (CPR) des englischen Rechts. Auch die CPR kennen ein dem Hauptverfahren vorangehendes „discovery"-Verfahren. Dieses hat jedoch, obwohl es ebenso wie die „discovery" nach dem US-amerikanischen Zivilprozessrecht auf die englische equity Rechtsprechung des Court of Chancery[674] zurückgeht, mit letzterem kaum mehr als den Namen gemein[675].

Im Gegensatz zur „discovery" nach US-amerikanischen Recht soll durch die „discovery" des englischen Rechts gerade nicht der Sachverhalt erst ermittelt

---

geht aber zu Lasten des jeweiligen Gegners und erfolgt nicht durch erweiterte richterliche Untersuchungsbefugnisse, so dass die Herrschaft der Parteien über den Streitgegenstand, die streitigen Tatsachen und die Beweiserhebung gewahrt bleibt, *Lorenz*, ZZP 111 (1998), S. 35, 62.

671 BT-Dr. 14/6036, S. 121.

672 Dies liegt zum einen an der generellen zeitlichen Vorverlagerung der Beweisermittlung, zum anderen an den geringen Schlüssigkeitserfordernissen für die anfänglichen pleadings und dem weitgefassten Begriff der „relevance", *Hay*, S. 58.

673 Zöller/*Greger*, ZPO[25], Vor § 284 Rn. 5 ff.

674 *Hay*, S. 12 mit weiteren Nachweisen und einem Überblick über die Entwicklung.

675 *Junker*, Discovery, S. 60.

werden; dieser muss, ähnlich wie in Deutschland durch Klage und Klagerwiderung, durch die zuvor[676] ausgetauschten „pleadings", die eine summarische, aber nicht völlig undetaillierte[677] Aufstellung der entscheidungserheblichen Tatsachen enthalten, bereits vorgetragen worden sein[678].

Die „discovery" des englischen Rechts dient vielmehr dazu, den Parteien Zugang zu allen für den vorgetragenen Streitgegenstand relevanten Dokumenten[679] zu verschaffen[680], befinden sie sich auch in Händen des Gegners[681]. Den Parteien soll durch die Verpflichtung, die „Karten auf den Tisch"[682] zu legen, ermöglicht werden, sich bereits zu Beginn des Verfahrens einen Überblick über den Streitgegenstand zu verschaffen und frühzeitig eine gütliche Einigung herbeizuführen[683].

---

676 Discovery vor Abschluss der pleadings wurde bislang stets nur in Ausnahmefällen zugelassen, beispielsweise dann, wenn die Einsicht in Unterlagen bereits für die Klagerhebung „*essential*" und auf einzelne Unterlagen beschränkt war, siehe Rechtsprechungsbeispiele in *Lang*, S. 180; *Hay*, S. 14.

677 *Lang*, S. 175; *Malterer*, S. 50; der geltend gemachte Anspruch ist insbesondere bereits in der Klagschrift oder innerhalb einer bestimmten Frist zu spezifizieren: CPR 16.4 *((1) Particulars of claim must include (a) a concise statement of the facts on which the claimant relies; (b) if the claimant is seeking interest, a statement to that effect and the details set out in paragraph (2); (c) if the claimant is seeking aggravated damages or exemplary damage, a statement to that effect and his grounds for claiming them; (d) if the claimant is seeking provisional damages, a statement to that effect and his grounds for claiming them; and (e) such other matters as may be set out in a practice direction).*

678 Der Prozess findet „*on the pleadings*" statt. Die Parteien dürfen sich nur auf den in den pleadings vorgebrachten Sachverhalt beziehen und nur diesbezüglich Beweis antreten, *Lang*, S. 178.

679 „*Document*" ist alles, worauf Informationen gespeichert sind, auch Audio-Kassetten, Computerdatei etc. (*O'Hare/Browne/Hill*, 30.006), die nach deutschem Recht als Augenscheinsobjekte gelten würden.

680 Gleiches gilt in anderen Ländern des Common Law, z. B. in den meisten Teilrechtsordnungen Australiens oder in Südafrika, aber z. B. auch in Schweden, siehe *Hay*, S. 13 mwN.

681 *Zuckerman*, 14.1. Grundsätzlich können Informationen von Dritten kaum erlangt werden. Zu den Ausnahmen, die durch CPR 31.17. implementiert wurden, siehe *O'Hare/Browne/Hill*, 30.034 und 30.040.

682 Die discovery ist nur Teil des „*cards on the table approach*" des englischen Zivilprozessrechts; daneben spielen der Austausch schriftlicher Zeugenaussagen und Sachverständigengutachten eine wichtige Rolle, *Zuckerman*, 14.2, 14.3.

683 *Zuckerman*, aaO.; *O'Hare/Browne/Hill*, 30.002.

2. *Auffinden und Beschaffen von Urkunden*

Die „discovery“ sieht zunächst die Benennung vorhandener Dokumente durch die Parteien („*disclosure*“) und danach deren „*inspection*“ vor.

a) Disclosure

aa) Benennung von Urkunden auf Anordnung

Eine *automatische* „disclosure“ wie im US-amerikanischen Recht gibt es dabei nicht[684]. Vielmehr haben die Parteien nur auf Anordnung und nur soweit wie angeordnet, Dokumente, die ihrer Kontrolle unterliegen[685], zu offenbaren. Die Anordnung liegt im Ermessen des Gerichts[686]. Haben die Parteien bereits im Rahmen der „pre-action protocols“ alle Urkunden offengelegt, kann von einer Anordnung abgesehen werden[687]. Ansonsten hat das Gericht bei seiner Entscheidung das durch die Woolf Reform definierte „overriding objective“ des Zivilprozesses, „gerecht und angemessen“ zu verfahren[688], zu berücksichtigen. Die „dis-

684 *Zuckerman*, 14.12.; *O'Hare/Browne/Hill*, 30.001

685 „*Under his control*“ umfasst faktischen Gewahrsam an Urkunden („*physical possession*“), Urkunden, an denen ein Besitzrecht besteht oder bestand und Urkunden, an denen ein Einsichtsrecht bzw. das Recht, Kopien der Urkunde herzustellen besteht oder bestand, *O'Hare/Browne/Hill*, 30.007. Insbesondere die Rückwirkung der Offenbarungspflicht wird dabei als problematisch angesehen, *Zuckerman*, 14.21.

686 *Zuckerman*, 14.8, 14.13.

687 Der Kläger kann vor Einreichung einer Klage nach „pre-action protocols“ verpflichtet sein, die Gegenseite von seinem vermeintlichen Anspruch in Kenntnis zu setzen und danach einen umfassenden Informationsaustausch einzuleiten, um zu sehen, ob sich die Meinungsverschiedenheit ohne Einschaltung des Gerichts lösen lässt bzw. wenn dies unvermeidbar erscheint, um bereits den Streitgegenstand und die wesentlichen Beweismittel festzulegen. Die Einhaltung der „pre-action protocols“ ist nicht erzwingbar, die Nichteinhaltung kann aber im gerichtlichen Verfahren mit Prozessnachteilen, insbesondere hinsichtlich der Kostentragung, sanktioniert werden. „Pre-action protocols“ gibt es bereits für eine Reihe von Verfahren, z. B. für Arzthaftungsfälle oder bei Schadensersatz wegen Körperverletzung. In Bereichen, in denen noch keine „pre-action protocols“ bestehen, wird von den Parteien dennoch erwartet, sich vernünftig zu verhalten und zunächst eine außergerichtliche Einigung, möglichst unter Offenlegung aller Informationen zu versuchen. Zu Einzelheiten siehe *Zuckerman*, 3.2, 1.110 ff.

688 „*Dealing with the case justly includes, as far as practicable: (a) ensuring that the parties are on an equal footing, (2) saving expenses, (3) dealing with the case in ways which are proportionate to the amount of money involved, the importance of the case, the complexity of the issue and to the financial position of each party, (4)*

covery" muss daher im Verhältnis (1) zum Streitwert, (2) zur Bedeutung der Sache, (3) zur Schwierigkeit der Sache und (4) zur finanziellen Situation der Parteien stehen.

bb) Umfang und Inhalt der Offenbarungspflicht

Das „overriding objective" bestimmt auch den Umfang der „discovery"[689]. Je nach Streitwert, Umfang und Schwierigkeit der Sache sind die Verfahren unterschiedlichen „*tracks*" [690] zugeordnet, die jeweils eine der Sache angemessene „discovery" Regelung vorsehen.

In der sog. „standard disclosure", die für die meisten Verfahren gilt[691], haben die Parteien in Listenform[692] alle Unterlagen zu benennen, die (1) ihren eigenen Vortrag stützen, die (2) ihrem eigenen Begehren entgegenstehen, die (3) dem Begehren der anderen Partei entgegenstehen oder (4) das Begehren der anderen Partei stützen[693]. Die Liste muss genaue Angaben zur Art der Urkunde enthalten[694]. Zudem muss angegeben werden, welche Urkunden sich nicht mehr im Besitz der Partei befinden und was mit ihnen passiert ist. Letztlich ist anzugeben, inwieweit Nachforschungen betrieben wurden, um entscheidungserhebliche Urkunden zu finden; dabei sind die Parteien jedoch nur im Rahmen der Zumutbarkeit, die sich nach Anzahl der Urkunden, Komplexität des Falles, Schwierigkeit

---

ensuring that it is dealt with expeditiously and fairly, and (5) allotting to it an appropriate share of the courts resources..", CPR 1.1(2).

689 *Zuckerman,* 3.2, 1.110 ff. Vor der Woolf Reform, die im April 1999 in Kraft getreten ist, waren dabei alle Urkunden anzugeben, die für das Verfahren erheblich waren, auch solche, die nicht selbst als Beweismittel dienten, sondern lediglich „Informationen" enthielten, die in einem „Zusammenhang mit dem Streitgegenstand" standen, sog. "Peruvian Guano" Test, Einzelheiten bei *Zuckerman,* 14.4; *Schlosser,* JZ 1991, 599, 601. Da dies sehr kosten- und zeitintensiv sein konnte, ist die disclosure beschränkt worden.

690 Im Rahmen der Reform ist ein „*small track*", ein „*fast track*" und ein „*multi-track*" eingerichtet worden; zu Einzelheiten und zur discovery in den verschiedenen Verfahren siehe *O'Hare/Browne/Hill,* 30.004; *Zuckerman,* Kapitel 11.

691 *Zuckerman,* 14.6. Standard disclosure kann sowohl im „*fast track*", als auch im „*multi-track*" Verfahren angeordnet werden. Der „*small claim track*" hat hingegen seine eigenen „*basic disclosure rules*" in CPR 27.2.

692 CPR 31.10. „*The list must identify the documents in a convenient and orderly manner and as concise as possible...* ".

693 CPR 31.6: „*Standard disclosure requires a party to disclose only (a) the documents on which he relies; and (b) the documents which (i) adversely affect his own case; (ii) adversely affect another party's case; or (iii) support another party's case; and (c) the documents which he is required to disclose by a relevant practice direction".*

694 CPR 31.10.

und Kosten der Ermittlung der Urkunden und deren Bedeutung für das Verfahren[695] bestimmt, verpflichtet, Urkunden nach (2) bis (4) zu ermitteln (*„reasonable search*"). Abschließend haben die Parteien zu versichern[696], dass ihnen die Offenbarungspflicht bekannt ist und dass sie dieser nach bestem Wissen und Gewissen nachgekommen sind.

Die Pflicht zur „disclosure" besteht das Verfahren über fort[697]. Stellt sich später heraus, dass weitere Dokumente hätten offengelegt werden müssen, ist unverzüglich eine ergänzende Liste dieser Dokumente vorzulegen.

cc) Berücksichtigung von Vorlageverweigerungsrechten

Gehen die Parteien davon aus, dass ihnen hinsichtlich einzelner Dokumente ein Vorlageverweigerungsrecht zusteht, befreit dies dennoch nicht von der Offenbarungspflicht. Die Dokumente sind in der Liste aufzuführen, müssen inhaltlich aber nur grob umschrieben werden. Zudem ist bereits anzumerken, dass die Vorlage unter Berufung auf ein Vorlageverweigerungsrecht verweigert wird[698].

b) Inspection

Die Partei, gegenüber der Dokumente offenbart worden sind, hat das Recht auf „inspection"[699]. Dies umfasst dabei zum einen, die Urkunde einzusehen, zum anderen, gegen Kostenerstattung Kopien der Urkunde erstellen zu lassen[700]. Das Recht zur „inspection" ist nur dann ausgeschlossen, wenn sich die Dokumente nicht mehr im Herrschaftsbereich der Partei befinden, wenn ein Recht zur Vorlageverweigerung besteht[701] oder wenn sich im Laufe des Verfahrens herausstellt, dass die Einsichtnahme zur Bedeutung der Sache außer Verhältnis steht[702].

---

695 CPR 31.7 (2).
696 CPR 31.10 (6).
697 CPR 31.11. *Zuckerman*, 14.15; *O'Hare/Browne/Hill*, 30.017.
698 *Zuckerman*, 14.38 f.
699 CPR 31.3 (1).
700 *Zuckerman*, 14.25; *O'Hare/Browne/Hill*, 30.019.
701 Es gibt eine ständige Rechtsprechung der englischen Gerichte zu der Frage, welche Interessen der Parteien das Gericht im Rahmen seines Ermessens zu berücksichtigen hat, siehe dazu *Zuckerman*, 14.50 ff., Kapitel 2; *O'Hare/Browne/Hill*, 30.022, die insbesondere die Möglichkeit bietet, bei der Verletzung von Berufsgeheimnissen (z. B. Mandats-/Pressegeheimnis), bei der Gefahr der Selbstbezichtigung mit einer Straftat oder im öffentlichen Interesse die Vorlage von Urkunden zu verweigern. Beruft sich die Partei auf Geschäftsgeheimnisse, hat das Gericht in zwei Stufen zu prüfen: (1) Ist die Offenlegung der Dokumente für die Entscheidung notwendig? (Diese Prüfung kann im Rahmen eines „in camera"- Verfahrens erfolgen), (2) Wenn die Offen-

c) Anordnung der „specific disclosure"

Hat eine der Parteien Zweifel daran, dass die Gegenseite alle zu offenbarenden Dokumente genannt hat, kann das Gericht auf Antrag anordnen, dass bestimmte von der antragstellenden Partei benannte Dokumente bzw. Gruppen von Dokumenten offen gelegt, bestimmte Dokumente gesucht oder die Einsichtnahme in Dokumente geduldet wird, die bislang mit der Begründung der Unverhältnismäßigkeit zurückgehalten wurden[703].

3. Sanktionen bei Verweigerung der Mitwirkung

Offenbart eine der Parteien Dokumente in der *„disclosure"* nicht oder lässt eine der Parteien die Einsichtnahme in Dokumente nicht zu, ist es ihr versagt, diese Dokumente im Prozess zu verwenden[704].

4. Ergebnis

a) Umfassendes Informationsbeschaffungssystem

Die Verpflichtung der Parteien, jegliches für den vorgetragenen Streitgegenstand entscheidungserhebliches Urkundenmaterial vorzulegen, ermöglicht eine umfassende Informationsbeschaffung durch die Parteien und bietet dadurch alle Vorteile der dargestellten US-amerikanischen „discovery", jedoch ohne deren Nachteil der Ermöglichung einer Ausforschung. Es wird dadurch nicht nur sichergestellt, dass die beweisbelastete Partei alle Beweismittel zur Beweisführung erlangt, die vorhanden sind, sondern darüber hinaus werden auch die Effizienz und die Transparenz des Verfahrens – Ziele auch der ZPO-Reform – gefördert. Dies dürfte durchaus Vorbildfunktion für die ZPO entfalten.

---

legung notwendig ist, wie kann beiden Interessen Rechnung getragen werden? Dies kann dazu führen, dass der Gegenseite Dokumente zugänglich gemacht werden müssen, die Geheimnisse enthalten, wobei aber durch „Schwärzen" oder nur auszugsweise Verwertung dem Geheimnisschutz so weit wie möglich Rechnung getragen wird, *Zuckerman*, 14.53. ff., mwN.

702 CPR 31.3. Will die Partei, der gegenüber ein solches Dokument offengelegt wurde, dennoch Einsicht nehmen, muss sie dies bei Gericht beantragen, *Zuckerman*, 14.43. Dies gilt nicht, wenn auf die Dokumente als Beweismittel, in einer Zeugenaussage oder im Rahmen einer eidesstattlichen Versicherung Bezug genommen wurde, *Zuckerman*, 14.28.

703 CPR 31.12; Einzelheiten bei *Zuckerman*, 14.44 ff.

704 *Zuckerman*, 14.29; *O'Hare/Browne/Hill*, 30.033.

b) Übertragbarkeit in das deutsche Rechtssystem

Eine Regelung in Anlehnung an die „disclosure“ des englischen Rechts ließe sich auch mit den systemtragenden Prinzipien des deutschen Zivilprozessrechts vereinbaren.

aa) Dispositionsmaxime

Ein Widerspruch zur Dispositionsmaxime ergibt sich nicht. Die Pflicht zur Bekanntgabe sämtlicher Urkundsmaterialien beeinträchtigt die Möglichkeit der Parteien, über den Streitgegenstand selbst zu bestimmen, keineswegs.

bb) Beibringungsgrundsatz

Auch mit dem Beibringungsgrundsatz sind die Regelungen der englischen „disclosure“ vereinbar, obwohl man aufgrund der gerichtlichen Anordnung zunächst einen Widerspruch zum Parteibetrieb vermuten könnte. Da die „disclosure“ jedoch nur für solche Dokumente angeordnet werden kann, die auf Grundlage der „particulars“ entscheidungserheblich sind, verbleibt es bei der Parteiherrschaft. Durch das Erfordernis der vorherigen Substantiierung liegt es bei den Parteien, die Tatsachengrundlage in das Verfahren einzubringen, auf die sich die nachfolgende Offenbarungspflicht bezieht.

Zwar wird die durch den Beibringungsgrundsatz bewirkte Eigenverantwortung der Parteien bei der Sammlung der entscheidungserheblichen Tatsachen insoweit gemindert, als dass alle möglicherweise entscheidungserheblichen Urkunden zu offenbaren und die Einsichtnahme zu dulden ist. Diese Erweiterung geht aber zu Lasten des jeweiligen Gegners und erfolgt nicht durch erweiterte richterliche Untersuchungsbefugnisse[705], so dass die Herrschaft der Parteien über die streitigen Tatsachen und die Beweiserhebung gewahrt bleibt. Die Parteien können auch weiter bestimmen, welche Tatsachen sie streitig stellen und mit welchen Beweismitteln darüber Beweis erhoben werden soll. Für den Urkundsbeweis ist lediglich sichergestellt, dass alle erforderlichen Beweismittel zur Verfügung stehen. In vielen Fällen wird sich durch die Vorlage der Urkunden eine Beweiserhebung jedoch bereits erübrigen.

---

705 *Lorenz*, ZZP 111 (1998), S. 35, 62.

cc) „Nemo contra se edere tenetur"

Wie bereits dargestellt, handelte es sich bei dem Grundsatz, dass niemand verpflichtet sei, „dem Gegner für seinen Prozesssieg das Material zu verschaffen, über das er nicht schon von sich aus verfügt", bereits nicht um eine Prozessmaxime des deutschen Rechts. Selbst diejenigen, die dies bislang vertreten haben, werden in Anbetracht der in § 142 Abs. 1 ZPO bestehenden Pflicht des Beweisgegners zur Mitwirkung, von dieser Ansicht abrücken müssen. Einer weitergehenden Pflicht des Beweisgegners, alle Urkunden in seinem Besitz offen zu legen oder aber zumindest bei typischer Unkenntnis der beweisbelasteten Partei selbst individualisierbar zu bezeichnen, so dass deren Vorlage angeordnet werden kann, würde dieser Grundsatz daher nicht entgegenstehen.

Die disclosure des englischen Rechts bietet daher einen guten Ansatzpunkt für eine Lösung der aufgezeigten Problemlage im deutschen Zivilprozessrecht.

C. Vorschlag für eine Ergänzung der Regelungen zur Urkundsvorlage in § 142 ZPO

I. Eckpunkte für eine ergänzende Regelung

1. Einführung einer prozessualen Pflicht zur Benennung von entscheidungserheblichen Urkunden

Um im Rahmen des § 142 ZPO sicherzustellen, dass die beweisbelastete Partei alle zum Nachweis ihres Sachvortrages notwendigen Urkunden im Besitz des Beweisgegners erlangt, und zwar unabhängig davon, ob sie diese im Einzelnen benennen kann, nur grobe Anhaltspunkte hat oder nicht sicher weiß, ob sie existieren, bietet es sich an, als Grundlage für die Vorlagepflicht nach § 142 Abs. 1 ZPO n. F. eine prozessuale[706] Pflicht der Parteien einzuführen, entscheidungserhebliche Urkunden in ihrem Besitz zu benennen.

---

706 Der Gesetzgeber hat durch seine Änderungen im Rahmen von § 142 ZPO deutlich gemacht, dass die Vorlagepflicht unabhängig vom materiellen Recht bestehen soll. Für die Offenbarungspflicht als Vorstufe kann dementsprechend nichts anderes gelten.

2. Benennung auf Anordnung des Gerichts

Die Pflicht der Parteien, entscheidungserhebliche Urkunden in ihrem Besitz zu benennen, sollte aber nicht automatisch mit Klagerhebung[707] wie im US-amerikanischen Recht, sondern erst auf Anordnung des Gerichts nach pflichtgemäßem Ermessen ergehen. Eine Benennung vorhandener Urkunden und sonstiger Unterlagen sollte aus Gründen der Prozessbeschleunigung zwar so früh wie möglich erfolgen[708]. Jedoch muss zuvor der entscheidungserhebliche Streitgegenstand, der bestimmt, welche Urkunden zu benennen sind, hinreichend umgrenzt sein. Eine zu frühzeitige Pflicht zur Benennung kann nicht nur unnötige Kosten und Aufwand verursachen. Vielmehr besteht auch die Gefahr, dass die Parteien ohne vorherigen schlüssigen oder hinreichend bestimmten und substantiierten Tatsachenvortrag Beweismaterial benennen und Angaben über dessen Inhalt machen müssen, obwohl dieses über einen Beweisantrag wegen des Ausforschungsverbotes nie zu erlangen gewesen wäre.

In der Regel wird es sich daher für das Gericht anbieten, eine Benennung im Besitz der Parteien vorhandener Urkunden, sofern sie notwendig ist[709], nach Austausch von Klage und Klagerwiderung, aber noch vor dem Gütetermin zu veranlassen.

3. Art der Benennung

Ist eine Benennung der vorhandenen Urkunden notwendig, müssen die Parteien verpflichtet sein, entscheidungserhebliche[710] Urkunden soweit zu bezeichnen, dass dem Beweisgegner eine hinreichend bestimmte Bezugnahme, und dem Gericht der Erlass einer Vorlageanordnung ermöglicht wird.

Um spätere, den Prozess verzögernde Rückfragen zu vermeiden und dem Gericht anhand der bei der Benennung gemachten Angaben zu ermöglichen, im An-

---

707 So der Vorschlag von *Gottwald*, Gutachten A zum 61. DJT, S. A 18.

708 Nur so kann sie ihre Vorteile, den Parteien einen Überblick über den Prozessstoff und seine Beweisbarkeit zu geben und so zu einer frühzeitigen Einigung oder Anerkennung begründeter Ansprüche zu führen, voll entfalten.

709 Eine Vielzahl von Urkunden wird bereits auch im Rahmen der Klage und Klagerwiderung nach § 131 ZPO eingereicht, da alle in den Händen der Parteien befindlichen Urkunden, auf die in den Schriftsätzen, in der Regel zum Beleg des eigenen Vortrages Bezug genommen wird, in Urschrift oder Abschrift beizufügen sind.

710 Da die Befugnis zur Anordnung der Benennung von Urkunden ebenfalls § 139 ZPO ergänzt, der wie dargestellt nur eine Unterstützung der Parteien, nicht aber eine eigenständige Sachverhaltsermittlung erlaubt (siehe S. 26, 35 f.), ist die Vereinbarkeit mit dem Beibringungsgrundsatz sichergestellt; das Erfordernis der Entscheidungserheblichkeit der Urkunden stellt dies nochmals ausdrücklich klar.

schluss im Falle einer Bezugnahme eine vertretbare Ermessensentscheidung über die Vorlage zu treffen, macht es Sinn, die Parteien bereits an dieser Stelle zudem zu verpflichten, Umstände vorzutragen, die im Rahmen der Ermessenserwägung über eine Vorlage der Urkunde einer Anordnung entgegenstehen können.

4. Sanktionen bei Verweigerung der Benennung

Die Erfüllung der Verpflichtungen zur Benennung der Urkunden sollte durch Parteivernehmung überprüft und die Verweigerung der Benennung, ebenso wie die Verweigerung der Vorlage von Urkunden, sanktioniert werden können. Hierzu bietet es sich an, die Regelungen des § 426 ZPO entsprechend anzuwenden. Die Partei könnte danach über die wahrheitsgemäße Erfüllung der Pflicht zur Benennung entscheidungserheblicher Urkunden vernommen werden. Stellt sich dabei heraus, dass die Partei ihrer Pflicht nicht vollständig nachgekommen ist, kann das Gericht anordnen, eine Ergänzung der Benennung vorzunehmen. Verweigert die Partei die Mitwirkung, könnte dies im Rahmen der Beweiswürdigung zu ihren Ungunsten berücksichtigt werden.

II. Vorschlag zur Ergänzung

1. Ergänzung von § 142 ZPO

Eine § 142 ZPO ergänzende Regelung auf Grundlage dieser Eckpunkte könnte folgendermaßen aussehen:

§ 142. Anordnung der Urkundenbenennung und –Vorlegung.

(1) [1]Das Gericht kann anordnen, dass die Parteien alle in ihrem Besitz befindlichen entscheidungserheblichen Urkunden und sonstigen Unterlagen sowie deren Inhalt möglichst vollständig bezeichnen und auf Gründe, die einer Vorlage entgegenstehen können, hinweisen. [2]§ 426 ZPO gilt entsprechend.
(2) bisheriger Abs. 1.
(3) bisheriger Abs. 2.
(4) bisheriger Abs. 3.

2. Anpassung der Regelungen zum Urkundenbeweis

Die Regelungen über den Urkundenbeweis in den §§ 420 ff. ZPO wären insofern anzupassen, als das Bedürfnis für einen ausführlichen Vortrag der Partei, weshalb sie davon ausgeht, dass die Gegenseite Urkunden in Besitz hat, durch die vorherige Offenlegung entfallen ist.

III. Zusammenfassung

In der ZPO besteht, wie der Gesetzgeber durch die Änderungen im Rahmen der ZPO-Reform deutlich gemacht hat, keine "allgemeine" prozessuale Aufklärungspflicht[711]. In der deutschen Rechtsprechung wurde und wird daher zur Begründung einer Aufklärungspflicht der nicht beweisbelasteten Partei nach wie vor auf das materielle Recht zurückgegriffen. Dieses Vorgehen darf jedoch nicht zur Anwendung kommen, wenn es um die Vorlage von Urkunden nach § 142 ZPO geht. Der Reformgesetzgeber hat in § 142 ZPO eine ausdrückliche prozessuale Mitwirkungspflicht der nicht beweisbelasteten Parte eingeführt, die der beweisbelasteten Partei gerade *unabhängig vom Bestehen materiell-rechtlicher Ansprüche* den Zugang zu Urkunden im Besitz des Beweisgegners ermöglichen soll.

Der Gesetzgeber hat dabei jedoch, sei es mangels Einbeziehung von Überlegungen zur Anwendbarkeit der Norm in der Praxis, sei es aus fehlender Weitsicht hinsichtlich der Bedeutung der Wiederbelebung des Bezugnahmekriteriums, eine unvollständige Regelung getroffen, die es für eine Vielzahl von Fällen nicht ermöglicht, das Ziel des Reformgesetzgebers zu erreichen, in erster Instanz eine umfassende Sachverhaltsermittlung[712] sicherzustellen. Es ist daher notwendig, § 142 ZPO zu ergänzen. Die ergänzende prozessuale Pflicht der Parteien zur Benennung von Urkunden in Anlehnung an die „*disclosure*" des englischen Rechts stellt eine einfach umzusetzende, aber dennoch umfassende Lösung dar, um den Zuganges der Prozessparteien zu entscheidungserheblichen Urkunden sicherzustellen.

711 So bereits BGH JZ 1991, 630.
712 BT-Dr. 14/4722, S. 61.

Teil VI: Urkundsvorlagepflichten im arbeitsgerichtlichen Verfahren

A. Fehlende Anpassung verfahrensrechtlicher Bestimmungen zur Urkundsvorlage im arbeitsgerichtlichen Verfahren

Auch im Arbeitsrecht gibt es bereits erste Entscheidungen zu § 142 ZPO n. F.[713]. Es stellt sich daher abschließend die Frage, ob die angestellten Überlegungen auch für das arbeitsgerichtliche Verfahren gelten, das vielfach für die im Rahmen der Reform vorgenommenen Änderungen, insbesondere bei der Einführung einer Güteverhandlung, Pate stand[714]. Auch im arbeitsgerichtlichen Verfahren könnte die Möglichkeit der Parteien, durch Anregung an das Gericht nach § 142 Abs. 1 ZPO vorzugehen bzw. durch einen Antrag nach § 428, 430 ZPO frühzeitig Einblick in Urkunden des Gegners oder Dritter zu nehmen, häufig von prozessentscheidender Wirkung sein. Man denke zum Beispiel an die Möglichkeit, sich vom Arbeitgeber im Kündigungsschutzverfahren die Betriebsratsanhörung vorlegen zu lassen oder bei Geltendmachung eines Betriebsübergangs den Unternehmenskaufvertrag, der im Rahmen der Umstrukturierung abgeschlossen wurde.

Verfahrensrechtliche Regelungen zur Urkundsvorlage im Beschluss-[715] und im Urteilsverfahren[716] vor den Arbeitsgerichten gibt es im Arbeitsgerichtsgesetz (ArbGG) kaum. Sofern es sie gibt, namentlich in § 56 Abs. 1 S. 2 ArbGG, sind sie im Rahmen der ZPO-Reform den Änderungen der §§ 142, 273 ZPO nicht an-

---

713 Siehe z. B. LAG Berlin, EzA-SD 2003, Nr. 4, 13. Das LAG hatte darüber zu entscheiden, ob es gegenüber dem Arbeitgeber die Vorlage von Protokollen der Vertrauensfrau der Schwerbehinderten anordnen sollte, anhand derer die klagende Arbeitnehmerin den Vorwurf von „Mobbing" im Betrieb des Arbeitgebers beweisen wollte.

714 BT-Dr. 14/4722, S. 59: Anders als in der Arbeitsgerichtsbarkeit habe im Zivilprozess eine verfahrensrechtliche Verankerung des Schlichtungsgedankens in Form einer Güteverhandlung gefehlt. Darüber hinaus habe das Rechtsmittelsystem der ZPO gegenüber anderen, moderneren Verfahrensordnungen, insbesondere dem Arbeitsgerichtsgesetz, Defizite aufgewiesen, die sachlich nicht zu rechtfertigen waren. Die ZPO sei durch eine weitgehende *Harmonisierung* an den höheren Rechtsschutzstandard im Arbeits- und Sozialgerichtsverfahren heranzuführen gewesen.

715 In betriebsverfassungsrechtlichen Streitigkeiten findet das Beschlussverfahren Anwendung, § 2 a ArbGG.

716 Das Urteilsverfahren findet in bürgerlichen Rechtsstreitigkeiten statt, soweit sie vor das Arbeitsgericht gehören, oder vor dieses gebracht werden können, § 2 ArbGG; *Schaub*, ArbGV, § 19 Rn. 1.

gepasst worden[717]. Möglicherweise handelt es sich dabei lediglich um ein Redaktionsversehen, so dass die Änderungen dennoch zu berücksichtigen sind. Die Beibehaltung der abweichenden Regelungen könnte sich allerdings auch durch die Besonderheiten des arbeitsgerichtlichen Verfahrens rechtfertigen. Nachfolgend soll daher untersucht werden, nach welchen Regelungen sich die Urkundsvorlage im arbeitsgerichtlichen Verfahren richtet und in wie weit ein Gleichlauf mit den neuen Regelungen der ZPO besteht.

B. Die Urkundsvorlage nach den Bestimmungen des Arbeitsgerichtsgesetzes (ArbGG)

I. Die Urkundsvorlage im Urteilsverfahren

1. Rechtsgrundlagen des Urteilsverfahrens

Das Urteilsverfahren vor dem Arbeitsgericht ist ein echter Zivilprozess[718]. Die Regelungen der ZPO werden nur stellenweise durch Vorschriften des ArbGG modifiziert[719]. Das ArbGG bringt dies zum Ausdruck, indem es in den §§ 46 Abs. 2, 64 Abs. 6 und 7 sowie in § 72 Abs. 5 und 6 ArbGG auf die Vorschriften der ZPO verweist. Daraus ergibt sich folgendes Vorgehen zur Ermittlung des anwendbaren Verfahrensrechts: Zunächst sind etwaige Sonderregelungen des ArbGG festzustellen. Sind solche nicht vorhanden, so ist auf das Verfahrensrecht vor den Amtgerichten verwiesen (§§ 495 ff. ZPO). Enthält auch dieses keine Regelungen des fraglichen Falles, gelten die allgemeinen Vorschriften der ZPO, ergänzt durch die Verfahrensvorschriften vor den Landgerichten[720]. Enthält das ArbGG teilweise Regelungen des fraglichen Falles, ist zur Ergänzung der Lücken allerdings nicht unversehens auf die ZPO zurückzugreifen. Zunächst ist zu ermitteln, ob die im ArbGG enthaltenen Regelungen abschließend sein sollen. Nur wenn keine abschließende Regelung gewollt war, ist ein Rückgriff auf die ZPO möglich.

---

717 Das ZPO-RG hat in Art. 30 zwar auch Änderungen des ArbGG vorgesehen, u. a. im Bereich der materiellen Prozessleitungsbefugnisse des Gerichts Änderungen der §§ 46, 54, 55 und 83 ArbGG. Sofern diese die Vorlage von Urkunden regelten, sind jedoch keine Änderungen vorgenommen worden.

718 *Schaub*, ArbGV, § 19 Rn. 2; GMPM-G/*Germelmann*, ArbGG, § 46 Rn. 4.

719 *Schaub*, ArbGV, aaO.; GMPM-G/*Germelmann*, aaO.

720 *Schaub*, ArbGV, § 19 Rn. 3.

2. Ablauf des Urteilsverfahrens

Geht eine Klage bei Gericht ein, die nach § 2 ArbGG ein Urteilsverfahren einleitet, bestimmt der zuständige Vorsitzende unverzüglich einen Termin zur Güteverhandlung[721]. Diese findet vor dem Vorsitzenden der zuständigen Kammer des Arbeitsgerichts allein statt, § 54 Abs. 1 S. 1 ArbGG[722].

Scheitert der Güteversuch, soll sich die weitere (nunmehr streitige) Verhandlung nach dem Willen des Gesetzgebers unmittelbar anschließen. Da in der streitigen Verhandlung jedoch ehrenamtliche Richter mitwirken müssen, die während der Güteverhandlung nicht anwesend sind, setzt das Gericht in der Regel einen neuen Termin zur streitigen Verhandlung fest.

3. Die Urkundsvorlage auf Anordnung des Gerichts von Amts wegen im arbeitsgerichtlichen Urteilsverfahren

a) Anordnung der Urkundsvorlage im streitigen Termin nach § 142 Abs. 1 ZPO

Die Befugnis des Gerichts, im streitigen Termin „an(zu)ordnen, dass eine Partei oder ein Dritter, die in ihrem oder seinem Besitz befindlichen Urkunden und sonstigen Unterlagen, auf die sich eine Partei bezogen hat, vorlegt“, ist im arbeitsgerichtlichen Verfahren nicht geregelt.

Aus dessen Charakter als zivilprozessuales Verfahren[723] folgt jedoch, ohne dass es einer besonderen Verweisung bedürfte, dass die allgemeinen Vorschriften des ersten Buches der ZPO (§§ 1 bis 252 ZPO) insoweit entsprechend Anwendung finden, als die Regelungen des ArbGG keine Abweichung enthalten und auch nach dem Charakter des arbeitsgerichtlichen Verfahrens keine Modifikationen erforderlich sind[724]. Im arbeitsgerichtlichen Verfahren besteht, wie im Zivilprozess, ein erhebliches Interesse, vorhandene Urkunden zur Sachverhaltsklärung und zum Beweis in das Verfahren einzuführen. Arbeitsgerichtliche Besonderheiten, die einer entsprechenden Anwendung der Regelung des § 142 ZPO entgegenstehen, sind nicht ersichtlich. § 142 ZPO findet daher im streitigen Termin

---

721 *Schaub*, ArbGV, § 20 Rn. 2; MünchHandBArbR/*Brehm*, § 390 Rn. 38.

722 Anders als das Güteverfahren, das nach der früheren Fassung des § 495 a ZPO beim Amtsgericht vor Klageerhebung durchzuführen war, ist diese Güteverhandlung bereits Teil der mündlichen Verhandlung, LAG Niedersachsen AuR 1976, 249; GK-ArbGG/*Schütz*, § 54 Rn. 26; GMPM-G/*Germelmann*, ArbGG, § 54 Rn. 8; *Grunsky*, ArbGG, § 54 Rn. 3. § 54 Abs. 1 S. 1 ArbGG bestimmt nämlich ausdrücklich, dass „die mündliche Verhandlung“ mit einer Güteverhandlung „beginnt“.

723 *Schaub*, ArbGV, § 19 Rn. 2; GMPM-G/*Germelmann*, ArbGG, § 46 Rn. 4.

724 GMPM-G/*Germelmann*, aaO.

mit seinen Neuerungen unmittelbar Anwendung[725]. Das Gericht kann im Kammertermin die Vorlage von Urkunden bei Bezugnahme einer der Parteien unter den in Teil III dargelegten Voraussetzungen, auch gegenüber Dritten, anordnen[726].

b) Anordnung der Urkundsvorlage zur Vorbereitung des streitigen Termins

aa) Ausdrückliche abweichende Regelung in § 56 ArbGG

Dies gilt jedoch nicht für die *Vorbereitung* des Kammertermins. Anders als für die Anordnung im Termin sieht das ArbGG in § 56 Abs. 1 S. 2 eine Regelung vor, die den Erlass vorbereitender Maßnahmen für die streitige Verhandlung ausdrücklich regelt. Während allerdings § 273 Abs. 2 ZPO, der den Erlass vorbereitender Anordnungen im Zivilprozess regelt, den Änderungen des § 142 ZPO angepasst wurde, unterblieb eine entsprechende Ergänzung der arbeitsrechtlichen Regelung. § 56 Abs. 1 S. 2 ArbGG stimmt vom Wortlaut her vielmehr weitestgehend mit § 273 Abs. 2 Nr. 1 ZPO a. F. überein.

bb) Anordnung nach § 56 Abs. 1 S. 2 Nr. 1 ArbGG

§ 56 Abs. 1 S. 2 Nr. 1 ArbGG bezieht sich insoweit auch jetzt ausdrücklich nur auf die Vorlage von Urkunden im Besitz der Parteien[727]. Dennoch kann das Gericht im arbeitsgerichtlichen Verfahren trotz der Nichtanpassung von § 56 Abs. 1 S. 2 Nr. 1 ArbGG auch gegenüber Dritten vorgehen; problematisch ist vielmehr, was aus dem Wortlaut nicht offensichtlich ist: Kann das Gericht auch unbeschränkt gegenüber der nicht beweisbelasteten Partei vorgehen, wie dies § 142 Abs. 1 ZPO n. F. zu Gunsten der Prozessbeschleunigung erlaubt? Trotz der vielen Aufsätze zu „Disharmonien“ zwischen der neuen ZPO und dem ArbGG, ist dieser Frage bislang kaum ein Wort gewürdigt worden.

---

725 Ebenso findet § 139 ZPO im arbeitsgerichtlichen Verfahren Anwendung, GMPM-G/*Germelmann*, ArbGG, § 46 Rn. 31. Insofern ist auch hier die Aufklärung des Sachverhaltes durch unterstützende Hinweise und die übrige materielle Prozessleitung des Gerichts sichergestellt.

726 Die Anordnung ergeht in der mündlichen Verhandlung durch Beschluss des Gerichts.

727 GK-ArbGG/*Schütz*, § 46 Rn. 39.

(1) Die Vorlageanordnung gegenüber Dritten

Grundsätzlich kann das Gericht auf Grundlage der derzeitigen Fassung von § 56 Abs. 1 ArbGG eine Anordnung zur Urkundsvorlage auch gegenüber Dritten erlassen[728].

Da sich § 56 Abs. 1 S. 2 Nr. 1 ArbGG ausdrücklich nur auf die Vorlage von Urkunden im Besitz der Parteien bezieht, besteht hinsichtlich der Vorlage durch Dritte eine Regelungslücke. Diese ist, ähnlich wie bei der Anordnung im streitigen Termin, durch Rückgriff auf § 142 Abs. 1 und 2 ZPO zu schließen. Diese Regelung wird durch § 56 ArbGG nicht verdrängt[729], da § 56 Abs. 1 ArbGG keine abschließende Regelung der Verfahrensvorbereitung für den Kammertermin im arbeitsgerichtlichen Verfahren darstellt[730]. Bei den in § 56 Abs. 1 S. 2 ArbGG aufgezählten Maßnahmen zur Verfahrensvorbereitung handelt es sich vielmehr um eine beispielhafte Aufzählung zulässiger Vorbereitungsmaßnahmen, wie sich bereits aus der Verwendung des Wortes „insbesondere" ergibt[731]. Der Vorsitzende kann daher auf Grundlage von § 56 Abs. 1 ArbGG, alle, auch nicht genannten, Vorbereitungsmaßnahmen treffen, die ihm notwendig erscheinen[732]. Sofern § 56 Abs. 1 ArbGG dazu keine näheren Anforderungen aufstellt, ist auf die allgemeinen zivilprozessualen Regelungen und insbesondere auf § 273 Abs. 1 Nr. 5 ZPO zurückzugreifen, der ergänzend Anwendung findet[733], und direkt auf § 142 ZPO verweist.

---

728 GK-ArbGG/*Schütz,* § 56 Rn. 15; GMPM-G/*Germelmann,* ArbGG, § 56 Rn. 9; ErfK/*Koch,* ArbGG, § 56 Rn. 4; *Schmidt/Schwab/Wildschütz,* NZA 2001, 1161, 1163; *Holthausen/Koch,* RdA 2002, 140, 146; *Schwab/Wildschütz/Heege,* NZA 2003, 999, 1000.

729 GK-ArbGG/*Schütz,* aaO.; *Grunsky,* JZ 1978, 81, 83.

730 GMPM-G/*Germelmann,* ArbGG, § 56 Rn. 17; *Schwab/Wildschütz/Heege,* aaO.

731 GK-ArbGG/*Schütz,* § 56 Rn. 10; *Grunsky,* ArbGG, § 56 Rn. 2; *Schmidt/Schwab/Wildschütz,* NZA 2001, 1161, 1164; *Holthausen/Koch,* RdA 2002, 140, 146; *Schwab/Wildschütz/Heege,* aaO.

732 GMPM-G/*Germelmann,* ArbGG, § 56 Rn. 17.

733 Die Vorbereitung der streitigen Verhandlung im Urteilsverfahren der ersten und zweiten Instanz hat zwar im Rahmen der Vereinfachungsnovelle 1977, mit § 56 ArbGG eine neue, eigenständige Regelung erfahren. Bereits bei der Neufassung hatte der Gesetzgeber aber ausdrücklich klargestellt, dass § 273 ZPO auch weiterhin „ergänzend" Anwendung finde: „Damit wird das bisher umstrittene Verhältnis zwischen § 56 (ArbGG) und den korrespondierenden Regelungen der Zivilprozeßordnung im Sinne der herrschenden Lehre klargestellt. Auch bisher schon war überwiegend die Auffassung vertreten worden, dass § 273 der Zivilprozeßordnung (bis zum Inkrafttreten der Vereinfachungsnovelle § 272 b) *ergänzend* Anwendung findet", BT-Dr. 8/1567, S. 33. Somit war ein Rückgriff auf § 273 ZPO grundsätzlich zulässig.

Damit ist grundsätzlich eine Anordnung der Urkundsvorlage gegenüber Dritten möglich. Das Gericht kann auch im arbeitsgerichtlichen Verfahren seiner Unterstützungsfunktion und Prozessförderungspflicht vollen Umfangs nachkommen und zu erwartende Beweisantritte der Parteien, die im Rahmen der Beweisaufnahme nunmehr ebenfalls direkt gegen Dritte vorgehen oder beantragen können, dass das Gericht gegen den Dritten nach § 142 ZPO vorgeht[734], bereits zeitsparend vorbereiten.

Hinsichtlich der Voraussetzungen der Anordnung der Urkundsvorlage gegenüber Dritten nach §§ 273 Abs. 2 Nr. 5, 142 Abs. 1 ZPO, und deren Weigerungsrechten nach §§ 273 Abs. 2 Nr.5, 142 Abs. 2 ZPO sei auf die Ausführung in Teil III verwiesen.

(2) Die Anordnung zur Urkundsvorlage gegenüber dem Gegner der beweisbelasteten Partei

(a) Anordnungsbefugnis durch §§ 422, 423 ZPO begrenzt

§ 56 Abs. 1 S. 2 ArbGG erlaubt dem Vorsitzenden zwar vom Wortlaut her auch, anders als § 142 Abs. 1 ZPO a. F., dem Gegner der beweisbelasteten Partei die Vorlage von Urkunden aufzugeben, ohne dass er sich selbst darauf bezogen haben muss. Allerdings gilt hier, genauso wie bei den §§ 142 Abs. 1[735] und 273 Abs. 2 Nr. 1[736] ZPO a. F., dass bei der Anordnung gegenüber dem Beweisgegner auch die Voraussetzungen der §§ 422, 423 ZPO erfüllt sein müssen.

Diese Begrenzung ergibt sich nicht aus dem Wortlaut, sondern ist das Ergebnis der reinen „Ersatzfunktion" der amtswegigen Beweisaufnahme. Aufgrund der Geltung des Beibringungsgrundsatzes auch im arbeitsgerichtlichen Verfahren[737] kann das Gericht auch hier die Parteien lediglich unterstützen, nicht aber statt ihrer handeln. Auch die Parteien unterliegen aber im Rahmen der Beweisaufnahme weiterhin wie dargestellt den Begrenzungen der §§ 422, 423 ZPO, die über § 46 Abs. 2 ArbGG bei der Beweisaufnahme im arbeitsgerichtlichen Verfahren gelten.

---

734 Über § 46 Abs. 2 ArbGG finden die Regelungen der ZPO zur parteibetriebenen Beweisaufnahme im arbeitsgerichtlichen Verfahren unmittelbar Anwendung, auch § 428 ZPO.

735 AllgM.: Stein/Jonas/*Leipold*, ZPO, § 142 Rn. 3; § 273 Rn. 25; MünchKommZPO/*Peters*², §§ 142-144 ZPO Rn. 10; MünchKommZPO/*Prütting*², § 273 Rn. 19; Musielak/*Stadler*, ZPO³, § 142 Rn. 3; *Schreiber* S. 75 f.

736 Stein/Jonas/*Leipold*, ZPO, § 273 Rn. 25; *Schreiber*, S. 75, 78; *Baur* ZZP 66 (1953), 209, 216.

737 GK-ArbGG/*Dörner*, § 83 Rn. 120; GMPM-G/*Prütting*, ArbGG, Einl. Rn. 178; ArbGV/*Düwell*, Einl. Rn. 150.

Eine Anordnung gegenüber dem Gegner der beweisbelasteten Partei käme danach nur bei Vorliegen eines materiell-rechtlichen oder prozessualen Herausgabeanspruchs des Beweisführers in Betracht.

(b) Teleologisch begründete Korrektur der Regelung

Es ist jedoch kein Grund ersichtlich, warum im arbeitsgerichtlichen Verfahren diese Beschränkung weiterhin Bestand haben soll, während sie im Zivilprozess bei der Anordnungsbefugnis des Gerichts nach § 142 Abs. 1 S. 1 ZPO zu Gunsten der Beschleunigung des Verfahrens und der Akzeptanz des Urteils entfallen ist[738].

(aa) Kein Entgegenstehen der Beibehaltung der Berufungsinstanz als Tatsacheninstanz

Insbesondere ergibt sich dies nicht daraus, dass die zweite Instanz im arbeitsgerichtlichen Verfahren, anders als in der ZPO, weiterhin eine Tatsacheninstanz darstellt[739]. § 67 ArbGG sieht eine eigenständige Präklusions- und Novenregelung für das Berufungsverfahren vor, die im Ergebnis den bisherigen Rechtszustand durch Übernahme des ehemaligen § 528 Abs. 2,3 ZPO in den Text des § 67 ArbGG fortschreibt[740]. Man könnte daher meinen, dass der Anlass für ein entsprechendes Entfallenlassen der Beschränkungen durch die §§ 422, 423 ZPO, fehle.

Dies ist jedoch nicht richtig. Zwar war der ursprünglich für die ZPO geplante Wegfall der Berufungsinstanz als Tatsacheninstanz Anlass für die Erweiterungen der materiellen Prozessleitungspflichten, insbesondere in den §§ 139, 142 ZPO. Diese Änderungen sind aber, obwohl sich dieses Ziel nicht in dem geplanten Ausmaß hat durchsetzen lassen, beibehalten worden. Dem Reformgesetzgeber war, trotz des Wegfalls seines ursprünglichen Ziels, die Berufung auf Rechtsfragen mit Grundsatzbedeutung zu beschränken, weiterhin daran gelegen, die Konzentration der Sachverhaltsfeststellung auf die Eingangsinstanz weiter zu verfolgen und durch eine Verbesserung der Möglichkeiten der Sachverhaltsklärung ei-

---

738 Grundsätzlich wäre der Vorsitzende bei Erlass einer vorbereitenden Anordnung nach Art. 20 Abs. 3 GG an diese Beschränkungen gebunden. Jedoch verlangt das Gesetz keinen „blinden", sondern „denkenden" Gehorsam, Ennerccerus/*Nipperdey,* § 51 II 4 d); *Larenz/Wolf,* § 4 Rn. 5; *Flume,* § 16 1 c.

739 GK-ArbGG/*Wenzel,* Einführung Rn. 104; GMPM-G/*Germelmann,* ArbGG, § 67 Rn. 2; *Rimmelspacher*, Zivilprozessreform 2002, S. XXIX.

740 GMPM-G/*Germelmann*, ArbGG, § 67 Rn. 2.

ne zügige Herstellung von Rechtsfrieden und Rechtssicherheit herzustellen[741]. Zudem sollten die Parteien dadurch erkennen, dass das Gericht alle Chancen nutzt, um eine umfassende Prüfung des vorgetragenen Sachverhaltes vorzunehmen und die Entscheidung akzeptieren[742].

Daran sind die Parteien des arbeitsgerichtlichen Urteilsverfahrens aber ebenso interessiert, wie die Parteien des Zivilprozesses. Zu diesem Zweck ist das arbeitsgerichtliche Verfahren auch sonst von der Konzentrationsmaxime bestimmt[743]. Mit der Erweiterung der Anordnungsmöglichkeit auch auf den Beweisgegner wollte der Gesetzgeber die Aufklärungspflichten der Parteien und insbesondere die des Gegners erweitern[744], um den Parteien schneller zu ihrem Recht zu verhelfen[745]. Der Beweisgegner soll anders als bisher den Prozessverlauf nicht verzögern und den Prozessausgang nicht zu seinen Gunsten beeinflussen können, indem er Beweisurkunden zurückhält. Diese Grundwertung ist jedoch nicht spezifisch für das zivilprozessuale Verfahren, und auch nicht allein durch Änderungen in der Berufungsinstanz begründet. Sie muss daher genauso im arbeitsgerichtlichen Verfahren gelten, sollen dessen Parteien, insbesondere die beweisbelastete Partei, nicht unangemessen gegenüber der Partei eines Zivilprozesses benachteiligt werden.

(bb) Besonderheiten des arbeitsgerichtlichen Urteilsverfahrens

Darüber hinaus dürfte das Interesse der Parteien, den Rechtsstreit auf Grundlage der materiellen Wahrheit entschieden zu wissen, bei einem Streit zwischen Arbeitgeber und Arbeitnehmer, die – zumindest grundsätzlich – auch noch nach dem Rechtsstreit vertrauensvoll im Rahmen des Arbeitsverhältnisses miteinander umgehen sollen, eine besondere Bedeutung haben. Eine Entscheidung auf Grundlage der materiellen Wahrheit ist jedoch ebenfalls nur dann möglich, wenn der Gegner keine Beweismittel zurückhalten kann. An der Beschränkung der materiellen Prozessleitungsbefugnis des Vorsitzenden durch die §§ 422, 423 ZPO kann daher auch im arbeitsgerichtlichen Verfahren nicht mehr festgehalten werden. Vielmehr muss der Vorsitzende auch hier die Möglichkeit haben, dem Geg-

---

741 BT-Dr. 14/3750, S. 37, 38; BT-Dr. 14/4722, S. 58.

742 BT-Dr. 14/4722, aaO.

743 Siehe § 9 Abs. 1 S. 1 ArbGG und dessen Ausprägungen in den §§ 53, 54 Abs. 1, 55 Abs. 4 und 57 Abs. 1 S. 1 ArbGG. Ziel des arbeitsgerichtlichen Urteilsverfahrens ist, dem Arbeitnehmer eine einfache, zügige und kostengünstige Rechtsverfolgung durch den Konzentrationsgrundsatz, das Beschleunigungsgebot und den Vorrang der gütlichen Einigung zu ermöglichen, ArbGV/*Düwell,* Einleitung Rn. 144.

744 BT-Dr. 14/4722, S. 61; siehe dazu im Einzelnen Teil III B., II 4. b) aa) (2) (b).

745 BT-DR. 14/4722, S. 58.

ner der beweisbelasteten Partei die Vorlage von in seinem Besitz befindlichen Urkunden ohne Vorliegen von Herausgabeansprüchen des Beweisführers aufzugeben. Diese abändernde Auslegung ist durch den eindeutig erkennbaren und in der Begründung der Reform niedergeschriebenen Willen des Gesetzgebers, die Parteien des Prozesses zukünftig weitergehend zur Aufklärung zu verpflichten und durch Annäherung an die materielle Wahrheit ein für die Parteien akzeptables Urteil zu fällen, gerechtfertigt. Ob dem Gesetzgeber bei der Nichtanpassung des Wortlautes von § 56 Abs. 1 S. 2 ArbGG entsprechend § 273 Abs. 2 Nr. 5 ZPO lediglich ein Versehen unterlaufen ist[746] oder ob er die Notwendigkeit der Anpassung des Wortlautes nicht erkannt hat, da der ursprüngliche Entwurf eben auf die Beschränkung der Berufung auf Rechtsfragen mit Grundsatzbedeutung zugeschnitten war, die im arbeitsgerichtlichen Verfahren nicht vorgelegen hätte, und er im weiteren Verlauf der Entwürfe das Anpassungsbedürfnis übersehen hat, kann dahingestellt bleiben.

Aus der Gesetzesgeschichte wird jedenfalls nicht erkennbar, dass die Befugnisse nach der ZPO und dem ArbGG, ohne die maßgeblichen weitreichenden Änderungen in zweiter Instanz, die die bislang grundlegend ähnlichen Verfahren voneinander entfernt haben, in diesem Bereich voneinander abweichen sollen[747]. § 56 Abs. 1 S. 2 Nr. 1 ArbGG stimmte bislang nicht nur vom Wortlaut her fast vollständig mit § 273 Abs. 2 Nr. 1 überein, sondern verwies letztlich lediglich auf diese Bestimmung[748]. Durch die eigenständige Regelung zur Vorbereitung der streitigen Verhandlung im Urteilsverfahren der ersten und zweiten Instanz sollte zwar der gesteigerten Prozessförderungspflicht des Vorsitzenden im arbeitsge-

746 So im Ergebnis: GK-ArbGG/*Schütz*, § 56 Rn. 15; *Schmidt/Schwab/Wildschütz*, NZA 2001, 1161 ff.; *Holthausen/Koch*, RdA 2002, 140 ff.; *Schwab/Wildschütz/Heege*, NZA 2003, 999 ff.. Von einem „Redaktionsversehen" ist allerdings nach allgem. Ansicht in der Regel nur dann auszugehen, wenn der Gesetzgeber eine gesetzliche Regelung erlassen, sich dabei aber versehentlich eines fehlerhaften Wortgebrauchs oder einer fehlerhaften Bezeichnung bedient hat (Ennerccerus/*Nipperdey*, § 52 II), bzw. ihm *vor* oder unmittelbar *bei* Beschlussfassung ein Fehler unterläuft (*Fikentscher*, S. 658); kein „Redaktionsversehen" soll vorliegen, wenn eine Nichtanpassung allein auf einer nicht ausreichenden Vorbereitung des Gesetzgebers beruht und er einen nicht konsequent durchdachten, dogmatisch einwandfreien Gesetzesentwurf beschließt, so *Bickel*, Anm. zu BAG AP Nr. 1 zu § 6 KSchG 1969. Dogmatische einwandfrei ist der Gesetzesentwurf zwar nicht, dennoch ist fraglich, ob sich die Nichtanpassung lediglich als „Redaktionsversehen" bezeichnen lässt. Letztlich führt dies jedoch zu keinem anderen Ergebnis. Auch beim Redaktionsversehen ist die Bestimmung einer, wie durchgeführt, teleologischen Auslegung zuzuführen (Ennerccerus/*Nipperdey*, § 52 II).

747 ErfK/*Koch*, ArbGG, § 56 Rn. 4.

748 So auch GMPM-G/*Germelmann*, ArbGG, § 56 Rn. 9.

richtlichen Verfahren Rechnung getragen werden[749]. Bereits bei Neufassung der Norm hat der Gesetzgeber aber ausdrücklich klargestellt, dass § 273 ZPO auch weiterhin „ergänzend“ Anwendung finde[750]. Wird nun aber § 273 ZPO an die Veränderungen in § 142 ZPO, der, wie dargestellt, auch im streitigen Termin vor dem Arbeitsgericht Anwendung findet, angepasst, kann für § 56 ArbGG nichts anderes gelten, wenn nicht die Besonderheiten des arbeitsgerichtlichen Verfahrens betroffen werden. Gerade dies ist aber nicht der Fall. Vielmehr verlangt die gegenüber der ZPO gesteigerte Prozessförderungspflicht des ArbGG[751] geradezu, dass auch der Beweisgegner zur Mitwirkung und damit zur Beschleunigung des Prozesses veranlasst werden kann.

Allerdings kann der Vorsitzende die Vorlage auch gegenüber dem Gegner nur anordnen, wenn sich eine der Parteien auf die Urkunde bezogen hat. Zwar setzt auch die Anordnung nach § 56 ArbGG aufgrund des Ausforschungsverbotes einen substantiierten Vortrag der beweisbelasteten Partei voraus, und auch ist das Gericht aufgrund seiner „Ersatzfunktion“ lediglich darauf beschränkt, Anordnungen innerhalb des Streitgegenstandes zu treffen. Dies kann aber nicht ersetzen, dass die Entscheidung eine Urkunde in das Verfahren einzuführen, letztlich bei der Partei verbleiben muss, denn auch im arbeitsgerichtlichen Urteilsverfahren herrscht wie bereits erwähnt der Beibringungsgrundsatz. § 56 Abs. 1 S. 2 Nr. 1 ArbGG ist daher einschränkend dahin auszulegen, dass das Gericht eine Anordnung nur dann treffen kann, wenn eine der Parteien auf eine Urkunde, die sie oder der Beweisgegner in Besitz hat[752], Bezug genommen hat[753].

---

749 Die Anordnung der im Gesetz genannten Maßnahmen steht anders als bei § 273 Abs. 2 ZPO, bei dem das Gericht zumindest frei entscheiden kann, welche Maßnahme zu treffen ist, im pflichtgemäßen Ermessen des Vorsitzenden. Er hat zu handeln, soweit die vorbereitende Maßname sachdienlich ist, GK-ArbGG/*Schütz,* § 56 Rn. 4; ErfK/*Koch,* ArbGG, § 56 Rn. 2.

750 BT-Dr. 8/1567, S. 33. Ebenso Thomas/Putzo/*Reichold,* ZPO[25], § 273 Rn. 14; *Wenzel,* AuR 1977, 257, 259; aA. Stein/Jonas/*Leipold,* ZPO, § 273 Rn. 44; *Gift/Baur,* E Rn. 713; *Wlotzke/Schwedes/Lorenz,* Allgemeiner Überblick 2.5.2.b).

751 GMPM-G/*Germelmann*, ArbGG, § 56 Rn. 6; *Schwab/Wildschütz/Heege*, NZA 2003, 999, 1000.

752 Dieses Erfordernis ergibt sich weiterhin aus der „Ersatzfunktion“ der gerichtlichen Anordnung. Auch die Parteien können im Rahmen der Beweisaufnahme lediglich die Vorlage von Urkunden verlangen, die der Gegner „in Händen hält“ oder Dritte in Besitz haben, s. Teil III.

753 Im Ergebnis ebenso GMPM-G/*Germelmann*, ArbGG, § 56 Rn. 9a; *Schmidt/Schwab/Wildschütz,* NZA 2001, 1161, 1164.

(3) Vorlage sonstiger Unterlagen

Die Vorlage „sonstiger Unterlagen“ ist in § 56 Abs. 1 S. 2 Nr. 1 ArbGG nicht geregelt; dieser erfasst nur die Vorlage von Urkunden[754]. Insofern besteht auch hier eine Regelungslücke, die durch Anwendung der §§ 273 Abs. 2 Nr. 5, 142 Abs. 1 ZPO zu schließen ist.

cc) Anpassung an ZPO-Änderungen wünschenswert

Im Ergebnis steht die Anordnungsbefugnis des Vorsitzenden im streitigen Termin des arbeitsgerichtlichen Verfahrens der des Zivilrichters somit in nichts nach. Allerdings lässt sich nur bei korrigierender Auslegung das Ziel der Reform, schnelleren Rechtsschutz mit für die Parteien nachvollziehbaren Ergebnissen zu gewährleisten, sicherstellen. Hier wäre eine ausdrückliche Korrektur des Gesetzestextes im Sinne einer baldigen Anpassung wie bei § 273 Abs. 2 Nr. 5 ZPO wünschenswert.

c) Die Anordnung der Urkundsvorlage von Amts wegen im Gütetermin

Der Gütetermin ist zwar bereits Teil der mündlichen Verhandlung[755], anders als im streitigen Termin gelten jedoch für diesen Verfahrensabschnitt besondere Vorschriften: § 54 ArbGG trifft ausführliche Regelungen zum Ablauf der Güteverhandlung und zu den Befugnissen des Vorsitzenden. Dieser hat zum Zwecke der gütlichen Einigung der Parteien das gesamte Streitverhältnis mit den Parteien unter freier Würdigung aller Umstände zu erörtern, § 54 Abs. 1 S. 2 ArbGG. Hierbei hat der Vorsitzende in besonderem Maße von seiner richterlichen Aufklärungspflicht nach § 139 ZPO Gebrauch zu machen[756]. Zur Aufklärung des Sachverhaltes kann er dabei alle Handlungen vornehmen, die *sofort* erfolgen können, § 54 Abs. 1 S. 3 ArbGG[757], letztlich auch die Vorlage von Urkunden anordnen. Da die Urkundsvorlage nicht weiter geregelt ist, könnte man davon ausgehen, dass § 142 ZPO daher lediglich mit der Einschränkung Anwendung finden, dass die Partei oder ein anwesender Dritter die Urkunden in der Verhandlung bei sich führen muss, da ansonsten eine sofortige Vorlage ausscheidet.

---

754 Urkunde ist dabei wie in § 142 ZPO zu verstehen, GK-ArbGG/*Schütz*, § 56 Rn. 14; GMPM-G/*Germelmann*, ArbGG, § 56 Rn. 10.

755 Siehe im Einzelnen Fn. 722.

756 GMPM-G/*Germelmann*, ArbGG, § 54 Rn. 20.

757 *Grunsky*, ArbGG, § 54 Rn. 13; GMPM-G/*Germelmann*, ArbGG, § 54 Rn. 22; MünchHandBArbR/*Brehm*, § 390 Rn. 46.

Bei der Sachverhaltsklärung im Gütetermin handelt es sich jedoch nicht um eine förmliche Beweisaufnahme, auf die § 142 ZPO zugeschnitten ist, sondern vielmehr um eine vorläufige, informatorische Sachverhaltsfeststellung[758]. Das Ergebnis einer solchen in der Güteverhandlung vorgenommenen vorläufigen Beweiserhebung ist in der späteren Verhandlung vor der Kammer nicht verwertbar. Dort ist eine förmliche Beweisaufnahme durchzuführen[759]. Grundsätzlich kann der Vorsitzende daher anordnen, dass die Parteien oder anwesende Dritte Unterlagen nach § 142 Abs. 1 ZPO vorlegen[760]. Dies wird jedoch in zweierlei Hinsicht wegen der Eigenart der Güteverhandlung weiter durch § 54 Abs. 1 S. 3 ArbGG eingeschränkt:

Zum einen stellt die Einsichtnahme, ähnlich wie bei Vorlage der Urkunde nach § 142 Abs. 1 ZPO zur Klärung unstreitigen Sachverhaltes, keine förmliche Beweisaufnahme dar. Diese Ansicht wird durch den Sinn der Güteverhandlung gestützt. Die Güteverhandlung soll es den Parteien ermöglichen, sich unbefangen vor einem neutralen Richter über den Rechtsstreit auszusprechen[761].

Zum anderen soll das Gericht in diesem Verhandlungsabschnitt noch nicht versuchen, den Sachverhalt bis ins Einzelne aufzuklären[762]. Zwar wäre der Versuch einer Schlichtung ohne ausreichende Erforschung des Sachverhaltes und ohne dessen juristische Bewertung unseriös. Zum Zwecke des Vergleiches genügt jedoch eine abstrakte Erörterung des Streitstoffes unter Berücksichtigung eventueller Entscheidungsvarianten bei Nachweis/ fehlendem Nachweis der aufgestellten Behauptungen in der streitigen Verhandlung[763]. Eine zu weitgehende Aufklärung, die für den Erlass eines gerechten Urteils nötig ist, kann zu diesem Zeitpunkt die Fronten verhärten. Nicht ohne Grund ist es im arbeitsgerichtlichen Ver-

---

758 *Grunsky*, ArbGG, § 54 Rn. 12; GMPM-G/*Germelmann*, ArbGG, § 54 Rn. 24.

759 *Grunsky*, ArbGG, § 54 Rn. 12; *van Venrooy*, ZfA 1984, S. 337, 364. Zur Beweiserhebung kann das Gericht auch nur nach doppelter Schlüssigkeitsprüfung auf der Grundlage ausreichenden Sachvortrages der Parteien kommen, der in der Güteverhandlung regelmäßig nicht erfolgt und auch nicht erfolgen braucht, GMPM-G/ *Germelmann*, ArbGG, § 54 Rn. 24.

760 GMPM-G/*Germelmann*, ArbGG, § 54 Rn. 23.

761 *Grunsky*, ArbGG, § 54 Rn. 3.

762 GK-ArbGG/*Schütz*, § 54 Rn. 32; *van Venrooy*, ZfA 1984, 337, 362. Anders allerdings im Zivilprozess: Der Reformgesetzgeber hat ausdrücklich klargestellt, dass in der Güteverhandlung der Sachverhalt auch unter Befragung der Parteien umfassend abzuklären ist, um dadurch ein solides Fundament für einen begründeten Vergleichsvorschlag zu schaffen BT-Dr. 14/4722, S. 62. Dieser Unterschied erklärt sich aber dadurch, dass im Zivilprozess bei Durchführung des Güteversuchs meist entweder bereits ein schriftliches Verfahren vorausgegangen ist oder der Beklagte zumindest auf die Klage erwidert hat. Anders im Arbeitsgerichtsverfahren: Bei der Versuch der Einigung liegt in der Regel lediglich die Klage vor.

763 *van Venrooy*, ZfA 1984, 337, 362.

fahren vorgesehen, dass der Beklagte sich, sofern der aus der Klage hervorgehende Sachverhalt nicht zu kompliziert ist und ein Verzicht auf die Klagerwiderung daher keine Verzögerung des Rechtsstreites erwarten lässt[764], vor der Güteverhandlung zu den Vorwürfen nicht äußern muss, § 47 Abs. 2 ArbGG[765]; auch sollen die Parteien ihre Angriffs- und Verteidigungsmittel bis zum Scheitern der Güteverhandlung zurückhalten können, um unbelastet in einen Einigungsversuch zu gehen[766]. Die Zielsetzung, eine einvernehmliche Regelung zu finden, die den Parteien eine Fortsetzung des Arbeitsverhältnisses ermöglicht, schränkt insofern das das Verfahren ansonsten beherrschende Ziel der Wahrheitsfindung ein. Die Zugehörigkeit der Güteverhandlung zur mündlichen Verhandlung bedeutet damit nicht, dass deren Bestimmungen unbesehen zu übernehmen sind[767]. Ob der Vorsitzende von seiner Möglichkeit der Sachverhaltsaufklärung Gebrauch macht, liegt sowohl nach § 142 Abs. 1 ZPO, als auch nach § 54 Abs. 1 S. 3 ArbGG in seinem Ermessen. Dieses wird durch den eindeutigen Zweck der Güteverhandlung dahingehend eingeschränkt, dass er in der Regel nur dann die Vorlage von Urkunden anordnen soll, wenn dies eine gütliche Einigung erwarten lässt. Hat der Kläger z. B. seine Kündigungsschutzklage lediglich auf das Fehlen einer Betriebsratsanhörung gestützt, und beruft sich die Beklagte zum Beweis auf die schriftliche Anhörung, die sie bei sich hat, ist zu erwarten, dass bei Vorlage der Anhörung und gemeinsamer Einsichtnahme, der Kläger geneigt sein könnte, seine Klage zurückzunehmen. In einem solchen Fall wird sich eine Vorlageanordnung gegenüber dem Gegner empfehlen, die nach § 142 Abs. 1 ZPO erginge[768].

In der täglichen Praxis wird die Vorschrift des § 54 Abs. 1 S. 3 ArbGG aufgrund der Beschränkung auf Handlungen, die sofort erfolgen können, allerdings kaum zur Anwendung kommen. Ist die Güteverhandlung erfolglos verlaufen, schließt sich die weitere Verhandlung unmittelbar an. In entsprechender Anwendung von § 136 IV ZPO ist die Güteverhandlung zu schließen, wenn der Streit nach Ansicht des Vorsitzenden soweit erörtert worden ist, wie dies in der Güteverhandlung geschehen kann[769]. Zeichnet sich für den Vorsitzenden in der Güteverhandlung bereits ab, dass die Vorlage von Urkunden zur Klärung des Sachverhaltes notwendig sein wird, ist dies aber nicht zur Erzielung einer gütlichen Einigung von Nutzen oder führen die Parteien diese auch nicht bei sich, kann der Vorsitzende nun die Vorlegung im nachfolgenden Termin vor der Kammer an-

---

764 *Schaub*, ArbGV, § 20 Rn. 5.
765 GK-ArbGG/*Schütz*, § 54 Rn. 27.
766 BT-Dr. 8/1567, S. 19.
767 GK-ArbGG/*Schütz*, § 54 Rn. 27; *Grunsky*, ArbGG, § 54 Rn. 3.
768 So im Ergebnis wohl auch GMPM-G/*Germelmann*, ArbGG, § 54 Rn. 23, 33.
769 *Grunsky*, ArbGG, § 54 Rn. 17; aA. gegen eine entsprechende Anwendung von § 136 IV ZPO *van Venrooy*, ZfA 1984, 337, 372 ff.

ordnen. Dabei hat er sich bei der Anordnung gegenüber einer der Parteien wie bereits dargestellt auf § 56 Abs. 1 S. 2 ArbGG, bei der Anordnung gegenüber Dritten auf die §§ 273 Abs. 2 Nr. 5, 142 Abs. 1, 2 ZPO zu stützen, da er durch diese Maßnahmen die streitige Verhandlung vorbereitet.

d) Die Anordnung der Urkundsvorlage in Vorbereitung der Güteverhandlung

Inwieweit eine *Vorbereitung der Güteverhandlung* durch den Vorsitzenden, und damit die Anordnung zur Urkundsvorlage bereits vor dem Gütetermin, erfolgen kann, ist umstritten. Da wie bereits dargestellt die Sachverhaltsaufklärung in der Güteverhandlung wegen des Zieles der unbelasteten Erörterung des Streitstoffes nicht im Einzelnen vorgenommen wird, sondern sich auf eine abstrakte Bewertung der Streitigkeit beschränken kann, wird die Anordnung der Urkundsvorlage vor der Güteverhandlung selten in Betracht kommen. Wegen der geringen Praxisrelevanz wird der Streit daher nur verkürzt dargestellt:

Unstreitig kann der Vorsitzende zur Vorbereitung der Güteverhandlung prozessleitende Verfügungen nach § 53 ArbGG treffen, so z. B. die Beiordnung eines Rechtsanwaltes nach § 11 a ArbGG, Zustellungen und Terminsänderungen. Hinsichtlich der materiellen Prozessleitung wird jedoch keine ausdrückliche Regelung getroffen.

aa) Vorbereitung analog § 56 ArbGG

Zum Teil wird daher angenommen, § 56 ArbGG sei auf die materielle Vorbereitung der Güteverhandlung genauso wie auf die Vorbereitung der streitigen Verhandlung anwendbar[770]. Der arbeitsgerichtliche Gütetermin dürfe gesetzessystematisch nicht von der streitigen Verhandlung getrennt werden, die sich nach § 55 ArbGG prinzipiell unmittelbar anschließen solle[771]. Zudem sei der Gütetermin nach § 54 Abs. 1 ArbGG Teil der mündlichen Verhandlung. Was zur Vorbereitung des Gütetermins unternommen wird, diene gleichzeitig der Vorbereitung der streitigen Verhandlung[772]. Demgemäß könne auch angeordnet werden, dass die Parteien Beweismittel (vor allem Urkunden) zur Güteverhandlung mitbringen[773].

770 *Grunsky,* ArbGG, § 54 Rn. 8; MünchHandBArbR/*Brehm,* § 390 Rn. 41; ArbGV/*Ziemann,* § 54 Rn. 17.

771 Dem ist allerdings bereits entgegenzuhalten, dass dies in der Praxis in der Regel nicht der Fall ist. Gütetermin und streitige Verhandlung finden erfahrungsgemäß in zwei getrennten Verhandlungen statt, die einige Wochen bis Monate auseinander liegen können.

772 *Wenzel,* AuR 1977, 259.

773 *Grunsky,* ArbGG, aaO.

bb) Keine Vorbereitung der Güteverhandlung zulässig

Die wohl überwiegende Ansicht geht hingegen davon aus, dass der Vorsitzende die Güteverhandlung weder nach § 56 ArbGG, noch nach § 273 ZPO vorbereiten könne. Gegen eine unmittelbare Anwendung von § 56 ArbGG spreche bereits dessen eindeutiger Wortlaut, der sich nur auf die Vorbereitung der *streitigen* Verhandlung beziehe[774].

cc) Vorbereitung der Güteverhandlung nach § 273 Abs. 2 ZPO

Vermittelnd ist die Auffassung, wonach zwar die Anwendbarkeit von § 56 ArbGG ausgeschlossen sei, dann aber zumindest die Bestimmung des § 273 ZPO im Wesentlichen auch für die Güteverhandlung Anwendung finden soll, so dass der Vorsitzende nach dieser Bestimmung vorbereitende Handlungen vornehmen könne[775]. Dem wird allerdings vielfach entgegengehalten, § 56 ArbGG enthalte eine in sich geschlossene Regelung, die § 273 ZPO verdränge[776]. Dass dies aufgrund der eindeutigen Gesetzesbegründung kaum vertretbar ist, wurde bereits dargestellt.

dd) Eigene Stellungnahme

§ 56 Abs. 1 ArbGG ist vom Wortlaut eindeutig. Er dient allein der Vorbereitung der *streitigen* Verhandlung. Jedoch kann zur Vorbereitung der Güteverhandlung durch materiell-rechtliche Verfügungen auf §§ 273 Abs. 2 Nr. 5, 142 ZPO zurückgegriffen werden.

Das ArbGG enthält keine abschließende Regelung zur materiellen Prozessleitung vor dem Gütetermin, so dass § 273 ZPO über § 46 Abs. 2 ArbGG Anwendung findet, wenn nicht die Eigenart des arbeitsgerichtlichen Verfahrens entgegensteht. Dies ist, anders als vor der Reform, nicht der Fall. Die in § 273 Abs. 2 ZPO dargestellten Maßnahmen entsprechen weitestgehend denen in § 56 Abs. 1 S. 2 ArbGG und dienten nach der ursprünglichen Gesetzeslage lediglich der

---

774 GK-ArbGG/*Schütz,* § 54 Rn. 22, 23; GMPM-G/*Germelmann,* ArbGG, § 54 Rn. 14; *Gift/Baur,* E Rn. 571 ff.; *Dütz,* RdA 1980, 81, 88; *van Venrooy,* ZfA 1984, S. 337, 366; *Schmidt/Schwab/Wildschütz,* NZA 2001, 1161, 1163; *Schwab/Wildschütz/Heege,* NZA 2003, 999, 1000.

775 *Schaub*, ArbGV, § 28 Rn. 7; *Wlotzke/Schwedes/Lorenz*, § 56 Rn. 2, die allerdings nur § 273 Abs. 1 ZPO für anwendbar halten.

776 GK-ArbGG/*Schütz,* § 54 Rn. 23; GMPM-G/Germelmann, ArbGG, § 54 Rn. 13; *Wlotzke/Schwedes/Lorenz*, Allgemeiner Überblick 2.5.2 b); *van Venrooy, Schmidt/Schwab/Wildschütz, Schwab/Wildschütz/Heege,* alle aaO.

Vorbereitung der mündlichen Verhandlung. Mit der Regelung in § 56 Abs. 1 ArbGG hatte der Gesetzgeber klargestellt, dass diese Möglichkeit der Verfahrensvorbereitung im arbeitsgerichtlichen Verfahren nicht für die gesamte mündliche Verhandlung gelten solle, die auch den Gütetermin umfasste, sondern nur für die streitige Verhandlung. Nach dem dargestellten Sinn der Güteverhandlung war dies auch verständlich, lag bei der Güteverhandlung meist noch nicht einmal die Klagerwiderung vor.

Dieser besonderen Situation im arbeitsgerichtlichen Verfahren wird nach Einführung eines Gütetermins auch im Zivilprozess nun in § 273 Abs. 3 ZPO hinreichend Rechnung getragen. Zeugen und Sachverständige, deren Ladung, und in der arbeitgerichtlichen Güteverhandlung rein informatorische Vernehmung, Kosten verursachen würde, und die Anordnung zur Urkundsvorlage gegenüber Dritten am Prozess Unbeteiligten, sollen nur ergehen, wenn der Beklagte dem Klaganspruch bereits widersprochen hat. Gerade dies ist vor dem Gütetermin im arbeitsgerichtlichen Verfahren meist nicht der Fall. Hat der Beklagte aber bereits ausführlich Stellung genommen oder ergibt sich aus der Klagschrift, dass der Kläger seinen Anspruch auf ganz bestimmte Urkunden stützt, die er oder der Beklagte in Besitz haben und geht das Gericht davon aus, dass die Parteien sich ohne Einsichtnahme in diese Unterlagen nicht zu einer gütlichen Einigung bewegen lassen, ist kein Grund ersichtlich, weshalb eine solche Anordnung im arbeitsgerichtlichen Verfahren ausgeschlossen sein sollte.

Zur Vorbereitung des Gütetermins kann daher über § 46 Abs. 2 ArbGG, § 273 Abs. 2 Nr. 5 ZPO auch § 142 Abs. 1 ZPO n. F. Anwendung finden, wenn die vorbereitende Maßnahme „erforderlich" ist, d.h. in diesem Fall eine gütliche Einigung ohne Vorlage der Urkunden und zumindest informatorische Einsichtnahme kaum zu erwarten ist. Allerdings ist hier genauestens zu prüfen, ob eine Anordnung gegenüber Dritten, auch wenn der Beklagte bereits widersprochen hat, zumutbar ist[777].

4. Urkundsvorlage auf Antrag der Parteien

Wollen die Parteien im Kammertermin Urkunden zum Beweis streitiger Tatsachen vorlegen, gelten über § 46 Abs. 2 ArbGG in Ermangelung spezieller Regelungen die §§ 415 ff. ZPO. Den Parteien des arbeitsgerichtlichen Verfahrens stehen damit dieselben Möglichkeiten zur Urkundsvorlage zu, wie den Parteien des Zivilprozesses nach der ZPO-Reform.

---

777 Grundsätzlich für Unzumutbarkeit: *Schmidt/Schwab/Wildschütz,* NZA 2001, 1161, 1163; *Schwab/Wildschütz/Heege,* NZA 2003, 999, 1000.

5. Geltung der Neuerungen der ZPO auch im arbeitsgerichtlichen Urteilsverfahren

Im arbeitsgerichtlichen Urteilsverfahren finden die Neuerungen des § 142 ZPO somit, trotz fehlender Anpassung von § 56 ArbGG, zu Gunsten der Prozessbeschleunigung und der Ermittlung der materiellen Wahrheit im Kammertermin und zu dessen Vorbereitung wie dargestellt Anwendung. Dasselbe gilt, sofern dies der gütlichen Beilegung des Rechtsstreites dienen kann, im arbeitsgerichtlichen Gütetermin. Auch hier können die Parteien damit weitergehend als bislang zur Sachverhaltsaufklärung zu Gunsten der Ermittlung der materiellen Wahrheit herangezogen werden; überdies ist auch der Zugriff des Gerichts auf Urkunden im Besitz Dritter gegeben, was allein aus den Regelungen des ArbGG nicht deutlich wird.

II. Die Urkundsvorlage im arbeitsgerichtlichen Beschlussverfahren

Auch im Beschlussverfahren können die Beteiligten[778] zur Sachverhaltsaufklärung zu Gunsten der Ermittlung der materiellen Wahrheit herangezogen werden; jedoch geht ihre Mitwirkungspflicht aufgrund der Besonderheiten des Beschlußverfahrens erheblich weiter. Nicht von den Regelungen des Beschlussverfahrens erfasst werden jedoch Dritte, sofern sie nicht materiell-rechtlich vom Ausgang des Verfahrens betroffen sind. Um auf Urkunden in ihrem Besitz Zugriff nehmen zu können, ist über §§ 46 Abs. 2, 64 Abs. 6 und 72 Abs. 5 ArbGG auf § 142 ZPO zurückzugreifen:

---

778 Das ArbGG spricht im Rahmen des Beschlussverfahrens ausschließlich von "Beteiligten". Beteiligter ist unstreitig der Antragsteller aufgrund seines Antrages (BAG AP Nr. 2 zu § 83 ArbGG 1979 spricht von dem „gewissermaßen notwendigen Beteiligten"). Daneben ergibt sich aus § 83 Abs. 3 ArbGG, dass die Stellung als Beteiligter des Beschlussverfahrens aus den Regelungen des materiellen Rechts folgt, EzA § 95 BetrVG 1972 Nr. 14, S. 3 = AP Nr. 55 zu § 99 BetrVG 1972. Nur wer materiellrechtlich Betroffener eines Beschlussverfahrens ist, ist auch beteiligungsbefugt, GK-ArbGG/*Dörner*, § 83 Rn. 29.

1. Beschlussverfahren ist Zivilprozess

Auch das Beschlussverfahren[779] stellt eine Art Zivilprozess dar[780], in dem die Regelungen der ZPO wie im Urteilsverfahren nur stellenweise durch Vorschriften des ArbGG modifiziert werden. So gelten zwar vorrangig die Sonderregelungen der §§ 80 ff. ArbGG. Darüber hinaus verweist § 80 Abs. 2 ArbGG aber ausdrücklich auf eine Vielzahl von Vorschriften des Urteilsverfahrens, die wiederum gemäß § 46 Abs. 2, bzw. § 64 Abs. 6 und 72 Abs. 5 ArbGG ihre Ergänzung in den Vorschriften der ZPO finden[781].

2. Modifizierung durch Geltung des Untersuchungsgrundsatzes

Anders als im Urteilsverfahren und im zivilprozessualen Erkenntnisverfahren liegt die Verantwortung für die Einführung entscheidungserheblicher Tatsachen im Beschlussverfahren jedoch nicht bei den Parteien, sondern allein beim Gericht[782]. Da die Entscheidung über den Kreis der Beteiligten hinaus Bedeutung für den Betrieb und dessen Arbeitnehmer haben kann[783], gilt der Untersuchungsgrundsatz[784]. Das Gericht erforscht den Sachverhalt im Rahmen der gestellten Anträge von Amts wegen und gibt den Beteiligten die Bezeichnung geeigneter Beweismittel, somit auch Urkunden, auf[785]. Daraus ergeben sich für die Urkundsvorlage im arbeitsgerichtlichen Beschlussverfahren gegenüber dem Urteilsverfahren die folgenden Besonderheiten:

---

779 Streitigkeiten aus dem Betriebsverfassungsgesetz, dem Sprecherausschussgesetz und den Mitbestimmungsgesetzen, sowie Streitigkeiten über die Tariffähigkeit und Tarifzuständigkeit einer Vereinigung sind nach § 2 a ArbGG im Beschlussverfahren, das in den §§ 80 ff. ArbGG geregelt ist, auszutragen. Das Gesetz spricht von Beschlussverfahren, weil die instanzbeendende Entscheidung in allen Rechtszügen in Beschlussform ergeht, GK-ArbGG/*Wenzel,* Einführung Rn. 111; GMPM-G/*Prütting,* ArbGG, Einleitung Rn. 127.

780 GK-ArbGG/*Wenzel,* aaO.; im Ergebnis wohl auch GMPM-G/*Prütting,* ArbGG, Einleitung Rn. 126, 127, der zwar von einem „eigenständigen" arbeitsgerichtlichen Verfahren ausgeht, Lücken jedoch ebenfalls über die ZPO ergänzt.

781 GK-ArbGG/*Wenzel,* aaO.; GMPM-G/*Prütting*, ArbGG, Einleitung Rn. 126.

782 GMPM-G/*Matthes*, ArbGG, § 83 Rn. 102; ErfK/*Eisemann,* ArbGG, § 83 Rn. 5.

783 GK-ArbGG/*Dörner,* § 83 Rn. 121; GMPM-G/*Matthes*, ArbGG, § 83 Rn. 85; *Wlotzke/Schwedes/Lorenz,* § 83 Rn. 3 mwN.

784 So bereits vor Aufnahme in den Gesetzestext: BAG AP Nr. 3 zu § 80 ArbGG 1953; GK-ArbGG/*Wenzel,* Einführung Rn. 113; GMPM-G/*Prütting*, ArbGG, Einleitung Rn. 179; GMPM-G/*Matthes*, ArbGG, § 83 Rn. 2, 85.

785 ErfK/*Eisemann,* aaO.

a) Kein Urkundsbeweis auf Betrieben der Partei

Dem Urkundsbeweis auf Betreiben der Partei kommt im Beschlussverfahren nur eine untergeordnete Rolle zu. Ein Beweisantritt der Partei ist im Beschlussverfahren nämlich verzichtbar.

b) Anordnung der Urkundsvorlage von Amts wegen

aa) Keine Bezugnahme erforderlich

Für die gerichtliche Anordnung zur Urkundsvorlage folgt aus dem Untersuchungsgrundsatz, dass für die Anordnung weder eine Bezugnahme auf die Urkunde vorliegen muss, noch an irgendeiner Stelle die Beweisführungslast beachtlich ist[786]. Ob Urkunden vorzulegen sind, bestimmt das Gericht allein im Rahmen seiner Aufklärungspflicht. Das Gericht hat von sich aus die Aufklärung auf alle erforderlichen Punkte zu erstrecken[787]. Zwar müssen auch hier die Beteiligten diejenigen Tatsachen vortragen, die zur Bestimmung des Streitgegenstandes erforderlich sind[788] sowie die Tatsachen, auf die das Begehren gestützt wird. Ergibt sich aus diesem Vortrag aber das Vorhandensein einer möglicherweise entscheidungserheblichen Urkunde, kann das Gericht deren Vorlage von Amts wegen auch ohne Bezugnahme anordnen[789].

bb) Kein substantiierter Vortrag erforderlich

Das Gericht kann selbst bei Unschlüssigkeit des Vortrages nicht von einer weiteren Sachverhaltsaufklärung absehen[790]. Ist der Streitgegenstand hinreichend individualisiert, also klar abgrenzbar, hat das Gericht die Pflicht, die Antragsbegrün-

786 Das Beschlussverfahren kennt daher auch den Begriff des „Antragsgegners“ nicht. Allerdings stehen sich die Beteiligten auch hier im Einzelfall in Gegnerschaft gegenüber, insbesondere wenn es um die Feststellung des Bestehens/Nichtbestehens eines Rechtsverhältnisses geht oder Rechtsschutz gegen Maßnahmen eines anderen begehrt wird. Zudem ergeht auch im Beschlussverfahren bei Unaufklärbarkeit des Sachverhaltes eine non-liquet Entscheidung zu Lasten desjenigen, der die objektive Beweislast trägt (GMPM-G/*Matthes,* ArbGG, § 83 Rn. 2, 96 a; *Grunsky*, ArbGG, § 83 Rn. 7).

787 GK-ArbGG/*Dörner,* § 83 Rn. 121.

788 GK-ArbGG/*Dörner,* § 83 Rn. 124; *Grunsky,* ArbGG, § 83 Rn. 4.

789 In diesem Sinne auch Thüringer Landessozialgericht SGb 2005, 41.

790 GMPM-G/*Matthes*, ArbGG, § 83 Rn. 89.

dung weiter zu konkretisieren und zu vervollständigen[791]. Da das Gericht bei seiner Entscheidungsfindung alles zu berücksichtigen hat, was sich im Laufe des Verfahrens ergibt, unabhängig davon, wer es einführt[792], und auch weil durch den Untersuchungsgrundsatz eine Beweisführungslast dem Verfahren fremd ist[793], ist daher auch kein bestimmter, substantiierter Vortrag der beweisbelasteten Partei zu den zu klärenden Tatsachen erforderlich. Die Beweisaufnahme selbst darf zwar auch hier nicht zu einem Ausforschungsbeweis führen, so dass das Beweisthema bestimmt, eventuell auch durch Nachfrage an die Beteiligten, zu fassen ist; im übrigen bedingt aber gerade die Amtsermittlungspflicht des Gerichts ein Ausforschen der Beteiligten[794].

c) Vorlageverpflichtete

Nach § 83 Abs. 1 S. 2 ArbGG kann das Gericht die Beteiligten nicht nur zur Aufklärung heranziehen; vielmehr sind diese verpflichtet, an der Aufklärung des Sachverhaltes mitzuwirken[795], unabhängig von ihrem Interesse am Ausgang des Verfahrens. Die Anordnung kann im Beschlussverfahren daher gegenüber jedem Beteiligten, unabhängig von der objektiven Beweislast ergehen. Eine Anordnungsbefugnis gegenüber Dritten lässt sich daraus jedoch nicht herleiten; zwar können nach § 83 Abs. 2 ArbGG Urkunden eingesehen werden. § 83 ArbGG ist aber insgesamt auf das Verfahren und seine Beteiligten zugeschnitten und führt die Stellen, die weder „Antragsteller" noch dessen Gegner sind, aber dennoch beteiligt sein sollen, in Abs. 3 abschließend auf. Für eine Anordnung gegenüber Dritten ist daher über die Verweisungen in § 46 Abs. 2 ArbGG auf § 142 ZPO zurückzugreifen, wobei dabei aufgrund des Untersuchungsgrundsatzes sowohl die Bezugnahme eines Beteiligten, als auch das Erfordernis vorherigen substantiierten Vortrages keine Anwendung finden.

---

791 BAG EzA § 54 BetrVG 1972 Nr. 1 = AP Nr. 1 zu § 54 BetrVG 1972; GMPM-G/*Matthes*, ArbGG, aaO.; allerdings ist das Gericht nur verpflichtet, den in einem betriebsverfassungsrechtlich erheblichen Tatbestand geschilderten Umständen von Amts wegen nachzugehen, wenn sich aus diesen der geltend gemachte Anspruch ergibt (BAG EzA § 20 BetrVG 1972 Nr. 1, S. 5 f. = AP Nr. 1 zu § 20 BetrVG 1972). Das Gericht muss nicht erforschen, ob möglicherweise ein anderer Sachverhalt vorliegt, der ebenfalls den Antrag stützen könnte (BAG EzA § 54 BetrVG 1972 Nr. 1; GK-ArbGG/*Dörner* § 83 Rn. 135).

792 GK-ArbGG/*Dörner*, § 83 Rn. 143 mit umfangreicher Rspr.

793 GMPM-G/*Matthes*, ArbGG, § 83 Rn. 96 a; ErfK/*Eisemann*, ArbGG, § 83 Rn. 5.

794 GMPM-G/*Matthes*, ArbGG, § 83 Rn. 103.

795 GK-ArbGG/*Dörner*, § 83 Rn. 123.

d) Keine Erzwingbarkeit der Mitwirkung

Legt ein Beteiligter die Urkunde auf Aufforderung durch das Gericht im Beweistermin nicht vor, ist die Vorlage nicht erzwingbar[796]. Aus der Weigerung der Beteiligten, an der Sachverhaltsaufklärung mitzuwirken, kann das Gericht jedoch, je nach vorgetragenem Weigerungsgrund, auch Schlüsse in Bezug auf den Sachverhalt ziehen, wenn die Beteiligten zuvor darüber belehrt worden sind[797]. Bei der Anordnung gegenüber Dritten findet §§ 46 Abs. 2 ArbGG, 142 Abs. 2 ZPO Anwendung.

e) Keine Präklusion

Eine Fristsetzung durch das Gericht ist entgegen § 142 Abs. 1 S. 2 ZPO n. F., bzw. § 56 Abs. 1 S. 2 Nr. 1 ArbGG aufgrund des Untersuchungsgrundsatzes im Beschlussverfahren nicht möglich. § 83 Abs. 1 a ArbGG sieht eine Fristsetzung, die möglicherweise zu einer Präklusion von Vorbringen führt, ausdrücklich nur für Tatsachenvorbringen nach § 83 Abs. 1 ArbGG vor, nicht aber für Beweise. Angesichts der häufig weitreichenden Bedeutung der Entscheidung im Beschlussverfahren für die Beteiligten, aber auch möglicherweise für den Betrieb oder weitere Arbeitnehmer, muss eine Verzögerung des Rechtsstreites hingenommen werden, wenn dies vermeidet, eine Entscheidung auf Grundlage eines nur unzureichend aufgeklärten Sachverhaltes zu treffen.

f) Beweisaufnahme

Für die Beweisaufnahme gelten nach § 80 Abs. 2 ArbGG sodann die Regelungen über das Urteilsverfahren, also über § 58 und § 46 Abs. 2 ArbGG die §§ 415 ff. ZPO[798]. Die Beweisaufnahme findet grundsätzlich vor der Kammer statt, § 58 Abs. 1 S. 1 ArbGG.

---

796 GMPM-G/*Matthes,* ArbGG, § 83 Rn. 91.

797 GMPM-G/*Matthes,* ArbGG, § 83 Rn. 94.

798 Dies gilt selbstverständlich nur, sofern nicht die Besonderheiten des arbeitsgerichtlichen Verfahrens entgegenstehen, d. h. insbesondere ein Beweisantrag nicht erforderlich ist, *Grunsky*, ArbGG, § 83 Rn. 27; GK-ArbGG/*Dörner,* § 83 Rn. 174.

3. Reichweite der Befugnis zur Sachverhaltsaufklärung im Vergleich zu § 142 ZPO

Das Gericht hat nicht einen, sondern den wahren Sachverhalt zu erforschen[799]. Die Ermittlung der materiellen Wahrheit stand damit bereits vor der ZPO-Reform im Mittelpunkt des Beschlussverfahrens und wird durch die Mitwirkungspflicht der Beteiligten und den Untersuchungsgrundsatz hinreichend sichergestellt. Dabei kann das Gericht sowohl die Beteiligten ohne jede Bezugnahme und vorherige Substantiierung streitiger, entscheidungserheblicher Tatsachen, wie auch jetzt Dritte, zur Mitwirkung und Vorlage von Urkunden, die sich in ihrem Besitz befinden, heranziehen. Eine solch weitreichende Inquisition bleibt dem Zivilprozess und dem arbeitsgerichtlichen Urteilsverfahren auch auf Grundlage des neuen § 142 ZPO allerdings fremd.

799 GMPM-G/*Matthes*, ArbGG, § 83 Rn. 95.

Zusammenfassung

Durch die Änderungen des Reformgesetzgebers im Bereich des § 142 ZPO und im parteibetriebenen Beweisverfahren hat der Gesetzgeber versucht, dem Gericht und auch den Parteien mehr als zuvor zu ermöglichen, die materielle Wahrheit zur Grundlage der gerichtlichen Entscheidung zu machen. Die Neuregelung des § 142 ZPO schafft insbesondere, ohne jedoch eine Ausforschung wie im Pre-Trial Discovery Verfahren des US-amerikanischen Rechts zu ermöglichen, die Grundlage dafür, dass die beweisbelastete Partei Urkunden auch dann zum Beweis heranziehen kann, wenn sie sich nicht in ihrem Besitz befinden, sondern im Besitz des Beweisgegners, zumindest so lange sie die Urkunde zumindest grob kennt und darauf Bezug nehmen kann.

Mit der Anknüpfung an die materielle Prozessleitungsbefugnis des Gerichts hat der Gesetzgeber jedoch den denkbar schlechtesten Ansatzpunkt für eine Verbesserung der Sachverhaltsaufklärung gewählt. § 142 ZPO gibt dem Gericht nun weitergehende Möglichkeiten zur Sachverhaltsaufklärung an die Hand, eröffnet damit aber auch ein neues Feld, auf dem die Abgrenzung zwischen Neutralität des Gerichts und größtmöglicher Prozessförderung äußerst schwer fallen wird. Das Gericht wird zudem häufig gehalten sein, nach § 139 Abs. 2 S. 1 ZPO vorzugehen und eigene Aktivität zu entfalten. Dies erscheint in einem als Parteiprozess ausgestalteten Verfahren als Fremdkörper. Zwar lässt sich dieses Vorgehen mit dem Beibringungsgrundsatz noch weitgehend vereinbaren, wenn die Befugnis des Gerichts in bestimmten Fallkonstellationen eingeschränkt wird. Eine Aufweichung des Beibringungsgrundsatzes durch diese Einführung eines inquisitorischen Elements, lässt sich jedoch nicht vermeiden.

Es ist zudem zu bedauern, dass der Gesetzgeber, wenn er schon den Bruch mit den bisherigen Grundprinzipien des Zivilprozessrechts wagt, die Reform nicht genutzt hat, um ein abgeschlossenes System der Informationsbeschaffung einzuführen und das „Flickwerk" des deutschen Zivilprozessrechts in diesem Bereich zu beheben. Nicht nur außerhalb der §§ 142, 144 ZPO wird sich der Rechtsanwender auch zukünftig in Fällen der Beweisnot meist mit den bisher bestehenden Möglichkeiten einer erweiternden Auslegung materiell-rechtlicher Auskunfts- und Informationsansprüche, Beweiserleichterungen und dem Konstrukt der „sekundären Beweislast" behelfen müssen. Auch im Anwendungsbereich des § 142 ZPO hat es der Gesetzgeber nicht geschafft, zumindest für den Bereich der Urkunden eine umfassende und praktikable Lösung zu finden. Zwar enthält § 142 ZPO nun eine prozessuale Mitwirkungspflicht der Parteien. Um von der neu eingeführten Möglichkeit der Verpflichtung der nicht beweisbelasteten Partei zur Mitwirkung in der Praxis Gebrauch zu machen, fehlen aber für viele Fälle flankierende Regelungen. Diese sind, insbesondere da im Rahmen von § 142 ZPO ein Rückgriff auf materiell-rechtliche Ansprüche nunmehr ausscheidet, unverzichtbar.

Der einfachste Weg zu einer umfassenden Regelung aller in der Praxis auftretenden Fälle, in denen der Zugang der beweisbelasteten Partei zu Informationen im Besitz des Gegners problematisch ist, wäre eine ausdrückliche Verpflichtung der Parteien zur Aufklärung bzw. Mitwirkung an der Aufklärung durch Einführung einer allgemeinen prozessualen Aufklärungspflicht gewesen, wie bereits wiederholt in der Literatur gefordert. Dies war jedoch nicht gewollt. Wäre es dem Gesetzgeber mit seinem Ziel, in erster Instanz eine umfassende und nach Möglichkeit abschließende Sachverhaltsermittlung durch eine Erweiterung der Vorlagepflichten und der Aufklärungspflichten beider Parteien sicherzustellen, allerdings Ernst gewesen, hätte er nicht an dieser Stelle stehen bleiben dürfen. Zumindest hätte es nahe gelegen, den Parteien gerade für die Fälle, in denen entscheidungserhebliche Urkunden in Händen der jeweiligen Gegenseite nicht (hinreichend) bekannt sind, dem Beispiel ausländischer Rechtsordnungen folgend, ergänzend zur Vorlagepflicht z. B. eine Auskunftspflicht über die in ihrem Besitz befindlichen Urkunden aufzuerlegen.

Für den Gesetzgeber gibt es, will er auf dem eingeschlagenen Weg verbleiben und, statt durch eine „allgemeine Aufklärungspflicht“, durch Einräumung einzelner prozessualer Aufklärungspflichten wie in § 142 ZPO den Zugang der Parteien zu entscheidungserheblichem Beweismaterial in Händen des Beweisgegners sicherzustellen, daher noch viel zu tun. Neben den dargelegten Klarstellungen im Rahmen des § 142 ZPO und den erforderlichen Änderungen verweisender Vorschriften, wie z. B. im ArbGG, in dem die Neuregelung des § 142 ZPO zumindest im Urteilsverfahren ebenfalls Anwendung findet, ist insbesondere zu empfehlen, den Parteien, dem Beispiel des englischen Rechts folgend, ergänzend zur Vorlagepflicht nach § 142 Abs. 1 ZPO eine Auskunftspflicht über die in ihrem Besitz befindlichen Urkunden aufzuerlegen. Nur so lässt sich, zumindest für den Bereich der Urkundsvorlage, mit der bisherigen Fassung des § 142 ZPO eine in sich geschlossene Regelung schaffen, die es der Praxis ermöglicht, die Vorteile der Norm, den Zugang der Prozessparteien zu entscheidungserheblichen Urkunden, effektiv zu nutzen und die Reformziele zu verwirklichen.

Abkürzungsverzeichnis

a. A.	anderer Ansicht
a. F.	alte Fassung
aaO.	am angegebenen Ort
abl.	ablehnend
Abs.	Absatz
Abt.	Abteilung
AcP	Archiv für die civilistische Praxis
Akt.	Aktualisierungsband
AK-ZPO	Alternativkommentar zur Zivilprozessordnung
AllgM.	Allgemeine Meinung
Alt.	Alternative
Anm.	Anmerkung
AP	Nachschlagewerk des Bundesarbeitsgerichts/Arbeitsrechtliche Praxis
ArbGG	Arbeitsgerichtsgesetz
Arg. ex.	argumentum ex
Art.	Artikel
Aufl.	Auflage
BAG	Bundesarbeitsgericht
BAGE	Entscheidungen des Bundesarbeitsgerichts
BAT	Bundesangestelltentarif
BayObLG	Bayrisches Oberlandesgericht
BB	Betriebs-Berater
Bearb.	Bearbeiter
BetrVG	Betriebsverfassungsgesetz
BGB	Bundesgesetzbuch
BGBl.	Bundesgesetzblatt
BGH	Bundesgerichtshof
BGHR	Rechtsprechung des Bundesgerichtshofes (Band und Seite)
BGHSt	Bundesgerichtshof, Entscheidungen in Strafsachen (Band und Seite)
BGHZ	Bundesgerichtshof, Entscheidungen in Zivilsachen (Band und Seite)
BMJ	Bundesministerium der Justiz

BRAK	Bundesrechtsanwaltskammer
BRAK-Mitt.	Mitteilungen der Bundesrechtsanwaltskammer
BT-Dr.	Bundestagsdrucksache
BVerfGE	Entscheidungssammlung des Bundesverfassungsgerichts
CPO	Civilprozeßordnung
CPR	Civil Procedural Rules
DAR	Deutsches Autorecht
DAV	DeutscherAnwalt Verein
DB	Der Betrieb
ders.	Derselbe
DJT	Deutscher Juristentag
DRB	Deutscher Richterbund
DRiZ	Deutsche Richterzeitung
EGMR	Europäischer Gerichtshof für Menschenrechte
EMRK	Europäische Konvention zum Schutz der Menschenrecht und Grundfreiheiten
ErfK	Erfurter Kommentar zum Arbeitsrecht
EuGRZ	Europäische Grundrechte
EzA	Entscheidungssammlung zum Arbeitsrecht
EZA-SD	EZA-Schnelldienst
f.	folgende
FamRZ	Ehe und Familie im privaten und öffentlichen Recht. Zeitschrift für das gesamte Familienrecht
FDP	Freie demokratische Partei
ff.	fortfolgende
Fn.	Fußnote
FRCP	Federal Rules of Civil Procedure
FS	Festschrift
GebrMG	Gebrauchsmustergesetz
GG	Grundgesetz
GK-ArbGG	Gemeinschaftskommentar zum Arbeitsgerichtsgesetz
GMPM-G	Arbeitsgerichtsgesetz, Kommentar von Germelmann
Großkomm.HGB	Handelsgesetzbuch, Großkommentar
GRUR	Gewerblicher Rechtsschutz und Urheberrecht
GVG	Gerichtsverfassungsgesetz
h. A.	herrschende Ansicht
HBÜ	Haager Übereinkommen über die Beweisaufnahme im Ausland in Zivil- und Handelssachen
HGB	Handelsgesetzbuch
i. F. v.	in Fassung vom

i.V.m.	in Verbindung mit
IPrax	Praxis des Internationalen Privat- und Verfahrensrechts
JMBl.	Justizministerialblatt
JR	Juristische Rundschau
Jura	Jura/Juristische Ausbildung
JuS	Juristische Schulung
JW	Juristische Wochenschrift
JZ	Juristen-Zeitung
KG	Kammergericht
LAG	Landesarbeitsgericht
LG	Landgericht
LM.	Das Nachschlagewerk des Berichtshofs in Zivilsachen, herausgegeben von Lindenmaier und Möhring
MDR	Monatsschrift für Deutsches Recht
MedR	Medizinrecht
MünchKommBGB	Münchener Kommentar zum Bürgerlichen Gesetzbuch
MünchKommHGB	Münchener Kommentar zum Handelsgesetzbuch
MünchKommZPO	Münchener Kommentar zur Zivilprozessordnung
m. w. N.	mit weiteren Nachweisen
n. F.	neue Fassung
NJ	Neue Justiz
NJW	Neue Juristische Wochenschrift
NJW-RR	NJW-Rechtsprechungs-Report Zivilrecht
Nr.	Nummer
NRW	Nordrhein-Westfalen
NZA	Neue Zeitschrift für Arbeitsrecht
NZI	Neue Zeitschrift für Insolvenzrecht
OLG	Oberlandesgericht
PatG	Patentgesetz
RefE	Referentenentwurf
RG GRUR	Gewerblicher Rechtsschutz und Urheberrecht
RGBl.	Reichsgesetzblatt
RGZ	Reichsgericht-Rechtsprechung in Zivilsachen (Band und Seite)
RIW	Recht der internationalen Wirtschaft
RJM	Reichsjustizministerium
Rn.	Randnummer
S.	Seite
s.	siehe
SchlHA	Schleswig-Holsteinische Anzeigen

sog.	so genannt
TVG	Tarifvertragsgesetz
UrhG	Urheberrechtsgesetz
US	United States
VersR	Versicherungsrecht
VwGO	Verwaltungsgerichtsordnung
WM	Zeitschrift für Wirtschafts- und Bankrecht, Wertpapiermitteilungen Teil IV
z. B.	zum Beispiel
ZEuP	Zeitschrift für europäisches Privatrecht
ZIP	Zeitschrift für Wirtschaftsrecht; bis 1982: Zeitschrift für Wirtschaftsrecht und Insolvenzpraxis
ZJapR	Zeitschrift für Japanisches Recht
ZPG	Japanische Zivilprozessordnung
ZPO	Zivilprozessordnung
ZPO-E	Referentenentwurf eines Gesetzes zur Reform des Zivilprozesses, Stand 23. Dezember 1999
ZPO-RG	Zivilprozessreformgesetz vom 27.07.2001, BGBl. I 1887
ZRP	Zeitschrift für Rechtspolitik
ZSEG	Gesetz über die Entschädigung von Zeugen und Sachverständigen
Zust.	zustimmend
ZVglRWiss	Zeitschrift für Vergleichende Rechtswissenschaft
ZZP	Zeitschrift für Zivilprozess (Band und Seite)

Literaturverzeichnis

Albrecht, Rüdiger Konradin: Zumutbarkeit als Verfassungsmaßstab: der eigenständige Gehalt des Zumutbarkeitsgedankens in Abgrenzung zum Grundsatz der Verhältnismäßigkeit, Berlin 1995.

Anhalt, Peter: Allgemeine Verfahrensgrundsätze und Ausforschungsbeweis, Bamberg 1966.

Arens, Peter: Zur Aufklärungspflicht der nicht beweisbelasteten Partei im Zivilprozeß, ZZP 96 (1983), S. 1 ff.

Ascheid, Reiner: Urteils- und Beschlußverfahren im Arbeitsrecht, 2. Auflage, Neuwied 1998.

Ascheid, Reiner/Bader, Peter/Dörner, Hans-Jürgen u.a. *(Hrsg.)*: Gemeinschaftskommentar zum Arbeitsgerichtsgesetz, Band 1, Einführung, §§ 1 – 11a; Band 2, §§ 12 – 63; Band 3, §§ 64 – 122; Gebührenverzeichnis; alle Stand Juli 2006. Zit.: GK-ArbGG/*Bearbeiter*

Baumbach, Adolf *(Begr.)*/***Hopt, Klaus J./Merkt, Hanno***: Münchener Kommentar zum Handelsgesetzbuch, 32. Auflage, München 2006.

Baumbach, Adolf/Lauterbach, Wolfgang/Albers, Jan/Hartmann, Peter: Zivilprozessordnung mit Gerichtsverfassungsgesetz und anderen Nebengesetzen, Beck'sche Kurzkommentare, Band 1, 59. Auflage, München 2001; 64. Auflage, München 2006. Zit.: Baumbach/Lauterbach/Albers/*Bearbeiter*, ZPO^{Auflage}

Baumgärtel, Gottfried: Treu und Glauben, gute Sitten und Schikaneverbot im Erkenntnisverfahren, ZZP 69 (1956), S. 89 ff.

–: Waffengleichheit und faire Prozeßführung, in: Verfahrensgarantien im nationalen und internationalen Prozeßrecht, Festschrift Franz Matscher zum 65. Geburtstag, Wien 1993, S. 29 ff.

–: Beweislastpraxis im Privatrecht, Die Schwierigkeiten der Beweislastverteilung und die Möglichkeit ihrer Überwindung, Köln 1996.

Baur, Fritz: Die Vorbereitung der mündlichen Verhandlung im Zivilprozeß (§ 272 b ZPO), ZZP 66 (1953), S. 209 ff.

Bernhardt, Wolfgang: Die Aufklärung des Sachverhaltes im Zivilprozeß, in: Beiträge zum Zivilprozeßrecht, Festgabe zum 70. Geburtstag von Leo Rosenberg, München/Berlin 1949.

Bettermann, Karl August: Hundert Jahre Zivilprozeßordnung – Das Schicksal einer liberalen Kodifikation, ZZP 91 (1978), 365 ff.

Bickel, Dietrich: Anmerkung zu BAG AP Nr. 1 zu § 6 KSchG 1969.

Blohmeyer, Arwed: Zivilprozeßrecht – Erkenntnisverfahren –, 2. Auflage, Berlin 1985.

Bomsdorf, Falk: Prozessmaximen und Rechtswirklichkeit, Verhandlungs- und Untersuchungsmaxime im deutschen Zivilprozeß – Vom gemeinen Recht bis zur ZPO –, Berlin 1971.

Bötticher, Eduard: Gleichbehandlung und Waffengleichheit, Überlegungen zum Gleichheitssatz, Heidelberg 1975.

Brehm, Wolfgang: Die Bindung des Richters an den Parteivortrag und Grenzen freier Verhandlungswürdigung, Tübingen 1982.

Brüggemann, Dieter: Judex statutor und judex investigator, Untersuchung zur Abgrenzung zwischen Richtermacht und Parteienfreiheit im gegenwärtigen deutschen Zivilprozeß, Bielefeld 1968.

Bundesministerium der Justiz *(Hrsg.)*: Bericht der Kommission zur Vorbereitung einer Reform der Zivilgerichtsbarkeit, Bonn 1961.

–: Bericht der Kommission für das Zivilprozeßrecht, Bonn 1977.

–: Referentenentwurf, Gesetz zur Reform des Zivilprozesses, 23. Dezember 1999, einzusehen unter www.anwaltverein.de/Justizreform/Referent.pdf.

Büttner, Siegfried: Vaterschaftsprozesse und Ausforschungsbeweis, ZZP 67 (1954), S. 73 ff.

Canaris, Claus-Wilhelm/Schilling, Wolfgang/Ulmer, Peter *(Hrsg.)*: Handelsgesetzbuch, Großkommentar, Dritter Band, 1. Teilband: §§ 238 – 289, 4. Auflage, Berlin 2002.

Chudoba, Gerd: Der ausforschende Beweisantrag, Berlin 1993.

Cohn, Ernst Joseph: Zur Wahrheitspflicht und Aufklärungspflicht der Parteien im deutschen und englischen Zivilprozeßrecht in: Esser/Thieme, Festschrift für Fritz von Hippel zum 70. Geburtstag, Tübingen 1967, S. 41 ff.

Damrau, Jürgen: Die Entwicklung einzelner Prozessmaximen seit der Reichszivilprozeßordnung von 1877, Paderborn 1975.

Däubler-Gmelin, Herta: Reform des Zivilprozesses, ZRP 2000, S. 33 ff.

Dieterich, Thomas/Müller-Glöge, Rudi/Preis, Ulrich/Schaub, Günter: Erfurter Kommentar zum Arbeitsrecht, Beck'sche Kurzkommentare, Band 51, 6. Auflage, München 2006.

Dilcher, Hermann: Die prozessuale Verwendungsbefugnis, ein Beitrag zur Lehre vom rechtswidrigen Beweismittel, AcP 158 (1959/60), S. 469 ff.

Dittenberger, Heinrich: Entwurf eines Gesetzes betreffend Änderung des Gerichtsverfassungsgesetzes, der Zivilprozessordnung, des Gerichtskostengesetzes u.a., mit kritischem Kommentar, Halle 1908.

Döhring, Erich: Die Erforschung des Sachverhaltes im Prozeß, Berlin 1964.

Dombeck, Bernhard: ZPO-Novelle, BRAK-Mitteilungen 2001, S. 122 f.

Dudenredaktion (Hrsg.): Duden, Das Herkunftswörterbuch, Etymologie der deutschen Sprache, Band 7, 3. Auflage, Mannheim 2001.

–: Duden, Das Bedeutungswörterbuch, Wortbildung und Wortschatz, Band 10, 3. Auflage, Mannheim 2002.

Dunz, Walter: Der unzulässige Ausforschungsbeweis, Versuch einer Klärung, NJW 1956, S. 769 ff.

Dütz, Wilhelm: Aktuelle Fragen zur Arbeitsgerichtgesetz Novelle 1979, RdA 1980, S. 81 ff.

Düwell, Franz-Josef/Lipke, Gert-Albert (Hrsg.): Arbeitsgerichtsverfahren, Kommentar für die Praxis, Frankfurt/Main 2000.

Ebenroth, Carsten T./Boujong, Karlheinz/Joost, Detlev (Hrsg.): Handelsgesetzbuch, Band 1, §§ 1 – 342, München 2001.

Ebke, Werner F.: Die Arbeitspapiere des Wirtschaftprüfers und Steuerberaters im Zivilprozess, Konstanz 2003.

Ennerccerus, Ludwig/Nipperdey, Hans Carl: Allgemeiner Teil des bürgerlichen Gesetzbuches, ein Lehrbuch, Erster Band, 15. Auflage, Tübingen 1959.

Esser: Kann die Duldung einer Blut- bzw. erbbiologischen Untersuchung mit der Begründung, sie sei als Ausforschungsbeweis unzulässig verweigert werden?, MDR 1952, S. 537 ff.

Eßer, Guido: Der Ausforschungsbeweis, Bonn 1969.

Fikentscher, Wolfgang: Methoden des Rechts -in vergleichender Darstellung-, Band 3: Mitteleuropäischer Rechtskreis, Tübingen 1976.

Flume, Werner: Allgemeiner Teil des Bürgerlichen Rechts, 3. Auflage, Berlin 1979.

Franzki, Harald: Von der Verantwortung des Richters für die Medizin – Entwicklungen und Fehlentwicklungen der Rechtsprechung zur Arzthaftung, MedR 1994, 171 ff.

Frohn, Hansgeorg: Rechtliches Gehör und richterliche Entscheidung, Studie zur Verfassungsdimension des gerichtlichen Erkenntnisverfahrens, Berlin 1989.

Frühauf, Armin/Hannich, Rolf/Kortge, Regina: Das Zivilprozessreformgesetz: Vom Referenten- zum Regierungsentwurf, NJW 2000, Beilage zu Heft 40, S. 3 ff.

Gamp, Lothar: Die Bedeutung des Ausforschungsbeweises im Zivilprozeß, DRiZ 1982, S. 165 ff.

Gaul, Hans Friedhelm: Zur Frage nach dem Zweck des Zivilprozesses, AcP 168 (1968), S. 27 ff.

Gehrlein, Markus: Warum kaum Parteibeweis im Zivilprozeß?, ZZP 110 (1997), S. 451 ff.

–: Erste Erfahrungen mit der reformierten ZPO – Erstinstanzliches Verfahren und Berufung, MDR 2003, S. 421 ff.

–: Zur Frage der Verfassungsmäßigkeit unterschiedlicher Rechtsmittelbefugnisse einzelner Parteien im selben Gerichtsverfahren, Anmerkung zum Beschluß des Großen Senats für Zivilsachen des BGH vom 24. November 1994, EuGRZ 1995, 54 ff.

Geiger, Harald: Unzulänglichkeiten der Gesetzgebung, DAR 2002, S. 335 ff.

Geiß, Karlmann/Greiner, Hans-Peter: Arzthaftpflichtrecht, 3. Auflage, München 1999.

Gerhardt, Walter: Beweisvereitelung im Zivilprozeßrecht, AcP 169 (1969), S. 289 ff.

Germelmann, Claas-Hinrich/Matthes, Hans-Christoph/Prütting, Hanns/Müller-Glöge, Rudi: Arbeitsgerichtsgesetz, 5. Auflage, Berlin/Kassel/Erfurt/Köln 2004. Zit.: GMPM-G/*Bearbeiter*

Geßler, Ernst/Hefermehl, Wolfgang/Hildebrandt, Wolfgang/Schröder, Georg: Schlegelberger, Handelsgesetzbuch, 1. Band, §§ 1- 47a, 5. Auflage, München 1973.

Gift, Emil/Baur, Hansjörg: Das Urteilsverfahren vor den Gerichten für Arbeitssachen, München 1993.

Gilles, Peter: Rechtsmittel im Zivilprozeß, Berufung, Revision und Beschwerde im Vergleich mit der Wiederaufnahme des Verfahrens, dem Einspruch und der Wiedereinsetzung in den vorigen Stand, Frankfurt/Main 1972.

–: Ziviljustiz und Rechtsmittelproblematik, Vorstudie zur Analyse und Reform der Rechtsmittel in der Zivilgerichtsbarkeit, Köln 1992.

– (Hrsg.): Effiziente Rechtsverfolgung, Deutsche Landesberichte zur VIII. Weltkonferenz für Prozessrecht in Utrecht, Heidelberg 1987.

Glücklich, Heinz-Werner: Parteivernehmung nach deutschem Zivilprozeßrecht, Berlin 1938.

Gönner: Handbuch des deutschen gemeinen Prozesses, in einer ausführlichen Erörterung seiner wichtigsten Gegenstände, Erster Band, Erlangen 1801.

Goodman, Carl F.: Justice and Civil Procedure in Japan, New York 2004.

Gottwald, Peter: Zur Wahrung von Geschäftsgeheimnissen im Zivilprozeß, BB 1979, S. 1780 ff.

–: Anmerkung zu BGH – II ZR 30/77 –, ZZP 92 (1979), S. 364 ff.

–: Grundprobleme der Beweislastverteilung, JURA 1980, S. 225 ff.

–: Empfehlen sich im Interesse eines effektiven Rechtsschutzes Maßnahmen zur Vereinfachung, Vereinheitlichung und Beschränkung der Rechtsmittel und Rechtsbehelfe des Zivilverfahrensrechts?, Gutachten A für den 61. Deutschen Juristentag, in: Verhandlungen des einundsechzigsten deutschen Juristentages, Bd. I (Gutachten) Teil A, München 1996, S. A1 ff.

–: Die prozessuale Aufklärungspflicht im Rechtsvergleich, in: (Linzer) Beiträge zum Zivilprozeßrecht, Bd. V, 1995, S. 19 ff.

Greger, Reinhard: Ein Beitrag des Prozessrechts zur Versachlichung der fiktiven Reparaturkostenabrechnung, NJW 2002, S. 1477 ff.

–: Zweifelsfragen und erste Entscheidungen zur neuen ZPO, NJW 2002, S. 3049 ff.

–: Veränderungen und Entwicklungen des Beweisrechts im deutschen Zivilprozess, BRAK-Mitteilungen 2005, S. 150 ff.

–: Zwischen Mediation und Inquisition – Neue Wege der Informationsbeschaffung im Zivilprozess, DStR 2005, S. 479 ff.

Gruber, Urs Peter/Kießling, Erik: Die Vorlagepflicht der §§ 142 ff. ZPO nach der Reform 2002, -Elemente der >>discovery<< im neuen deutschen Gerichtsverfahren?-, ZZP 116 (2003), S. 305 ff.

Grunsky, Wolfgang: Grundlagen des Verfahrensrechts: Eine vergleichende Darstellung von ZPO, FGG, VwGO, FGO, SGG. 2. Aufl., Bielefeld 1974.

–: Vereinfachungsnovelle und arbeitsgerichtliches Verfahren, JZ 1978, S. 81 ff.

–: Die Zurückweisung verspäteten Vorbringens im arbeitsgerichtlichen Verfahren, NZA Beilage 2/1990, S. 3 ff.

–: Arbeitsgerichtsgesetz, 7. Auflage, München 1995.

–: Zivilprozessrecht, 11. Auflage, München 2003.

Habscheid, Walther J.: Das Recht auf Beweis, ZZP 96 (1983), S. 306 ff.

–: Schweizerisches Zivilprozess- und Gerichtsorganisationsrecht, Ein Lehrbuch seiner Grundlagen, 2. Auflage, Basel 1990.

Hahn, Bernhard: Kooperationsmaxime im Zivilprozeß?, Grenzverschiebungen in der Verantwortung von Parteien und Gericht bei der Tatsachenbeschaffung und Sachverhaltserforschung im neuen Zivilprozeßrecht, Köln 1983.

Hahn, Carl: Die gesamten Materialien zur Civilprozeßordnung, 1. Abteilung, 2. Auflage, Berlin 1881.

***Hannich, Rolf/Meyer-Seitz, Christian** (Hrsg.)*: ZPO-Reform 2002 mit Zustellungsreformgesetz, München 2002.

*–/**Engers, Martin***: ZPO-Reform, Einführung, Texte, Materialien, Köln 2002.

Hay, Peter: Informationsbeschaffung über schriftliche Unterlagen und Augenscheinsobjekte im Zivilprozeß, in: Die Informationsbeschaffung für den Zivilprozess – Die verfahrensmäßige Behandlung von Nachlässen, Ausländisches Recht und Internationales Zivilprozessrecht, Hay/Junker/Lagarde/Padovini/Rüßmann/Schack (Hrsg.), Bielefeld 1997, S. 1 ff.

Heath, Christopher/Petersen, Anja: Das Japanische Zivilprozessrecht – Zivilprozessgesetz und Zivilprozeßverordnung nach der Reform von 1996, Materialien zum ausländischen und internationalen Privatrecht, Band 41, Tübingen 2002.

Hellwig, Konrad: System des deutschen Zivilprozeßrechts, Erster Teil, Ordentliches Verfahren, ausschließlich besondere Prozeßarten und Zwangsvollstreckung, Leipzig 1912.

Henckel, Wolfram: Buchrezension zu: Stürner, Die Aufklärungspflicht der Parteien des Zivilprozesses, Tübingen 1976, ZZP 92 (1979), S. 100 ff.

Hertz-Kleptow: Wann ist im Unterhaltsprozeß des unehelichen Kindes der Antrag, ein erbbiologisches Gutachten einzuholen, als unzulässige Ausforschung abzulehnen?, DRiZ 1953, S. 103 f.

Hinz, Werner: ZPO-Reform: Die wichtigsten Änderungen – die ersten Erfahrungen, SchlHA 2003, S. 53 ff.

Hippel, Fritz von: Wahrheitspflicht und Aufklärungspflicht der Parteien im Zivilprozess: Beiträge zum natürlichen Aufbau des Prozessrechts und zur Erforschung der Rechtstheorie des 19. Jahrhunderts, Frankfurt a. M., 1939. (Frankfurter wissenschaftliche Beiträge/Rechts- und wirtschaftswissenschaftliche Reihe; 3).

Hök, Götz-Sebastian: „Discovery-proceedings als Anerkennungshindernis", Göttingen 1993.

Holthausen Michael/Koch, Ulrich: Auswirkungen der Reform des Zivilprozessrechts auf arbeitsgerichtliche Verfahren, RdA 2002, S. 140 ff.

Huber, Michael: Verfahren und Urteil erster Instanz nach dem Zivilprozessreformgesetz (ZPO-RG), JuS 2002, S. 690 ff.

Hülsen, Hans-Viggo von: Gebrauch und Mißbrauch US-amerikanischer „pretrial discovery" und die internationale Rechtshilfe, Das US-Recht und dessen Hintergründe, RIW 1982, S. 225 ff.

Jaeger, Wolfgang: Referat zum Thema: Empfehlen sich im Interesse eines effektiven Rechtsschutzes Maßnahmen zur Vereinfachung, Vereinheitlichung und Beschränkung der Rechtsmittel und Rechtsbehelfe des Zivilverfahrensrechts?, in: Verhandlungen des einundsechzigsten deutschen Juristentages, Band II/1 (Sitzungsberichte – Referate und Beschlüsse), München 1996, S. I 39 ff.

Jarras, Hans D./Pieroth, Bodo: Grundgesetz für die Bundesrepublik Deutschland, Kommentar, 7. Auflage, München 2004.

Jauernig, Othmar: Materielles Recht und Prozessrecht, JuS 1971, S. 329 ff.

–: Zivilprozeßrecht – Ein Studienbuch –, 26. Auflage, München 2000, 28. Auflage, München 2003.

Jung, Thomas: Der Grundsatz der Waffengleichheit im Zivilprozeß, Fürth 1990.

Junker, Abbo: Discovery im deutsch-amerikanischen Rechtsverkehr, Heidelberg 1987.

Kalthoener, Elmar: § 272b ZPO – Bedeutung, Anwendung, praktische Ergebnisse, DRiZ 1975, S. 201 ff.

Karwacki, Angelika: Der Anspruch der Parteien auf einen fairen Zivilprozeß, Köln 1984.

Katzenmeier, Christian: Aufklärungs-/Mitwirkungspflicht der nicht beweisbelasteten Partei im Zivilprozeß, JZ 2002, S. 533 ff.

Kono, Toshiyuki: Neuere Tendenzen im japanischen Zivilverfahrensrecht, ZJapR 6 (1998), S. 174 ff.

Konrad, Sabine: Der Schutz der Vertrauenssphäre zwischen Rechtsanwalt und Mandant im Zivilprozess, NJW 2004, S. 710 ff.

Kopp, Ferdinand O. *(Begr.)*/***Schenke, Wolf-Rüdiger***: Verwaltungsgerichtsordnung, Kommentar, 14. Auflage, München 2005.

Kraayvanger, Jan/Hilgard, Mark C.: Urkundenvorlegung im Zivilprozess, Annäherung an das amerikanische >discovery<-Verfahren?, NJ 2003, S. 572 ff.

Kraßer, Rudolf: Der Schutz des Know-how nach deutschem Recht, GRUR 1970, S. 587 ff.

Kuchinke, Kurt: Die vorbereitende richterliche Sachaufklärung (Hinweispflicht) im Zivil- und Verwaltungsprozeß, JuS 1967, S. 295 ff.

Lang, Dietrich: Der Ausforschungsbeweis im Unterhaltsprozeß des unehelichen Kindes, DRiZ 1962, S. 229 ff.

Lange, Dieter G./Black, Stephen F.: Der Zivilprozeß in den Vereinigten Staaten – Ein praktischer Leitfaden für deutsche Unternehmen –, Heidelberg 1987.

Lange, Hans Dieter: Zum Umfang der Substantiierungspflicht im Zivilprozeß, DRiZ 1985, S. 247 ff.

Laubhardt: Der Einfluß der Novelle zur Zivilprozessordnung vom 01. Juni 1909 auf die Rechtsprechung der Amtsgerichte, JW 1910, S. 1024.

Leipold, Dieter: Beweislastregeln und gesetzliche Vermutungen, insbesondere bei Verweisungen zwischen verschiedenen Rechtsgebieten, Berlin 1966.

–: Die gerichtliche Anordnung der Urkundenvorlage im reformierten deutschen Zivilprozess, in: Festschrift für Walter Gerhardt, Köln 2004.

Lorenz, Stephan: Die Neuregelung der pre-trial-Discovery im US-amerikanischen Zivilprozeßrecht – Inspiration für den deutschen und europäischen Zivilprozeß?, ZZP 111 (1998), S. 35 ff.

Lücke, Jörg: Die Grundsätze der Verhältnismäßigkeit und der Zumutbarkeit, DÖV 1974, S. 769 ff.

Lüderitz, Alexander: Ausforschungsverbot und Auskunftsanspruch bei Verfolgung privater Rechte, Tübingen 1966, (Recht und Staat in Geschichte und Gegenwart; 319/320).

Lüke, Gerhard: Der Informationsanspruch im Zivilrecht, JuS 1986, S. 2 ff.

Lüke, Gerhard/Wax, Peter *(Hrsg.)*: Münchener Kommentar zur Zivilprozessordnung mit Gerichtsverfassungsgesetz und Nebengesetzen; Band 1, Einleitung, §§ 1 – 354 ZPO; Zwischenstaatliches Zustellungsrecht; 2. Auflage,

München 2000; Band 2, §§ 355 – 802; Haager Beweisaufnahmeübereinkommen, 2. Auflage, München 2000; Aktualisierungsband ZPO-Reform 2002 und weitere Reformgesetze, 2. Auflage, München 2002. Zit.: MünchKommZPO/*Bearbeiter* Auflage.

Lüpke, Tobias/Müller, Robert: „Pre-Trial Discovery of Documents" und § 142 ZPO – ein trojanisches Pferd im neuen Zivilprozessrecht ?, NZI 2002, S. 588 f.

Maass, Hans-Heinrich: Information und Geheimnis im Zivilrecht: eine rechtshistorische und rechtsvergleichende Kritik der privaten und der gewerblichen Geheimsphäre, Stuttgart 1970.

Maiwald, Manfred: Die Unzumutbarkeit – Strafbarkeitsbegrenzendes Prinzip bei den Fahrlässigkeitsdelikten?, in: Albrecht/Ehlers/Lamott/Pfeiffer/Schwind/Walter, Festschrift für Horst Schüler-Springorum zum 65. Geburtstag, Köln 1993, S. 475 ff.

Malterer, Michael: Lord Woolf's Access to Justice, Effektivität im Zivilgerichtsverfahren von England und Wales – Darstellung und Hintergründe eines aktuellen Reformvorschlages, Hamburg 1999.

Marczak, Elke: Das Fairneßgebot im Prozeß unter besonderer Berücksichtigung des Strafprozesses, Neuss 2000.

Marutschke, Hans Peter: Einführung in das japanische Recht, JuS-Schriftenreihe, München 1999.

Mochizuki, Toshiro M.: Baby Step or Giant Leap?: Parties' Expanded Access to Documentary Evidence under the New Japanese Code of Civil Procedure, 40, Harvard International Law Journal (1999), S. 285 ff.

Müller, Rosemarie: Der Ausforschungsbeweis. Eine Untersuchung zur Substantiierung des Beweisthemas und zur Mitwirkungspflicht der Parteien bei Beweisnot im Zivilprozess, Zürich 1991.

Musielak, Hans Joachim: Kommentar zur Zivilprozessordnung mit Gerichtsverfassungsgesetz; 2. Auflage, München 2001, 4. Auflage, München 2005. Zit.: Musielak/*Bearbeiter*, ZPO Auflage

–/Stadler, Max: Grundfragen des Beweisrechts, München 1984.

Nakamura, Hideo: Die Rezeption des deutschen Rechts in Japan – insbesondere auf dem Gebiet des Zivilprozeßrechts, ZZP 84 (1971), 74 ff.

–: Die Reform der japanischen Zivilprozessordnung, Waseda Bulletin of Comparative Law, Vol.17 (1996), S. 1 ff.

–/Huber, Barbara: Die japanische ZPO in deutscher Sprache – Mit einer Einführung in das japanische Zivilprozeßrecht, Japanisches Recht Bd. 4, Köln 1978.

Nastelski, Karl: Der Schutz des Betriebsgeheimnisses, GRUR 1957, S. 1 ff.

***Nipperdey, Hans* Carl**: Vertragstreue und Nichtzumutbarkeit der Leistung, Mannheim 1921.

O'Hare, John/Browne, Kevin/Hill, Robert N.: Civil Litigation, 9. Auflage, London 2000.

Oberheim, Rainer: ZPO-Reform Update 1 – Grundzüge, JA 2002, S. 408 ff.

Ossenbühl, Fritz: Zumutbarkeit als Verfassungsmaßstab, in: Rüthers/Stern, Festschrift zum 10jährigen Bestehen der Gesellschaft für Rechtspolitik, „Freiheit und Verantwortung im Verfassungsstaat", München 1984.

Palandt, Otto: Bürgerliches Gesetzbuch, 65. Auflage, München 2006.

Peters, Egbert: Ausforschungsbeweis im Zivilprozeß, Köln 1966.

–: Beweisvereitelung und Mitwirkungspflicht des Beweisgegners, ZZP 82 (1969), S.200 ff.

–: Richterliche Hinweispflichten und Beweisinitiativen im Zivilprozeß, Tübingen 1983.

–: Auf dem Weg zu einer allgemeinen Prozeßförderungspflicht der Parteien?, in: Festschrift für Karl Heinz Schwab, München 1990, S. 399 ff.

–: Buchrezension zu: Schöpflin, Die Beweiserhebung von Amts wegen im Zivilprozeß, ZZP 107 (1994), S. 264 ff.

Planck, Julius Wilhelm: Lehrbuch des deutschen Civilprozessrechts, Band 1, Allgemeiner Theil, Nördlingen 1887.

Prütting, Hanns: Die Zulassung der Revision, Berlin 1979.

–: Die Grundlagen des Zivilprozesses im Wandel der Gesetzgebung, NJW 1980, S. 361 ff.

–: Informationsbeschaffung durch neue Urkundenvorlagepflichten, in: Festschrift für János Németh, Budapest 2003.

Rebmann, Kurt/Säcker, Franz Jürgen/Rixecker, Roland (Hrsg.): Münchener Kommentar zum Bürgerlichen Gesetzbuch Band 2a, Schuldrecht Allgemeiner Teil, §§ 241 – 432, 4. Auflage, München 2003; Band 5, Schuldrecht, Besonderer Teil III, §§ 705 – 853, PartGG, ProdHaftG, 3. Auflage, München 1997. Band 6, Sachenrecht, §§ 854 – 1296, 4. Auflage, München 2004. Zit.: MünchKommBGB/*Bearbeiter*

Redeker, Helmut: Geschäftsabwicklung mit externen Rechnern im Bildschirmtextdienst, NJW 1984, S. 2390 ff.

Reichsjustizministerium (Hrsg.): Entwurf einer Zivilprozeßordnung, Berlin 1931.

Reimann, Mathias: Beyond Fishing – Weitreichende Neuerungen im amerikanischen Discovery-Verfahren, IPrax 1994, S. 152 ff.

Reincke, O.: Civilprozeßordnung, 3. Auflage, Berlin 1896.

Richardi, Reinhard/Wlotzke, Otfried: Münchner Handbuch zum Arbeitsrecht, Band 3, §§ 240 – 394, Kollektives Arbeitsrecht, 2. Auflage, München 2000, mit Ergänzungsband 2001. Zit.: MünchKommArbR/*Bearbeiter*

Riedel, Erwin: Vom zulässigen und unzulässigen Ausforschungsbeweis, NJW 1956, S. 6 ff.
Rimmelspacher, Bruno: Funktion und Ausgestaltung des Berufungsverfahrens im Zivilprozeß – Eine rechtstatsächliche Untersuchung, Köln 2000.
–: Zivilprozessreform 2002, München 2002.
Rosenberg, Leo/Schwab, Karl-Heinz/Gottwald, Peter: Zivilprozeßrecht, 15. Auflage, München 1993, 16. Auflage, München 2004. Zit.: Rosenberg/ Schwab/*Gottwald*, ZPO Auflage
Schack, Haimo: Internationales Zivilverfahrensrecht, 3. Aufl., München 2001.
–: Einführung in das US-amerikanische Zivilprozessrecht, 3. Auflage, München 2003.
Schaub, Günter: Arbeitsgerichtsverfahren – Handbuch –, 7. Auflage, München 2001.
Schellhammer, Kurt: Die Arbeitsmethode des Zivilrichters, Ein Leitfaden für Referendare und junge Praktiker, 13. Auflage, Heidelberg 2000.
–: Zivilprozess, Gesetz-Praxis-Fälle, mit Zivilprozessreform, 9. Auflage, Heidelberg 2001.
Schlosser, Peter F.: Zivilprozessrecht I, München 1983.
–: Internationale Rechtshilfe und rechtsstaatlicher Schutz von Beweispersonen, ZZP 94 (1981), S. 369 ff.
–: Die lange deutsche Reise in die prozessuale Moderne, JZ 1991, S. 599 ff.
–: Das Bundesverfassungsgericht und der Zugang zu den Informationsquellen im Zivilprozeß, NJW 1992, S. 3275 ff.
–: EMRK und Waffengleichheit im Zivilprozeß, NJW 1995, S. 1404 ff.
–: Anm. zu BGH, I ZR 45/01, JZ 2003, 428.
–: Französische Anregungen zur Urkundsvorlagepflicht, in: Privatrecht in Europa: Vielfalt, Kollision, Kooperation, Festschrift für Hans Jürgen Sonnenberger, München 2004, S. 135 ff.
Schmidt, Eike: Der Zweck des Zivilprozesses und seine Ökonomie, Tübingen 1973.
Schmidt, Klaus/Schwab, Norbert/Wildschütz, Martin: Die Auswirkungen der Reform des Zivilprozesses auf das arbeitsgerichtliche Verfahren; (Teil 1), NZA 2001, S. 1161 ff.; (Teil 2), NZA 2001, S. 1217 ff.
Schneider, Egon: Die Beweisvereitelung, MDR 1969, S. 4 ff.
–: Die Urkundenvorlage im Prozeß, MDR 1992, S. 20 ff.
–: Die Zumutbarkeit der Urkundenvorlage durch Dritte, MDR 2004, S. 1 ff.
Scholz, Karsten: Der Begriff der Zumutbarkeit im Deliktsrecht, Berlin 1996.
Schöpflin, Martin: Die Beweiserhebung von Amts wegen im Zivilprozeß, Hamburg 1991.
Schreiber, Klaus: Die Urkunde im Zivilprozeß, Berlin 1982.

–: Anmerkung zu BGH II ZR 159/89, JR 1991, 415 f.
Schwab, Karl Heinz/Gottwald, Peter: Verfassung und Zivilprozess, Bielefeld 1984.
Schwab, Norbert/Wildschütz, Martin/Heege, Heinz Werner: Disharmonien zwischen ZPO und ArbGG, NZA 2003, S. 999 ff.
Selbherr, Paul: Der Gedanke der Zumutbarkeit im Zivilprozessrecht, unter besonderer Berücksichtigung der Untersuchungsduldungspflicht (§ 372 a), Tübingen 1962.
Senninger, Erhard: Referat zum Thema: Empfehlen sich im Interesse eines effektiven Rechtsschutzes Maßnahmen zur Vereinfachung, Vereinheitlichung und Beschränkung der Rechtsmittel und Rechtsbehelfe des Zivilverfahrensrechts?, in: Verhandlungen des einundsechzigsten deutschen Juristentages, Band II/1 (Sitzungsberichte – Referate und Beschlüsse), München 1996, S. I 11 ff.
Siegel, Ernst: Die Vorlegung von Urkunden im Prozeß, Jena 1904.
Soergel, Th.: Bürgerliches Gesetzbuch mit Einführungsgesetz und Nebengesetzen, Band 14, Sachenrecht 1, §§ 854 – 984, 13. Auflage, Stuttgart 2002.
Stadler, Astrid: Der Schutz des Unternehmensgeheimnisses im deutschen und U.S.-amerikanischen Zivilprozeß und im Rechtshilfeverfahren, Tübingen 1989.
–: Der Schutz des Unternehmensgeheimnisses im Zivilprozeß, NJW 1989, S. 1202 ff.
–: Der Zivilprozeß und neue Formen der Informationstechnik, ZZP 111 (2002), S. 413 ff.
–: Inquisitionsmaxime und Sachverhaltsaufklärung; erweiterte Urkundenvorlagepflichten von Parteien und Dritten nach der Zivilprozeßrechtsreform, in: Festschrift für Kostas E. Beys dem Rechtsdenker in athischer Dialektik – zum 70. Geburtstag am 25. November 2003-, Athen 2003.
Stahlhacke, Eugen: Arbeitsgerichtsgesetz, Textausgabe mit amtlicher Begründung und Kurzerläuterungen, Neuwied/Darmstadt 1979.
Staudinger, J. v.: Kommentar zum Bürgerlichen Gesetzbuch mit Einführungsgesetz und Nebengesetzen, 2. Buch, Recht der Schuldverhältnisse, §§ 779 – 811, Berlin 2002; 3. Buch, Sachenrecht, Einleitung zum Sachenrecht; §§ 854 – 882, Berlin 2000.
Steeger, Winfried: Die zivilprozessuale Mitwirkungspflicht der Parteien beim Urkunden- und Augenscheinsbeweis, Hamburg 1980.
Stein, Fabian: Richterliche Prozessleitung – Die prozessleitenden Anordnungen gemäß §§ 141 – 144 ZPO nach dem Inkrafttreten des Zivilprozessreformgesetzes vom 27.7.2001, Aachen 2005.

Stein, Friedrich/Jonas, Martin: Kommentar zur Zivilprozessordnung, Band 2, §§ 91 – 252 ZPO, 21. Auflage, Tübingen 1994, Band 3, §§ 128 – 252 ZPO, 22. Auflage, Tübingen 2005, Band 4/2, §§ 348 – 510b ZPO, 21. Auflage, Tübingen 1999. Zit.: Stein/Jonas/*Bearbeiter*, ZPO

Steuer, Stephan: Justizreform – von außen betrachtet, WM 2000, S. 1889.

Stückrath, Werner: Zur Frage des unzulässigen Ausforschungsbeweises in Unterhaltsprozessen, MDR 1950, S. 30 ff.

Stürner, Rolf: Die Aufklärungspflicht der Parteien des Zivilprozesses, Tübingen 1976. Zit.: Aufklärungspflicht der Parteien.

–: Die richterliche Aufklärung im Zivilprozess, Tübingen 1982, zit.: Richterliche Aufklärung.

–: Die Gerichte und Behörden der U.S.A. und die Beweisaufnahme in Deutschland, ZVglRWiss 81 (1982), S. 159 ff.

–: Die gewerbliche Geheimsphäre im Zivilprozeß, JZ 1985, S. 453 ff.

–: Anmerkung zu BGH -VII ZR 123/83, JZ 1985, S. 185 f.

–: Parteipflichten bei der Sachverhaltsaufklärung im Zivilprozess, ZZP 98 (1985), S. 237 ff.

–: Gründe und Ursachen des Problems der Ineffizienz von Gerichtsverfahren – ein historischer Überblick, in: Gilles, Effiziente Rechtsverfolgung, Heidelberg 1987, S. 1 ff.

–: Gegenstand und Formen der Rezeption im neueren Prozessrecht, in: Recht in Ost und West. Festschrift zum 30-jährigen Jubiläum des Instituts für Rechtsvergleichung der Waseda-Universität, Tokio 1988, S. 287 ff.

–: Anmerkung zu BGH -II ZR 159/89-, ZZP 104 (1991), S. 208 ff.

–/Brand, Astrid: Die besondere Entscheidung: Die amerikanische Beweisaufnahme in Deutschland, Jura 1983, S. 422 ff.

–/Stadler, Astrid: Aktive Rolle des Richters, Deutsche Landesberichte zur IX. Weltkonferenz für Prozessrecht in Coimbra, in: Anwaltsberuf und Richterberuf in der heutigen Gesellschaft, Baden-Baden 1991, S. 173 ff.

Teplitzky, Otto: Wettbewerbsrechtliche Ansprüche, Unterlassung – Beseitigung – Schadensersatz, 7. Auflage, Köln 1997.

Tettinger, Peter J.: Fairneß und Waffengleichheit, Rechtsstaatliche Direktiven für Prozeß und Verwaltung, München 1984.

Thomas, Heinz/Putzo, Hans/Reichold, Klaus/Hüßtege, Rainer: Zivilprozessordnung mit Gerichtsverfassungsgesetz, den Einführungsgesetzen und europarechtlichen Vorschriften (EuGVVO, EheVO, ZustellungsVO, ZustDG, AVAG), 23. Auflage, München 2001; 27. Auflage, München 2005. Zit.: Thomas/Putzo/*Bearbeiter* ^{Auflage} Fundstelle

Trilsch, Constanze: Die Pflicht zur Vorlage von Urkunden im deutschen und englischen Zivilprozeßrecht, Hamburg 1994.

Trittmann, Rolf/Leitzen, Mario: Haager Beweisübereinkommen und pre-trial discovery: Die zivilprozessuale Sachverhaltsermittlung unter Berücksichtigung der jeweiligen Zivilprozessrechtsreformen im Verhältnis zwischen USA und Deutschland, IPrax 2003, S. 7 ff.

Uhlenbruck, Wilhelm: Gerichtliche Anordnung der Vorlage von Urkunden gegenüber dem Insolvenzverwalter, NZI 2002, S. 589 f.

v. Wilmowsky, C./Levy, M. (Hrsg.): Civilprozeßordnung und Gerichtsverfassungsgesetz für das Deutsche Reich nebst den Einführungsgesetzen, mit Kommentar in Anmerkungen, 1. Bd., 7. Auflage, Berlin 1895.

Van Venrooy, Gerd: Gedanken zur arbeitsgerichtlichen Güteverhandlung, ZfA 1984, S. 337 ff.

Volkmar, Erich: Die Verordnung über das Verfahren in bürgerlichen Rechtsstreitigkeiten vom 13. Februar 1924, JW 1924, S. 345 ff.

–: Verordnung zur Beschleunigung des Verfahrens in bürgerlichen Rechtsstreitigkeiten, Mannheim 1924.

Vollkommer, Max: Der Grundsatz der Waffengleichheit im Zivilprozeß –eine neue Prozeßmaxime?, in: Festschrift für Karl Heinz Schwab, München 1990, S. 503 ff.

Wagner, Gerhard: Europäisches Beweisrecht – Prozessrechtsharmonisierung durch Schiedsgerichte –, ZEuP 2001, S. 441 ff.

–: Datenschutz im Zivilprozeß, ZZP 108 (1995), S. 193 ff.

Waldner, Wolfram: Der Anspruch auf rechtliches Gehör, 2. Auflage, Köln 2000.

Wassermann, Rudolf: Der soziale Zivilprozess: zur Theorie u. Praxis d. Zivilproz. im sozialen Rechtsstaat, Neuwied 1978 (Demokratie und Rechtsstaat; 37).

– *(Hrsg.)*: Kommentar zur Zivilprozeßordnung, Reihe Alternativkommentare, Neuwied 1987. Zit.: AK-ZPO/*Bearbeiter*

Wenzel, Leonhard: Der neue Arbeitsgerichtsprozeß nach der Vereinfachungsnovelle, AuR 1977, S. 257 ff.

Westermann, Harm Peter *(Hrsg.)*: Erman, Bürgerliches Gesetzbuch, Handkommentar, 10. Auflage, Münster 2000.

Wieczorek, Bernhard: Zivilprozessordnung und Nebengesetze, Erster Band, §§ 1 – 252, Berlin 1976.

Winte, Hans-Heinrich: Zivilprozessrechtsreform: Die wichtigsten Änderungen für das erstinstanzliche Verfahren und das Gerichtsverfassungsgesetz, BRAK-Mitteilungen 2001, S. 246 ff.

Wlotzke, Otfried/Schwedes, Rolf/Lorenz, Martin: Das neue Arbeitsgerichtsgesetz 1979, Düsseldorf/Frankfurt/Main 1979.

Woolf, Lord Harry Kenneth: Access to Justice, Final Report, London 1996.

Wortmann, Lars: Inhalt und Bedeutung der „Unzumutbarkeit normgemäßen Verhaltens“ im Strafrecht, Baden-Baden 2002.

Würthwein, Martin: Umfang und Grenzen des Parteieinflusses auf die Urteilsgrundlagen im Zivilprozess, Berlin 1978.

Yoshida, Motoko: Die Informationsbeschaffung im Zivilprozeß, Ein Vergleich zwischen dem deutschen, US-amerikanischen und japanischen Recht, Frankfurt/Main 2001.

Zekoll, Joachim/Bolt, Jan: Die Pflicht zur Vorlage von Urkunden im Zivilprozess – Amerikanische Verhältnisse in Deutschland ?, NJW 2002, S. 3129 ff.

Zeuner, Albrecht: Rechtliches Gehör, materielles Recht und Urteilswirkungen, Karlsruhe 1974.

Zöller, Richard: Zivilprozessordnung mit Gerichtsverfassungsgesetz und den Einführungsgesetzen, mit Internationalem Zivilprozessrecht, EG-Verordnungen, Kostenanmerkungen, 22. Auflage, Köln 2001, 25. Auflage, Köln 2005; Zit.: Zöller/*Bearbeiter,* ZPO ^{Auflage}

Zuckermann, Adrian: Civil Procedure, Oxford 2003.

Schriften zum Verfahrensrecht

Herausgegeben von Peter Gottwald und Ulrich Haas

Band 1 Matthias Rauscher: Die neue Berufung in Zivilsachen. 2002.

Band 2 Jörn-Christian Schulze: Grenzen der objektiven Schiedsfähigkeit im Rahmen des § 1030 ZPO. Eine Betrachtung des Rechts der Schiedsfähigkeit nach der Schiedsverfahrensrechtsform. 2003.

Band 3 Roman Rodloff: Das vereinfachte Verfahren zur Festsetzung von Kindesunterhalt nach §§ 654 ff. ZPO. Zugleich ein Beitrag zur Unterhaltsannexklage nach § 653 ZPO und zum vereinfachten Abänderungsverfahren nach § 656 ZPO. 2003.

Band 4 Helia-Verena Daubach: Kammer oder Einzelrichter? Ist die Kammer ein Qualitätselement des Zivilprozesses? 2003.

Band 5 Thomas Gemmeke: Beweisverwertungsverbote im arbeitsgerichtlichen Verfahren. 2003.

Band 6 Wolfgang Kreißig: Der Sportverein in Krise und Insolvenz. 2004.

Band 7 Alexander M. Krämer: Leasingverträge in der Insolvenz. 2005.

Band 8 Timo Christian Walther: Das Verfahren bei Masseunzulänglichkeit nach den §§ 208 ff. InsO. 2005.

Band 9 Henning Müller: Die Lebensversicherung in der Zwangsvollstreckung. 2005.

Band 10 Oliver Hilsbos: Die Mitwirkungspflicht von Personenstandsbehörden in Nachlassverfahren. 2006.

Band 11 Matthias Holla: Der Einsatz von Schiedsgerichten im organisierten Sport. 2006.

Band 12 Matthias Hofmann: Die Eigenverwaltung in der Insolvenz. Darstellung eines Rechtsinstituts unter besonderer Berücksichtigung der Gesellschaftsinsolvenz. 2006.

Band 13 Christian Schindler: Rechtskraft und Innenbindung von Beschlüssen nach der ZPO-Reform. 2006.

Band 14 Carola Reimann-Dittrich: Die Finanzierungsfolgenverantwortung des Gesellschafters. 2006.

Band 15 Viktoria Kress: Internationale Zuständigkeit für elterliche Verantwortung in der Europäischen Union. Das neue europäische Familienverfahrensrecht in Fragen der elterlichen Verantwortung im Kontext der Haager Abkommen. 2006.

Band 16 Frank Martin Herget: Die internationale Zuständigkeit im Electronic Commerce in der Europäischen Union. 2006.

Band 17 Cornelia Drenckhahn: Urkundsvorlagepflichten im Zivilprozess und im arbeitsgerichtlichen Verfahren nach der ZPO-Reform unter besonderer Berücksichtigung der Neufassung des § 142 ZPO. 2007.

www.peterlang.de

Peter Lang · Europäischer Verlag der Wissenschaften

Judith Volkmann

Mediation im Zivilprozess

Rechtliche Rahmenbedingungen für ein gerichtsinternes Mediationsangebot

Frankfurt am Main, Berlin, Bern, Bruxelles, New York, Oxford, Wien, 2006.
XV, 177 S.
Schriften zum Wirtschafts- und Medienrecht, Steuerrecht und Zivilprozeßrecht. Herausgegeben von Jürgen Costede und Gerald Spindler. Bd. 24
ISBN-10: 3-631-55233-5 / ISBN-13: 978-3-631-55233-9 · br. € 39.–*

Die deutschen Gerichte haben die Mediation als Alternative zum streitigen Gerichtsverfahren entdeckt. Die Justiz erhofft sich davon eine Entlastung der Gerichte, aber auch für die Konfliktparteien sollen gerichtsinterne Mediationsangebote eine preiswerte und ihren Bedürfnissen entsprechende Alternative zum streitigen Gerichtsverfahren darstellen. Diese Arbeit ordnet die gerichtsnahe Mediation in die bestehende Gesetzeslage ein und zeigt den für die dauerhafte Einführung gerichtlicher Mediationsangebote bestehenden Regelungsbedarf auf.

Aus dem Inhalt: Dienstrechtliche Zulässigkeit der richterlichen Mediatorentätigkeit · Zulässigkeit der gerichtsnahen Mediation nach dem Rechtsberatungsgesetz · Wettbewerbsrechtliche Zulässigkeit der gerichtsnahen Mediation · Die Mediationsvereinbarung · Haftung der Konfliktparteien im Verhältnis zueinander · Durchsetzbarkeit des Mediationsergebnisses · Der Mediator- bzw. Mediationsorganisationsvertrag · Haftung des Richtermediators bzw. der Justiz · Verfahrensgrundsätze in der gerichtsnahen Mediation · Schutz der Vertraulichkeit in der gerichtsnahen Mediation · Kostenfragen bei der gerichtsnahen Mediation

Printed by
CPI books GmbH, Leck

Kolibri 360 GmbH
Ferdinand-Jühlke-Straße 7
99095 Erfurt, Deutschland
produktsicherheit@kolibri360.de